Baseball games in 1922 Japan,Indiana University and Waseda University

百年前の野球交流

インディアナ大学vs早稲田大学

錦 仁

Nishiki Hitoshi

文学通信

はじめに

大正一一年（一九二二）四月一四日、早稲田大学の招待でインディアナ大学（ＩＵ）野球チームが来日した。彼らは東京、大阪、京都を転戦し、早稲田大学と七試合、慶応大学と三試合、ノンプロ球団の大阪オールスターと一試合をし、五月一三日、往路と同じ大型蒸気船に乗って横浜港を後にした。一ヶ月の滞在であった。

総勢一七名。引率責任者は、男子学生部長のエドモンソン教授である。監督は教養課程の一～二年生に野球を教えているレヴィス（一九一六年、ウィスコンシン大学卒）。二八～三〇歳。コーチは去年まで捕手で、ことし法学部大学院に進学したミントン。選手は一二名。投手三名、捕手二名、内野手四名、外野手三名である。早稲田大学との取り決めで同じ構成になっている。

戦績は二勝八敗一引き分け。早稲田と七戦し五勝一敗一引き分け、慶応と三戦三敗、ノンプロ球団の大阪オールスターと一戦一勝である。惨敗だった。外国の大学でこれほど大敗したチームはない。しかし、判定に噛みついたりせず、温和に従い、清々しいプレイをして相手チームからも観衆からも「紳士のチーム」と賞讃された。以後、日本側に「アメリカの大学に勝てる」という気運が生まれた。その一方、四年ごとに相互訪問する約束であったが一回限りで終わった。弱すぎて対抗試合にならないと思われたらしい。それなら、なぜ練習を積んで強いチームを作って来なかったのか。

不思議なのは、野球と縁のない女性が加わっていることだ。エドモンソン教授の妻エドナ夫人とレヴィス監督の妻ヘレン夫人である。

早稲田大学は前年の五月、第四回米国遠征の折、中西部のブルーミントンでインディアナ大学と戦った。接戦の末に５×４で勝利したが、実力はインディアナ大学が上だった。歓送会の挨拶だろう、引率責任者の安部磯雄教授（政治経済学部長、野球部の創設者）が「今日のようなすばらしい試合を日本でもしましょう。皆さんには各地を見て、様々な人々と出会い、親睦を深めていただきたい」と呼びかけたらしい。

その後、手紙等で細かい交渉をし、半年後の一二月、正式の「招聘状」をレヴィス監督に送った。こんなふうなことが書いてある。

一五名分の往復航海費・滞在費を早稲田大学が提供します。監督・選手で一三名ですから、二名分の余裕があります。この際、監督のヘレン夫人もご一緒にどうですか。もう一名分は、皆さんで自由に使ってください。

監督は新婚だったのだろうか。日本旅行をプレゼントするつもりであったらしい。だが、それではチームどうしの交流になってしまう。個人的な配慮が強すぎる。それに対しインディアナ大学は、監督から「招聘状」が提出されるとすぐ教授会で審議し、大学間の交流として受諾することに決定した。

困ったのは、野球に関係のないヘレン夫人を連れて行くか、ということだ。すでに安部が招待しているので外せない。そこでエドモンソン教授の妻エドナ夫人を加えることにしたのだろう。これでバランスがとれる。女性二名の旅費はインディアナ大学が出すことにしたようだ。

こうして男性一五名、女性二名の遠征団が結成されたのである。

＊

本書は、大きなスクリーンに、インディアナ大学の動向をドキュメントふうに描いていく。安部磯雄の「招聘状」を受け取ってから帰国するまでの半年間である。そして、それに絡む早稲田大学の動向を織り交ぜ、なにゆえに両大学が野球交流を思い立ったのか、時代と世界に目を向けながら考えてみよう。新しく発見されたエドナ夫人の遺した資料や、インディアナ大学アーカイブ室に所蔵されている資料も大いに活用し、総合的な観点から考察する。以下、その際のヒントを少し紹介する。

外国大学との野球の試合といえば、勝敗に関心を向けるのがいつものことだ。だれが投げたか、だれが打ったか、ヒット、ホームラン、三振、エラーの数、どちらが勝ったか、点差はどうか、日米大学のレベルの差はどうか。そういうところに興味・関心が向いてしまう。

だが「招聘状」は、野球に縁のない監督夫人を連れて来たらどうか、と誘っている。それに対してインディアナ大学は、もう一人エドナ夫人を加えて来日した。両校とも野球交流に女性は要らないと考えていない。なぜなのか。

日本に来てみると、エドナ夫人には講演会がいくつも組まれていた。本人の了解を得ずに安部が予定を組んで待っていたのである。手元に届いた経歴書に、身分は広報普及センターのアシスタント・プロフェッサー、専攻は児童福祉学、インディアナ大学初の女性博士、インディアナ州で奉仕活動をしている、と書いてあったのだろう。なるほど、安部と話が合いそうな経歴である。

エドナ夫人は講演を断った。船酔いがひどくて体調がなかなか戻らなかったからだ。その代わり安部は、たっぷり時間をとって日本が直面している社会問題を解説し、世界的な視野から語った。日本の急激な人口増加、下層家庭の貧困、子どもの数を減らすための産児制限（受胎調節）、排日法案をめぐるアメリカの動きなどについて語り合った。

安部はまた、知り合いのコールマン夫人に頼んで、エドナ夫人とヘレン夫人を大森安仁子《あにこ》の運営する、恵まれない子どもの養護施設「有隣園」へ案内してもらった。四人の女性がそこで語り合ったのは第一に産児制限の問題だろう。産児制限は「有隣園」に入るような子どもたちの数を減らす方法でもあったからだ。折しも世界的に有名な産児制限論者のサンガー夫人が来日して講演をした。安部も聴講・面会し、関連の著書を刊行したばかりであった。

安部は、野球の試合はもちろん、文化の交流にも熱心だったのである。しかしこの問題は、これまでほとんど論じられて来なかった。エドナ夫人は帰国後に発表した旅行記（本書巻末に翻訳を載せた）に、〈私たちは安部教授とコールマン夫人のおかげで、本当の日本を知った。心から感謝する〉と述べている。日本に来てどのような体験をしたのか、関心を向ける必要がある。

＊

あの時代にも関心を向けよう。第一次世界大戦が終り、平和な世界が来たかのように見えた。だが、日米開戦間近し、とささやく声が聞こえ始めていた。そういう時代に日米のヒューマニストたちは何を考え、いかなる行動をしたのか。

問題は多岐にわたる。本書の章立ては、インディアナ大学の動向を追いつつ、早稲田大学の動向を扱う章が入る、というように少し複雑にしてある。その途中に、エドモンソン教授とエドナ夫人の経歴を調べて、二人の生涯を見つめる。また、三年前にプロテスタントたちが東京で開催した「第八回世界日曜学校大会」について詳しく述べる。なぜなら、野球交流に関与した人々のなかに、この世界的な宗教フォーラムに関与した人々がいるからだ。早稲田大学の野球交流はキリスト教徒の企画とつながっているところがある。いったい、どういうことなのか。

本書の執筆は、エドナ夫人の遺品である写真集や旅行記を解読することから始まった。続いてラックルハウス（三塁手）の遺品である「旅日記」や「アルバム」（IUアーカイブ室）の解読へと歩を進めた。早稲田大学野球部の編纂した報告書や書籍もたいへん貴重だ。日米双方の資料を突き合せて野球交流の深部に下りていくと、両校とも共通の世界認識をもって野球交流を行なった事実が見えてくる。第一次世界大戦後の世界情勢のなかで、かれらは野球に何かを期待した。その期待は今日でも古くなってはいないことに心しなければならない。

目次

百年前の野球交流――インディアナ大学VS早稲田大学

はじめに……ii

I 新資料 エドナ・コレクション……1

❶ インディアナポリスのニックさん……1
❷ エドナ・コレクションに出会う……3
❸ エドナ・コレクションの概要と成り立ち……5
◎アルバム二冊 6
◎木箱とプラスチック箱 7
◎そのほかの写真と資料 11

II インディアナ大学の日本人留学生……14

❶ 岡田猛熊……17
❷ 磯部房信……19
❸ 佐藤三郎……24

III　コダックで撮った小さい写真と葉書大の「横浜写真」……25

❶小さい写真に何が写っているか……25
❷葉書大写真に何が写っているか……31
❸百年前の日本人……34
◎アルバム以外の写真も含めて　35
❹写っている地域——東北地方から広島まで……37
❺江南信國・玉村康三郎の「横浜写真」ほか……38
❻モース・コレクションと同じ写真……43
❼写真のタイトル・説明文……46
❽写真の裏の説明文……49
❾新出の葉書大「横浜写真」……50
❿まとめ——肌身離さず……53

IV　インディアナ大学チーム、日本へ遠征する……55

❶安部磯雄の招聘状、マネジメント……55

【コラム1】前年ブルーミントンの試合……56

◎マネジメント　63
❷最初の試合ほか……64
【コラム2】招待券と選手のブロマイド……70
❸紳士のチーム、大敗して帰国……77
❹なぜ四月に来たのか……83
❺チームを結成するまで……86
❻トライアウト（実技試験）で選ぶ……88
❼単位履修……94
❽国際親善・戦争回避……96
❾列車でシアトルへ……108
❿試合日程と戦績……111
【コラム3】インディアナ大学チームの試合成績表……116
⓫安部科長の教育方針……117
⓬試合日程は来日後に……119
⓭帰国の船に乗る……124

V エドナ夫人とエドモンソン教授

V エドナ夫人とエドモンソン教授……127
❶ エドナ夫人の経歴……127
◎特派員として 130
◎初めて見る日本、人々との出会い 133
◎なにゆえ日本へ 134
❷ エドモンソン教授の経歴……138
◎エドナ夫人との出会い 144
❸ ハットフィールド家の歴史……146
◎エドナ夫人の晩年 147
◎エドナコレクションが筆者の手元にある理由 148

VI 列車の旅と船の旅、出会った人々

VI 列車の旅と船の旅、出会った人々……151
❶ 列車の旅……152
❷ 船の旅……158
◎ジンバリスト 162
❸ 岡本米蔵の貢献……164
◎スティーブンス、プルースマン、ビゲロウ 166
❹ 四人の密航者――アーニー・パイルほか……191

❺船上の出来事……197
❻横浜入港……199

VII 同窓生、早稲田大学、歓迎会を催す……205

❶同窓生の歓迎会……205
◎岡田猛熊のスピーチ　209
◎エドモンソン教授のスピーチ　210
❷早稲田大学の歓迎会……211
◎鹽澤昌貞学長のスピーチ　213
◎高杉瀧藏教授のスピーチ　214
◎エドモンソン教授のスピーチ　218
◎レヴィス監督のスピーチ　220

VIII 安部磯雄とコールマン夫人……225

❶コールマン夫人との出会い……229
◎大森安仁子の「有隣園」を訪ねる　230
◎コールマンとその夫人　232
◎「第八回世界日曜学校大会」まで　234

◎澁澤榮一の信念　235
◎コールマンを抜擢する　239
◎大会の延期そして開催　241
◎コールマンを評価　242
◎安部磯雄のハワイ移民論　244
❷ 世界同胞主義……250
◎コールマン夫妻の帰国　254
◎コールマン夫妻をめぐる人々　255
◎大森安仁子のアメリカ視察　257
◎再び「世界同胞主義」　260
❸ エドナ夫人と安部磯雄の出会い……265
◎サンガー夫人　267
◎マルサスの『人口論』　269
おわりに……273
【付録】〈全訳〉「日本野球旅行」（BASEBALL TRIP TO JAPAN）
エドナ・ハットフィールド・エドモンソン……280
主な参考文献……307
Preface … For my dearest friend Nick Hatfield……314

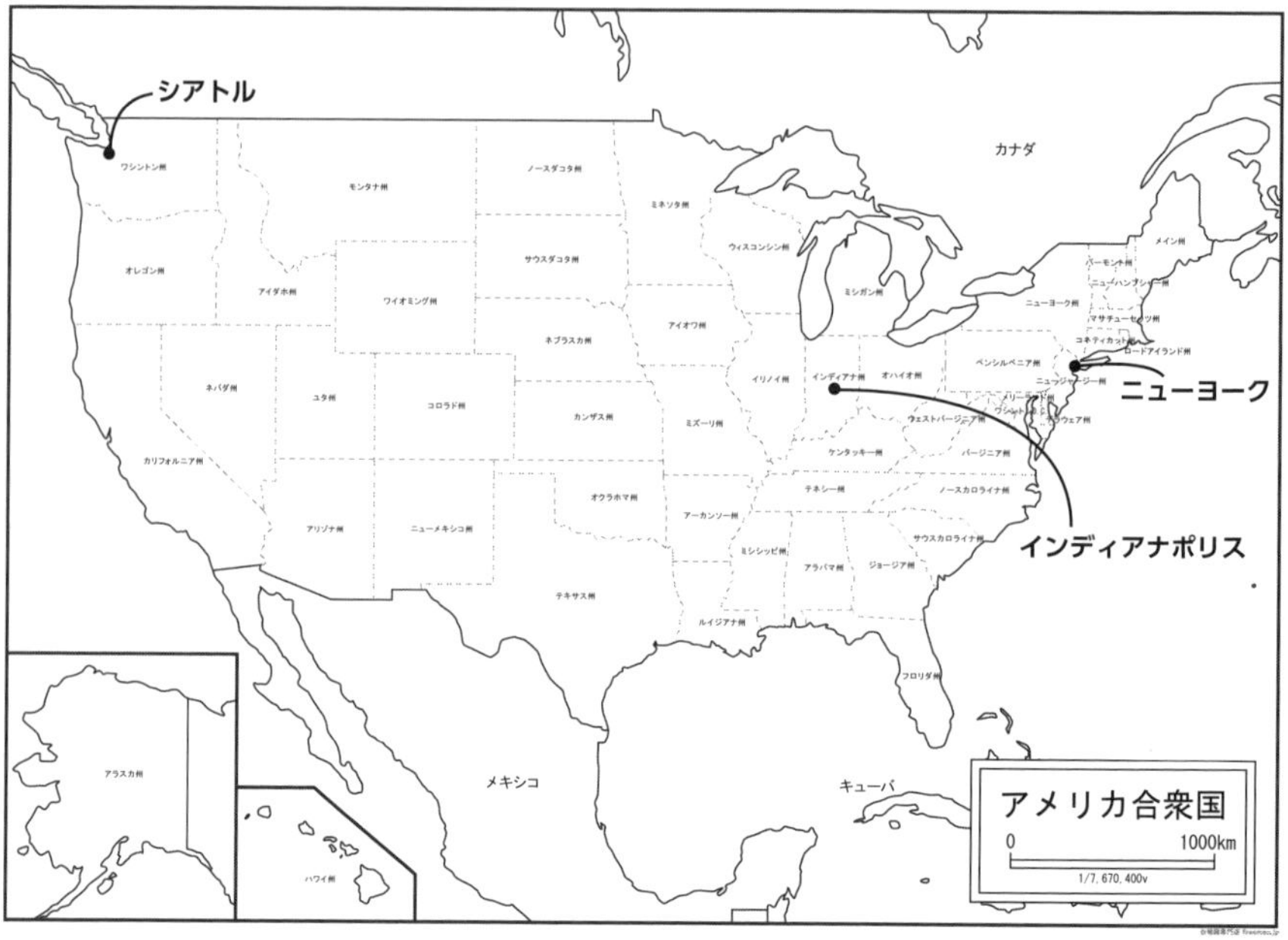
シアトル
ニューヨーク
インディアナポリス
カナダ
メキシコ
キューバ
アメリカ合衆国
0
1000km
1/7, 670, 400v

I　新資料　エドナ・コレクション

❶インディアナポリスのニックさん

平成二八年（二〇一六年）夏、私はアメリカ合衆国インディアナ州で一ヶ月過ごした。娘夫婦が州都インディアナポリスのすぐ隣りカーメルに住んでいる。人口は八万人あまり（現在約一〇万人）、メインストリートに瀟洒なカフェやお店が続き、歩道のあちこちにダンスに興じる男女、バイオリンを弾く人物など等身大のオブジェが置かれ、街行く人々を和《なご》ませる。中心地から少し離れた地域には、開拓時代の雰囲気を湛えた古い家並が保存されている。静かで、散策するのも楽しい街だ。

カーメルは、アメリカの人口一〇万人以下の都市のなかで、もっとも住みやすい街にランクされている。就職先が豊富にあり、文化・教育レベルが高く、商業施設が整っている。そして治安がよい。生活しやすいので最近ますます人口が増えている。

この年の夏は特別に暑かった。連日四〇度を超え、雨はまったく降らない。いつもなら森陰に緑の芝生に囲まれた素敵な家々が見られるのだが、この夏は見られない。どの家の庭も高温に強い芝生なのに茶色に枯れている。郊外に行くと、どこまでも干からびたトウモロコシ畑が広がっている。

殺風景だ。家の中でさえ空気が乾いて喉が痛くなる。日本の湿潤な空気に馴れた私の身体にはなんともつらい。だが、うれしいことに、珍しいコレクションに出会うことになった。アメリカに来る一週間ほど前、娘がはずんだ声で電話をかけてきた。

「大正一一年（一九二二）の春、インディアナ大学の野球チームが日本に遠征して早稲田大学や慶応大学のチー

左から著者、ニックさん、河野ゆりか、河野龍義。2018年8月、日米友好の祝賀パーティで（インディアナポリス）。（写真①）

ムと試合をしたこと知っている？ そのときの写真がたくさんあるのよ。お父さん、見てみない？ 興味ない？」。

久しぶりに娘家族とのんびり過ごそうと思っていた。孫たちと遊ぶのも楽しみだ。そのうえ娘の知らせに期待をふくらませて飛行機に乗った。もちろん妻も一緒である。

娘（河野ゆりか）はアメリカに住んで一〇年を越えた。夫（河野龍義）はインディアナ大学医学部に勤務し（現在、同学部小児科准教授、東北大学客員教授）、教育と研究に励んでいる。分野は基礎医学（専門・生命科学）。二人は東北大学農学部の大学院で出会って結婚し、同じ分野で博士号を取得した先輩と後輩である（現在、インディアナ大学インディアナポリス校リベラルアーツ学部講師）。渡米したころは夫と同じ研究室に勤務していたが、娘は子どもが生まれてから専門職を離れて、インディアナ大学で日本語を教えている。

さて、写真コレクションの持ち主はニコラス・ハットフィールドさん（Nicholas Hatfield, 一九四四〜）。愛称ニック（Nick）さんである。河野龍義がご子息のエドワードさんと出会ったのはまさに偶然であった（写真①）。

二〇一四年九月のある日、二人は「インディアナ大学システム」を構成する有力校、インディアナポリスにあるパデュー大学校内のスターバックスで偶然に出会った。エドワードさんは阪神タイガースの帽子をかぶっていた。そういうアメリカ人は滅多にいないから目立った。かれもまた日本人らしき男を見て驚いた。お互い声をかけて日本の話に花が咲いた。日本で英語を教えた経験があるという。しばらく日本に住んでいたが、帰国してインディアナ大学で学び直しを始めたころだった。

エドワードさんには困っていることがあった。まもなく日本人の奥さんと二歳になる子どもがやって来るが、友だちになってくれる人がいない。それじゃ、我が家においでよ、ということで親しくなったのだった。

ところで、ニックさんはエドワードさんが日本に住んでいるとき、日本各地を一緒に旅した。どこへ行っても初めて来たような感覚がしなかったという。日本に深い縁を感じている親子なのである。

ニックさんは建設会社を創業し社長をしていた。最近までインテリアの会社も経営していた。いまは退任し、悠々自適の生活を送っている。

娘の家に落ち着いてしばらくしたころ、娘の車に乗って私たちはニックさんの邸宅を訪ねた。インディアナポリスの街を走り抜けて一時間ほど西南方向に行くと、深い森が見えてくる。大通りから細い道に折れ、しばらく森のなかを走ると、突然、芝生の斜面が開けて瀟洒な平屋建ての邸宅があらわれた。芝生はたっぷりと水を吸ってあざやかな緑色だ。手入れが行き届いている。

ニックさんは奥さんと二人で住んでいる。この日は息子のエドワードさんはいなかったが、お嫁さんとハイハイを始めたお孫さんが来ていた。お嫁さんは関西育ちである。

❷エドナ・コレクションに出会う

リビングに通されると、広いテーブルの上に、大型の黒いアルバムが二冊、写真の入った小さな木箱が一つ、

エドナ・コレクション。アルバム・木箱・プラスチック箱・その他。（写真②）

エドモンソン教授。来日したころか（39歳）。㋓（写真④）

エドナ夫人。来日したころか（36歳）。㋓（写真③）

同じく半透明のプラスチック箱が二つ置かれていた。また、透明な書類袋に大小さまざまな写真と書類が入っている。写真はいずれも白黒で、合計すれば一〇〇〇枚ほどもあるかと思われた（写真②）。

ニックさんの大叔母エドナ夫人（Edona Elder Hatfield Edmondson, 一八八六年一月五日～一九七三年一二月七日。八七歳）の遺品である。彼女は大正一一年（一九二二）三月末～五月末、インディアナ大学の野球チームが日本へ遠征したとき、夫のエドモンソン教授（Clarence Edmund Edmondson, 一八八三年四月九日～一九四四年一二月一五日。六一歳）に同伴してやって来た。夫は男子学生部長の要職にあり、今回の遠征ではチームの引率責任者を拝命した。一方、彼女は同大広報普及センター（Extension Division）に勤務するアシスタント・プロフェッサーで、「特派員」（Official Reporter）の肩書きをもらってチームに同行したのである（写真③④）。

ニックさんから話をうかがった。テーブルの上にあるのは、二人が日本から持ち帰った写真（日本の社会風俗を撮した葉書大・白黒の「横浜写真」）と持参したコダック・カメラで撮した小さい版の写真（L版より一回り小ぶり）である。そのほか遠征記念にインディアナ大学から贈られた大阪の写真なのだという。ほかに帰国の翌年エドナ夫人が雑誌に発表した紀行文「日本野球旅行」(Baseball Trip to Japan)の切抜き(コピー)、写真を整理し説明を書き記したエドナ夫人のA4の用紙と手紙などもある。

それらはハットフィールド家に伝わる大切な資料なので「ハットフィールド・コレクション」というのがよいだろう。だが、エドナ夫人が大事にしていたことがぼやけてしまう。そこで本書では、エドナ・コレクションとよぶことにする。

なお、写真の掲載にあたっては所蔵先を記号で示した。

㋑=インディアナ大学アーカイブ室
㋓=エドナ・コレクション(架蔵)
㋶=ラックルハウスの「アルバム」(インディアナ大学アーカイブ室)

❸エドナ・コレクションの概要と成り立ち

どのような写真があるのだろうか、何が写っているのか。ほかの資料にはどのようなことが書いてあるのか。これらがわかれば、エドナ夫人が日本に来て何を見、何を体験し、何を考えたのか、おのずとわかってくるだろう。

コレクションは大きく三つに分けられる。アルバム二冊に貼られた写真。木箱とプラスチック箱に入った写真。そのほかの写真と資料。以下、順に説明していこう。

◎アルバム二冊

大型の黒いアルバムが二冊。A・Bとよぶことにしよう。**アルバムA**は、縦二六・一×横三四・五cm。全四六丁（全九二ページ）。開くと遊紙が一丁（一〜二ページ）、写真は二丁オモテ〜二二丁ウラ（三〜四四ページ）に貼られている。一面に四枚を貼っている。二〜三枚を貼ったページもある。写真は巻末までは貼られず、後半の二三丁が遊紙（四六ページ分）になっている。

写真は大小二種類。小さい写真は一一・二×六・二cm。被写体の写っている画面はやや小さくて一〇・九×六・〇cm。コダックのポケットカメラ専用の印画紙である。二丁オモテ〜五丁オモテ（三〜九ページ）にかけて四一枚が貼られている。大きい写真は葉書大で一四・〇×一〇・〇cm。画面は一三・四×九・七cm。五丁ウラ〜二二丁ウラ（一〇〜四四ページ）に一〇〇枚が貼られている。

葉書の大きさについて述べる。「通常（普通）はがき」は明治四四年（一九一一）一一月一日から一四・九×九cmに定められた（逓信省令第37号）。大正一二年（一九二三）正月一日から一三・八×八・八cmに変更され（同94号）、翌年の関東大震災後にさらに小さい「震災はがき」が発行された。以上、千葉県市川市香取にある郵政博物館の井村恵美さんが資料を博捜して教えてくださった。

ご教示をふまえて考えるに、エドナ・コレクションの葉書大「横浜写真」は、明治四四年の「通常はがき」とほぼ同じ大きさである。しかし、エドナ夫人が来日した大正一一年の「通常はがき」よりやや大きい。省令が改正され日本で使用できたか少し疑問が残るが、外国人旅行客に売るお土産用「横浜写真」として支障はないわけだ。

アルバムBは、縦二八・七×横三五・五cm。表紙を開くと遊紙はなく、一丁オモテ〜四八丁ウラ（一〜九六ページ）まで、すべて葉書大写真を貼っている。小さい写真はない。巻末の二丁は遊紙。**アルバムA**の葉書大写真と同じだが**アルバムB**の写真のほうがやや小さめである。一四・〇×一〇・二cm、画面は一三・三×九・六cm。写真の四隅に紙製クリップを付けて台紙に貼っている。二九三枚。巻末のラベルにゴム印で「４２３２６」とある。また写真の説明文を記したＡ４のザラ紙二枚が挟まれている。エドナ夫人の筆跡である。

また、右の**アルバムA**のなかに、現在のＡ４版用紙よりやや大きい紙が三枚挟まれており、鉛筆で写真の説明が記されている。エドナ夫人の筆跡である。アルバムに貼られた写真と対照してみると、三枚の用紙に記された番号は、アルバムの写真の表に記された番号をさしており、その説明文とわかる。

アルバムA・Bは、黒い台紙に写真を貼っているが、その下に白いインクのペン文字で説明文が記されている。エドナ夫人の筆跡である。そして、写真の裏にも台紙と同じ説明文が記されている。ただし、写真の裏に記された通し番号の一〇〇〜二〇〇番台は、別人の筆跡である。これは夫のエドモンソン教授の筆跡かもしれない。

以上、**アルバムA**は小さい写真四一枚と葉書大写真一〇〇枚。**アルバムB**は葉書大写真のみ二九三枚である。

◎木箱とプラスチック箱

木箱（C）は、高さ九・〇×長辺二一・六×短辺一四・三×深さ六・四㎝。もともとコダックのネガ・フィルムを入れる箱と思われる。写真は白い封筒五枚に九枚、一三枚、三枚、六枚、三枚ずつ入れ、一括して木箱に収めてある。すべて葉書大である。一四・一×一〇・三㎝。画面一三・四×九・八㎝。合計・三四枚。
プラスチック箱は二つ。ともに高さ八・〇×長辺二九・〇×短辺一八・五×深さ七・〇㎝。整理・保存のためにニックさんが用意したものである。**D箱**、**E箱**とよぶことにする。
D箱は葉書大写真。一四・〇×一〇・三㎝。画面は一三・四×九・七㎝。**アルバムA・B**の葉書大写真と大きさがやや異なる。白い封筒六枚に三、七、三、八、二一、三九枚ずつ入れ、封筒の上に青いインクで「Series 6」〜「Series 11」と記す。また、「scanned 3/22/09」（封筒一〜四）、「scanned 4/11/09」（封筒五〜六）と記す。ニックさんがスキャンしたときの筆跡である。

ただし、「Series 11」だけは小さな紙を二つ折りにして写真を挟み、その上に鉛筆で「Rice」（稲作）と記してあり、さらに封筒に入れてある。エドナ夫人が紙に挟んでおいた写真を、ニックさんが封筒を用意して入れ直したものである。だが、ほかの封筒には二つ折りの紙がない。もとはあったが傷んだので捨てたらしい。合計・葉書大写真八一枚。

さらにD箱には、封筒に入れず、二つ折りの紙に挟んだ葉書大写真が三束入っている。やはり鉛筆で「Fishing」（漁業）、「Tea」（茶業）、「Silk」（蚕業）と記す。エドナ夫人の筆跡である。さらにニックさんが青いインクで封筒に「Series 12」～「Series 14」と記して写真を入れ直し、やはりスキャンした年月日を記している。順に五四枚、七枚、二四枚。合計・葉書大写真八五枚。以上、D箱に葉書大写真のみ一六六枚が入っている。

E箱には、小さいサイズと葉書大写真が入っている。E箱の小さい写真（名刺判五～六号の中間サイズ）は一一・〇×六・六㎝、画面は一〇・五×六・一㎝。幾枚かずつ二つ折りの紙に挟み、上に鉛筆で番号を記す。さらに、ニックさんが二つ折りの紙の上に、青いインクで写真の内容を記し、また丸囲みの番号（順番を示す）をつけ、一〇束（八七枚）と一三束（八五枚）に分けている。合計・小さい写真一七二枚。

同じくE箱に入っている葉書大写真は二つ折りの紙に挟まず、ビニールの包装紙にくるんで二束（二八枚と四〇枚）にしてある。合計・葉書大写真六四枚。

以上、E箱は小さい写真一七二枚と葉書大写真六四枚が入っている。

あらためて全体を集計しよう。小さい写真が二一三枚（A・E）、葉書大写真が六五七枚（A・B・C・D・E）。全体で八七〇枚。これがエドナ・コレクションの写真総数である（「日本野球旅行」掲載の写真を加えると少し増える）。

さて、**アルバム・木箱・プラスチック箱**が成立するまでを考えてみたい。葉書大写真六五七枚は**裏**に番号が記されている。通し番号と思われる。鉛筆書きで同じ筆跡である。

ところが、**アルバムB**と**E箱**の葉書大写真の**裏**には鉛筆で通し番号が記され、**表**に黒インクで、それとは異なる番号が記されている。どちらも同じように記されている。したがってE箱の葉書大写真は、もとはアルバムBの連《つ》れのアルバムに貼ってあった写真を剥がしたものと考えられる。

ところが、アルバムA・木箱C・プラスチックD箱の葉書大写真は、裏に番号が記されているが表には記されていない。よって木箱Cとプラスチック D箱の葉書大写真は、もとはアルバムAと連れのアルバムに貼ってあったものといえる。アルバムAとアルバムBの表紙が異なるのは、もともと二種類のアルバムがあったことを示す。すなわち、A・C・Dの葉書大写真を貼ったアルバムと、B・Eの葉書大写真を貼ったアルバムの二種類があったと推定できる。

そこで、あらためてアルバムBを見ると、表の番号順に貼られていないことに気づく。順番がバラバラである。もとのアルバムから剥がされて、バラバラになった写真をあらためて整理し、貼り直したのがアルバムBといえよう。

日本から持ち帰った大量の写真は、何度か整理・分類されてアルバムに貼られ、また剥がされたりして、今日のコレクションの形になったのである。

以上、わかりにくい説明になったので整理しておく。エドナ夫人の前に、日本から持ち帰った大量の葉書大写真があった。内容ごとにまとめられ、封筒に入っていたか、束になっていた。そして購入したときに付いてきた説明文を印刷した一覧表の紙があった。エドナ夫人は、写真の裏にまず通し番号を記し、その次に説明文を見ながらペンで書き写した。それは通し番号の上にそのまま説明文を書き写してある写真が何枚もあるのでわかる。筆跡から主にエドナ夫人が書き写したことがわかる。しかも自分の感想や見方を書き加えた説明文も少なくない。一〇〇番台から二〇〇番台は筆跡が違うので夫のエドモンソン教授が書き写したと思われる。

二人は、こういう状態の（つまりアルバムに貼っていない）写真を人々に見せたり、貸したりしたのではなかろうか。親しい人にプレゼントすることもあったろう。先に述べたようにエドナ夫人は大学の特派員または随行員（oficial reporter, chaperon）であった。帰国後、相当数の写真を広報普及センターに提出し、その後に返却されたものがある。写真の裏に「エドナ夫人に返す」（RETERN TO EDONA～）と記された写真が少なからず見られる。

エドナ夫人がアルバムに貼ったのは、広報普及センターから写真が返却されてからである。ほかの写真と一緒に整理・分類し直してアルバムに貼ったのである。**アルバムA・B**のほかにもアルバムを編んだと推測される。しかし幾冊かは古くなって損傷したので写真を剥がさざるを得なかった。こうして**アルバムA・B**と剥がされてバラバラになった写真が残され、**木箱**や**プラスチック箱**に入れられて保存されてきたのである。こうして現在のエドナ・コレクションとなったのであるが、その一方でアルバムごと散佚してしまった写真があるかもしれない。

この点について補足する。**木箱C**と**プラスチックD箱**の葉書大写真は、アルバムに貼るときに用いる紙製のクリップが付いていない。アルバムから剥がしたときクリップを外したと思われる。そもそもアルバムに貼らずに保存されていた可能性もあり得る。

しかし、**プラスチックE箱**の葉書大写真はクリップが付いている。アルバムから剥がされたままである。したがって、かつて**アルバムA・B**のほかに**E箱**の写真を貼ったアルバムがあったことがわかるのである。

わかりやすくまとめておこう。

・小さい写真――**アルバムA**、**プラスチックE箱**。合計二一三枚。

・葉書大写真――**アルバムA・B**、**木箱C**、**プラスチックD・E箱**。合計六五七枚。（いわゆる「横浜写真」）。

わずかながら重複する写真があるがそのまま数えた。総計八七〇枚となる。さらに、エドナ夫人が帰国後に発表した「日本野球旅行」に早稲田大学との最初の試合を撮した小さい写真が五枚、「横浜写真」が六枚掲載されている。これらを入れると、小さい写真は全部で二一八枚、葉書大写真は全部で六六三枚となる。いずれも重複写真を含んでいる。

なお、ラックルハウスの所持していたアルバム（ＩＵアーカイブ室）などにも、エドナ・コレクションにない小さい写真が貼られている。これらを数えると、チーム一行が日本から持ち帰った写真はさらに増える。

エドモンソンは帰国した一九二二年一一月、学内新聞の記者に、四〇〇〇枚の写真を持参したコダック・カメラで撮影して持ち帰った、と語っている（Faculty acts, The Indiana Daily Study, 29 Nov. 1922）。そのまま信じれば、それから長い年月が経つ間に三〇〇〇枚以上が散佚したことになる。

◎そのほかの写真と資料

以上、アルバムと木箱・プラスチック箱について述べてきた。もうひとつ、次のような写真と資料が遺されている。これも重要である。

① エドナ夫人とエドモンソン教授の顔写真（F・G）。三六歳と三九歳。一五・一×一〇・〇cm。

② 日本へ出発する前、インディアナ大学校内で撮した集合写真（H）（写真⑤）。校舎を背景に、ブライアン学長（一〇代）、遠征一行、学内関係者など三五名が並んでいる。三〇・五×二〇の・三cm。

③ 来日して築地精養軒ホテルで撮ったユニホーム姿の集合写真（I）（写真⑥）。四月一六日（日）朝と思われる。午後、早稲田大学の球場（戸塚）に行き、来日最初の練習をした。山高帽のエドモンソン教授、ユニフォームに身を固めた選手、コーチのミントン、レヴィス監督。一五名が並ぶ。エドモンソン教授は右手にコダック社のポケットカメラを持っている。二〇・三×三〇・五cm。

④ 東京・芝の高級日本茶屋「紅葉館」における歓迎会の記念写真（J）。日本人同窓生が開催してくれた。宴会の終りに撮影。一行一七名、同窓生三名、早稲田大学関係者一名、

茶屋の仲居・芸妓六名が写っている。二五・三×二〇・二cm。

⑤　エドナ夫人が帰国後、雑誌に連載した「日本野球旅行」の切抜き（コピー）。また、写真のタイトルなどをエドナ夫人が筆記したA４版用紙一〇枚。

出発前（1922年3月28日）校内で。選手一行17名を囲んで。二列目左端、ブライアン学長か。前列左から二人目、監督夫人ヘレン、エドナ夫人、ミントン、エドモンソン教授、レヴィス監督と並ぶ。㊠（写真⑤）

ユニホーム姿の選手たちとアシスタントコーチ、監督。精養軒ホテル玄関前。4月16日（日）来日最初の練習、早稲田球場へ向かう。全員スニーカー。球場でスパイクに。左端は引率責任者のエドモンソン教授。右手にコダックの最新カメラを持つ。㊠（写真⑥）

④の「紅葉館」における歓迎会の写真（J）は撮影者がわかる。台紙に「中鉢《なかはち》写真館」と刻印がある。館主の中鉢直綱《なおつな》（山形県天童市出身）は明治三九年（一九〇六）アメリカへ渡り、経済を学んで明治四二年に帰国し、麻布板倉に写真館を開業した（山形県「県史だより」第一号　二〇一四年五月三一日）。芝の「紅葉館」から遠くない。出入りのカメラマンなのだろう。

歓迎会の写真（J）は、記念品として遠征一行の全員に贈られた。ラックルハウス（中堅手・右翼手。日本では専ら三塁手。打撃でも活躍）の遺品（IUアーカイブ室）にも入っている。もしかしたら、主将ウォーカー（投手）の遺品かもしれない。厚紙で装丁された写真である。また、出発前のブルーミントンの駅前（モノン鉄道）で撮ったという厚紙装丁の集合写真が入っている（実際はインディアナ大学の校内か。または別の場所で撮影したか）。

IUアーカイブ室で、駅前で撮ったという集合写真を見ると、歓迎会の写真（J）と同じく厚紙で装丁されている。インディアナ大学から遠征の記念として贈られたのだろう。エドモンソン教授・エドナ夫人も持っていたはずだが、現在のコレクションにはない。Jはあるが厚紙で装丁されていない。真新しい印画紙にスキャンされている。ニックさんが写真などをIUアーカイブ室に寄贈したとき、その御礼に贈られたものである。

Ⅱ　インディアナ大学の日本人留学生

日本人同窓生による歓迎会は、来日三日目の四月一六日（日）夕、東京・芝の高級日本茶屋「紅葉館」で行なわれた（Ⅶ「同窓生の歓迎会」で詳しく述べる）。ラックルハウスの自筆ノート「旅日記」（Off to Japan）によれば、この日はすばらしい天気であった。朝食の後、ユニフォームに着替えて戸塚の早稲田球場に行き、日本に来て最初の練習をした。三〇〇〇人ほどの観衆が駆けつけ、球場を出るとき選手たちは押し倒されそうになった。築地の精養軒ホテルに戻ると磯部、佐藤、石井の三人が待っていた。かれらの案内で上野公園で開催されている「平和記念東京博覧会」を見た（写真⑦⑧）。第一次世界大戦が終結し平和の到来を祝うイベントである。

「平和記念東京博覧会」。上野公園。入場前のインディアナ大学一行。㋓（写真⑦）

途中、東京の街の大混雑をタクシーで通り抜け「紅葉館」に着いた。今はその跡に東京タワーが建っている。明治二八年、福沢諭吉の還暦祝賀会はここで行なわれた。政界人・経済人がよく使う高級日本茶屋である。なお、「紅葉館」について書いた文献は、池野藤兵衛『料亭　東京芝・紅葉館――紅葉館を巡る人々』（砂書房　一九九四年一〇月）など枚挙に遑《いとま》がないほどだ。

歓迎会のようすはあとで詳しく述べることにして、歓迎会を催した三人を簡単に紹介しよう。三人ともインディアナ大学に留学した経験をもつ。引率責任者のエドモンソン教授が来日直後のインタビューに、「日本には私達の大學を出た人が十人ばかり居て、（歓迎会に）招待されました。實に

不忍池に張り出したキリン・ビールの水上レストラン。㋓（写真⑧）

懐かしいものです。横濱商業會議所の岡田さん、神戸の磯部さん、又佐藤さん、小寺さんなどです」（『野球界』六月号）と述べている。「小寺さん」は関西学院教授で大丸百貨店の鑑査役などを歴任した財界人の小寺敬一《こでらよしかず》（一八九四〜一九五一）である。久しぶりに会って旧交を温めたと思われるが、歓迎会は都合のためか出席していない。

　歓迎会の写真（写真⑨）を見よう。前列右より、エドナ夫人、レヴィス監督夫人、岡田猛熊《たけくま》と並ぶ。後列右より、エドモンソン教授、佐藤三郎、レヴィス監督、ラックルハウス（三塁手）が並んでいる。二人置いて蝶ネクタイの人物はミントン（アシスタントコーチ）、八番目が早稲田大学野球部OBの石井順一、九番目が磯部房信。後列左から二番目の巨漢は、ギルバート（投手・一塁手）である。

　ラックルハウスは貴重なアルバムを遺した（IUアーカイブ室）。紺色の表紙、横長のアルバムに、日本遠征を伝えるアメリカの新聞の切抜きや日本の市街や風景を撮した写真などをたくさん貼っている。往復の乗船者名簿、船のレストランのメニュー、船のなかで日々配布された世界の出来事を知らせるテレグラム、日本でもらった名刺、手紙の類も貼っている。子孫が寄贈したのである。手書きの「旅日記」とともに、エドナ・コレクションに匹敵する貴重な資料だ（P165に写真）。

　IUアーカイブ室には、大学時代に着ていたスクール・カラーの深紅のセーターも保存されている（写真⑪）。まるで新品のようだ。胸の真ん中に白い毛糸で大学のマーク「I」が織り込まれている。このセーターをフットボールのユニホームの上に着ている写真がある。ラックルハウスはフットボールでも活躍した。腕に白の二本線が入っているのはフットボール・チームに入って二年目ということだろう。また、左の胸に白い「I」、左腕に

日本人同窓生による歓迎会。東京・芝、日本茶屋「紅葉館」2階の宴会場。前列右から三番目、岡田猛熊は東京専門学校（早稲田大学の前身）で英語を教えた。当時、横浜商業会議所書記長。㊓（写真⑨）

「I」は大学のシンボル・マーク。野球のほかに、バスケットボール・チームの選手、フットボール・チームの主将を務めた。㋶（写真⑫）

「紅葉館」の絵葉書。政財界の要人がよく利用した料亭。現在は跡地に東京タワーが立ち、料亭「とうふ屋うかい」がある。日本庭園に昔の面影が残る。㋶（写真⑩）

ラックルハウスが愛用した深紅のセーター。㋑（写真⑪）

白の二本線の入った深紅色の毛糸のカーデガンは、野球のユニホームの上に着ている。また、同じ体裁のカーディガンを着た写真もあるが、こちらはネクタイを締めている。少し改まったときに着るセーターであろうか。

ギルバート（投手）は、ほかの選手たちより、かなり年上に見える（写真⑭）。四年間の休学期間があるので二八〜二九歳だった。かれは化学を専攻している。あとに述べる磯部房信の直接の後輩なので、エドモンソン・エドナ夫妻とともに神戸の磯部邸に招待された。

歓迎会を主催した三人をあげる。岡田猛熊《たけくま》（一八六六？〜一九二三）は当時、横浜商業会議所（横浜商工会議所の前身）の書記長。五六〜五七歳。同じく磯部房信は（一八八八〜？）は太陽曹達《ソーダ》株式会社を興し専務取締をしている。三四歳。卒業後もインディアナ大学と親密な関係を保ち、昭和六年（一九三一）名誉法学博士号を授与された。佐藤三郎（一八八一？〜没年未詳）は、残念ながらよくわからない。四一〜四二歳。子孫のお話によると東京・高輪に住み裕福な暮らしをしていた。アメリカとの貿易か政経に関する仕事をしていたらしい。

早稲田大学野球部ＯＢの石井順一（一八九九〜一九九一）は昨年五月、ブルーミントンのインディアナ大学球場で行なわれた試合に三塁手として出場している。英語が得意なので選手たちと親しくなったと思われる。その後、手紙などで連絡を取り合っていたのだろうか。なお、チームを招聘した安部磯雄は同窓生たちの催す歓迎会なので出席していない。

❶岡田猛熊（写真⑬）

岡田について詳しく述べよう。かれは明治一九年（一八八六）、東京専門学校（早稲田大学の前身）を卒業しインディアナ大学に留学した。当時、インディアナ大学には一五〇ヶ国から留学生が来ていた。外国から来た移民の学生も数多く在籍していたが、岡田はまさしく外国人最初の卒業生である（大竹恵美子「タケクマ・オカダ、または岡田猛

インディアナ大学修士課程を修了したころの岡田猛熊。比較のため左右を逆にしてみた。初老の男性はやはり岡田である。それはエドナ夫人「日本野球旅行」、ラックルハウス「旅日記」でも確認できる。㋑（写真⑬）

熊のこと」『天理大学広報』第一五九号　平成一一年五月一〇日）。続いて大学院に進学し一八九一年に修士号を取得した。専攻は社会科学。修士論文は「日本の税金制度」である。

帰国後、母校・東京専門学校の教壇に立ち、文学科と法律科の学生に英会話を教えた。同校出版部から『英語講義』（国会図書館デジタル）を刊行し、それを教科書にアメリカ留学を熱心に勧めた。校内で安部磯雄と顔を合わせたことがあるかもしれない。

一〇年ほどで教壇を去り、横浜商業会議所の書記長となった。かくして母校チームを迎えたのである。かれは横浜市戸部町二丁目四九番地に住んでいた（『神奈川縣銀行會社實業家名鑑』明治三五年八月、『横濱紳士録』大正七年一二月）。ところが大正一三年九月、関東大震災に遭遇し、東京へ向かったまま消息不明となった。その後のことは一切わからない。大竹氏によれば、新宿に実家があったので行ったという。

岡田は論客であった。福沢諭吉らが創刊した思想・文芸誌『太陽』に、論文「外交上新聞紙の勢力」を発表した（明治三〇年〈一八九七年〉七月二〇日号）。帰国して六年後、東京専門学校の教師をしていたころだ。内容は「新聞の威力の大きさを説き、早くから欧米の外国新聞を買収して日本の世論を表明させていれば、遼東半島還付の愚を見ずにすんだはずだ」だと主張する（上野隆生「雑誌『太陽』の一側面について」『東西南北』和光大学総合文化研究所二〇〇七三月一五日）。

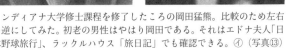

明治二八年（一八九五）四月一七日、遼東半島の割譲が決定したが、ドイツ・フランス・ロシアの三国干渉によって同月二三日、清国に返還されることになった。岡田はこれに憤慨し、欧米の新聞社を買収して外国語で記事を書き、日本の意志を世界へ向けて発信すべきだと主張した。アメリカ留学が世界情勢と日本の立場に対する思想を養ったことはまちがいない。

❷磯部房信（写真⑭）

磯部の人生は簡単に語れない。妻トヨ子は三三歳で夭折した。二人で歩んだ人生を自費出版の『愛の遺書』（一九二五年一〇月二九日）に綴っている。磯部は五歳で母と生別、九歳で父と死別し、兄とともに祖母の手で育てられた。一〇歳から二箇年、東京・白金の明治学院に学び、キリスト教を信仰するようになった。その後、芝の攻玉社中学校に転校したが、養ってくれる親類の破産により途中で退学。しかも身寄りのない親戚の少女トヨ子を養育する運命を背負うことになった。

明治三六年（一九〇三）一月、状況を打開すべく、トヨ子を日本に置いて単身、アメリカで成功することを夢見てサンフランシスコへ渡った。資金も縁故もない。英語も話せない。苦難の人生は驚くほかない。だが時折、援助してくれる人があらわれて少しずつ好転していく。カリフォルニアの農園で重労働をし、缶詰会社の職工をし、同州サナリスで老医師夫妻のスクールボーイ（食費無料の住込み雑用係）をしてハイスクールに通った。眼病の悪化により中退。ロサンゼルスに近いアナハイムに行き、ハイスクールの三年生に編入した。教会のスクールボーイなどをしながら通った。四年生に進級すると、インディアナ大学を卒業した教師が、おまえはすでに大学に入る力をもっている、大学に成績を知らせてあげるから九月から行かないか、と勧めてくれた。

四年間のハイスクールを三年間で切り上げ、インディアナ大学の「純正化學科」に入学したのである。生活費

ギルバート、磯部房信、エドナ夫人。神戸市熊内の磯部邸。ギルバートその他の服装を見ると写真によって色が異なっている。二着ほど用意して来日したらしい。蝶ネクタイに替える選手もいた。㊓（写真⑭）

は黒人の経営する理髪店で働いて得た。各地で理髪のアルバイトをしたので技術を身につけていた。市役所で「帰化の宣誓」をし、大学の月謝は無料になった。その後、理髪店は昼間のアルバイトにし、下宿屋の部屋を借りて暮らした。そして食費が無料になるのでホテルの食堂の掃除夫になった。まもなく下宿屋を出て教会の堂守をした。

　大学生活はどうか。朝六時起床。食堂の掃除一時間。朝食をとり登校。八時から講義に出席。昼食は食堂でとり、午後一～五時は大学の実験室で化学の研究に没頭した。それから宿所に帰り六時半まで勉強。七時、食堂で夕食。七時半～八時、食堂の掃除。宿所に帰り一〇時半まで勉強、就寝。

「自活し乍ら大學に通ふので、忙しい事は目の廻るやう」であった。「實に印《はん》で捺《お》した様な規則的な生活を續け」た。しかし大学生活は「人生の一番愉快な而して幸福な思ひ出のみ」だと語る。「希望に満ちた生活」だった。大学ではキリスト教青年会に加入し、日曜は教会に通った。

大学を早く卒業するため、夏期学校（サマー・スクール）に出席して「卒業点数」を獲得した。三夏続けたので四年で卒業すべきところを三年間で終えた。その間、養父とトヨ子のために毎月欠かさず五ドルを仕送りした。

一九〇九年六月二三日、卒業式。講壇にのぼり、ブライアン学長から理学士の学位を授与されたとき会場から「盛んな拍手が起つて、日本の一青年の爲に祝福して呉れた」。ちなみに、ブライアン学長は安部磯雄の招聘を受諾し、野球チームを励まして送り出した最高責任者である。

磯部は卒業の喜びを感じつつ、なぜか物足りない気持ちになった。日本に帰ろうと思ったが、帰る旅費もなければトヨ子と結婚する費用もない。奮闘するほかない。「私を非常に愛してくれたブラオン教授」に相談すると、ウィスコンシン大学の大学院に入り、製造化学の研究を続けるべしと励まし、バルヂス教授宛に懇切な紹介状を書いてくれた。おかげでバルヂス教授の家庭にスクールボーイとして寄食しながら通い、「水銀法の苛性曹達製造法の研究」を深めることができた。

翌一九一〇年六月、懸命に努力して最短で論文を完成させた。口頭試験に合格し、ついに修士号を取得した。学位授与式を待ちきれず、ただちにシカゴ市の製鉄会社の技師となって働いた。サラリーは月五〇ドル。だが生活費が三〇ドルかかるので月に二〇ドルしか貯蓄できない。日本へ帰る旅費も結婚費用も貯まらない。トヨ子はもう一九歳である。

これではどうにもならない。磯部は製鉄会社を辞職し、再びウィスコンシン大学に戻り、働きながら実験室に通い、博士論文を提出すべく研究に没頭した。

一年が過ぎるころ転機が訪れた。夏休みを利用して各地の師範学校を巡回し、中学校の教員に日本に関する講演をする仕事を引き受けた。そのとき依頼主の友人から、日本のカレンダー用の絵を売ることを委託された。売上高は折半だという。

一時間ほど講演したあと一室を借りて日本から取り寄せた絵を並べると、千人を超える聴衆が先を争って買って行く。どの会場でもたちまち売り切れるので、手持ちの五〇〇ドルと恩師のレナー博士から借りた五〇〇ドルを足して、電報為替で日本の版元に送り、さらに大量の絵を送ってもらった。絵を買ってくれた人々が磯部の代理人となって、それぞれの地元で売ってくれたりもした。こうして一二月までに全部が売り切れた。

磯部が手にした収入は六〇〇〇ドル以上であった。レナー博士は磯部の商才に驚き、米国の実業家も君の機敏なやり方には敵《かな》うまい、大学に残って博士号を取得するより、帰国して「實業方面に技師として立つ」べきだと勧めてくれた。

絵の販売成功は磯部の人生を大きく変えた。帰国後の「太陽曹達株式会社」の創業はこのときの経験が土台となった。磯部自身、おのれの天分に気づいたといえるだろう。

明治四五年(一九一二)二月、一〇年ぶりに帰国。いくつか事業を興して多忙であったが関心は化学肥料の製造に絞られてきた。硫酸アンモニアも苛性ソーダも化学肥料の製造に欠かせない。日本を代表する総合商社、鈴木商店のロンドン支店長の高畑誠一に相談して事業発展の理解を得られた。大正八年(一九一九)八月、イギリス、アメリカの苛性ソーダ製造の実態調査から帰り、「百萬圓の資本金で太陽曹達株式會社を創立して、私は専務取締役に就任した」。

鈴木商店と磯部の関係は少しわからないところがある。鈴木商店に入社し事業展開の重職に就いたという。大正一一年(一九二二)四月、鈴木商店は資金・人材を出して「クロード式窒素工業株式会社」を創立した。磯部はその「技術監督」に就任した。この会社はフランスの技術を取り入れ、硫酸アンモニアによる化学肥料の製造をめざした(木村健二・佐藤裕哉・水谷利亮「関門地域の工業化と鈴木商店——歴史遺産の観光活用に向けて——」『関門地域研究』第二五号 二〇一六年三月)。会社を興し、同時に鈴木商店の傘下に入って「技術監督」となっていたのだろうか。

母校インディアナ大学の野球チームを迎えたころ、磯部は神戸市の山の手に和洋折衷の邸宅を建てて住んでいた。愛妻トヨ子と愛息の清(五歳。大正六年生まれ)と幸せな日々を過ごしていた。「波瀾曲折の多い過去の生涯と比較して、最も平和な家庭的生活を送った」という（写真⑮）。

二年後の大正一三年一〇月末、愛妻トヨ子は重い病を患い、「清を親友大呑《おおのみ》（ママ）ひさ子に託し且つ夫房信と同人との結婚を切望する旨を遺言して安らかに永眠」した（再婚の「婚約式」における磯部の実兄、中眞一の挨拶文）。『愛の遺言』を出版したのは、そういうわけだった。親しい人々に贈ったのだろう。翌年四月初旬、喪が明けるのを待って再婚。清は以前から久子《ひさこ》を慕っており、母となってくれたので喜んだ。

磯部は誠実、努力、信仰の人であった。困難なときに扶けてくれる人があらわれて状況が変化していった。努力を惜しまず、人を愛し、誠実に生きた証《あかし》である。とりわけ磯部を扶けたのは日米のプロテスタントたちであった。母校インディアナ大学に対する愛校心も並々ならぬものがある。一九三一年、名誉法学博士号を授与されたのはそのためである。

磯部の妻トヨ子と愛児、清（5歳）。神戸市熊内の自邸。㋓（写真⑮）

佐藤三郎。後列中央。左はレヴィス監督。右はエドモンソン教授。前列は左より岡田、レヴィス監督夫人、エドナ夫人。写真Jをトリミングした。㊓（写真⑯）

❸ 佐藤三郎（写真⑯）

佐藤は明治三七年（一九〇四）明治大学を卒業し、インディアナ大学に留学した。一九一〇年、インディアナ大学大学院修士課程を修了。専攻は経済学。論文は「日本人移民」。

かれは愛知県碧南市（旧新川町）の名家に生まれた。ご子孫によると、身だしなみは常にきちんとしており、いかにも「ジェントルマン」の風貌であったという。毎日床屋に通ったとか。妻は、愛知県半田市の老舗の料亭「望州楼」の血筋の関係にある女性であった。ご子孫の佐藤英明さんと碧南市立図書館司書の神谷さんより教えていただいた。

三郎の生前を知るのは英明さんの叔母・佐藤清子（九四）さんである。歓迎会の写真（J）に写っている三郎の姿をトリミングして送ると、清子さんはとても喜んでくださった。二週間後にご逝去の知らせが届いた。間に合ってよかったというべきか。

Ⅲ　コダックで撮った小さい写真と葉書大の「横浜写真」

❶小さい写真に何が写っているか

エドナ・コレクションには小さい写真と大きい写真がある。小さい写真に何が写っているのか紹介しよう。ニックさんによれば、一行は大学からコダック社のポケットカメラを提供されて日本に行ったという。ふだんは小さく折り畳み、写真を撮るとき蛇腹を伸ばす小型カメラだ。写真Ⅰのエドモンソン教授の右手にこのカメラが下がっている。

カメラの機種は、印画紙のサイズから一九一六〜二六年発売の「1Aオートグラフィックコダック・スペシャル」と思われる。一一・二×六・二cm。被写体の画面は一〇・九×六・〇cmである（参照「コダックカメラの歴史」『カメラレビュー』七月号　一九八〇年）。

同じタイプのカメラは、船上で親しくなった岡本米蔵（一八八〇〜一九六七）も持っている（写真⑰）。かれは東京に着くと専ら選手たちのために東京や京都の観光案内を買って出た（Ⅵ「岡本米蔵の貢献」）。カメラの蛇腹を伸ばして街のなかの電車道に立っている写真がある。かれが撮した写真もエドナ・コレクションに混じっているかもしれない。

電車通りに立つ岡本米藏。42歳。銀座か。学生たちのために観光案内。蛇腹式のカメラをもつ。左はギルバート、ペンで矢印が付いているのはウォーカー。かれの遺品のアルバムか。㋑（写真⑰）

小さな写真の二一三枚をざっと見ると、写っているのは、シアトルに行く途中の列車の窓から見た広大な風景、日本へ向かう船上での日々のようす、横浜港、早稲田大学との野球試合、日本各地の街並や観光地、出会った人々、働く人々などである。

以下、**アルバムA**に貼られた四一枚の小さな写真を紹介しよう。巻頭の一丁（1〜2ページ）は遊紙、3ページから写真が貼られている。三枚である。最初に船上での集合写真。一六人が写っている。服装が出発前ブルーミントンのモノン鉄道の駅前で撮ったという集合写真（実際は大学校内か）と同じだから乗船直後とわかる。裏に「Entire Party on board S. S. Keystone State en route to Japan. (Pat taking picture)」（日本へ行くキーストン号の甲板で撮影した集合写真。撮影者はパット）。パット（Pat）はアイルランド出身者に対する愛称である。エドモンソン教授のことだ。愛称で呼ぶのは妻だから、この説明文はエドナ夫人が書いたのであり、彼女のアルバムだとわかる。

次は、選手が甲板でキャッチボールをしている写真。三枚目は、密航した四人のインディアナ大学の学生である。白い上着に黒い長ズボンを穿いたボーイ姿。四人はジャニュアリー船長から特別に許され、荷物運びや食事係を与えられて旅をしたが、日本上陸は許されず、マニラまで行ってシアトルへ戻って行った。その一人は、のちにピューリッツァー賞を受賞する報道写真家アーニー・パイルである。写真と裏に記したエドナ夫人のメモはあとで紹介する。

4ページは早稲田大学との最初の試合（四月二二日）を撮した四枚。ピントは少しボケているが、インディアナ大学と試合をした写真は、ほかにエドナ夫人の「日本野球旅行」とラックルハウスの「アルバム」の一〇枚くらいしかないので貴重である（写真㉚㉛）。早稲田大学の野球史をまとめた書籍は数冊あるが、それらにも掲載されていない。

早稲田大学との最初の試合を撮した写真は**プラスチックD箱**にも五枚あるが、そのうち四枚は4ページと同じ写真、もう一枚は球場に突然あらわれた世界漫遊中のスウェイン前学長がベンチに座っている写真である。エドナ夫人や選手たちの姿も座っている。現像がうまくいったのか、これらはいずれもピントが合っている。5ページは銀座五丁目にあった築地精養軒ホテルと近くの運河を撮した三枚である（写真⑱〜⑳）。

以下、ページと枚数を記し、白いインクで記された説明のところどころを紹介しよう。6ページは、東京の街角で人力車に乗るエドナ夫人、電車の走る東京市街、精養軒ホテル前で着物の女児を囲むエドナ夫人とレヴィス監督夫人、街角の果物屋を見るエドナ夫人（計四枚）。7ページは、警官が立つ東京の市街（来日したウェールズ王子の警備をしている）、自転車・自動車の行き交う東京の街（そのころ売られていた「ユニオン・ビール」の看板が見える）、肩掛けカバンの小学生たちとエドナ夫人、どれも街中で撮したスナップ写真である。同じく赤ん坊を背負う女児

精養軒ホテル。築地川（canal）の向こう岸から撮る。東京湾へ通じる。現在は埋め立てられ高速道路や公園になっている。㋓（写真⑱）

ホテル近くの築地川（canal）。伝馬船（平底の運搬船）が通る。居住もできた。㋓（写真⑲）

東京湾。大型の帆船が見える。手前は、帆と手こぎの櫓の運搬船。㋓（写真⑳）

たちとエドナ夫人（計五枚）。８ページは、横浜沖のイギリス軍艦レナウン号（ウェールズ王子の乗艦）、東京湾の漁船の船だまり、帆掛けの大きな運搬船、漁船の浮かぶ東京湾（計四枚）。９ページは、芝の増上寺の石段にエドナ夫人が座っている写真、御廟の前に立つ写真、増上寺に向かう一行の写真、増上寺の石灯籠の前に立つエドナ夫人（計四枚）。10〜11ページは、安部磯雄の案内で奈良公園を散策するレヴィス監督夫人、エドナ夫人、エドモンソン教授。（計八枚）。12ページは、神戸市熊内町《くもちちょう》の磯部房信邸（二枚）、舞子の浜で地引き網（一枚）。（計三枚）。13ページは、京都の保津川（桂川）の材木筏《いかだ》、大阪の鉄橋を牛の引く荷車が通る写真、大阪の川を行く屋形船（計三枚）である。

ちなみに、エドモンソン教授、エドナ夫人、ギルバート（投手・一塁手）の三人が神戸の磯部邸に招かれたのは五月一〇日（水）と推測される。玄関の前に立つと眼下に煤煙に黒ずむ神戸市街が見えた（写真㊽）。邸宅に行く前、磯部の案内で舞子浜に行き、茶店でしばし憩い、女も子どもも一緒に行なう地引き網を見た。

なお、大阪の今橋ホテルから鉄橋を渡る牛の荷馬車を見たのは五月六日（土）、安部磯雄の案内で保津川下りをして嵐山を見たのは五月八日（月）と推測される。

以上、**アルバムＡ**に貼られた四一枚の小さな写真は、手持ちのコダック・カメラで撮影したものである。太平洋の船上→横浜港→精養軒ホテル→野球の試合→東京・神戸→京都・大阪・奈良の旅行、という順番で貼られている。遠征旅行の総集編といえよう。特に印象に残った場面を選んだのである。

小さい写真は**プラスチックＥ箱**にも入っている。ブルーミントンを出発してシアトル港へ行く列車の窓から撮った、まだ冬の荒涼たる風景をはじめ、旅行中の折々の写真がたくさんあるが、どれもアルバムに貼られていない。というのは、もともと小さい写真がひとつにプールされていて、四一枚を厳選して**アルバムＡ**を作成したからである。

さて、**アルバムＡ**の特徴は児童・少女の写真が多いことだ。赤ん坊を背負った着物姿の少女と一緒に撮った写

銀座付近の裏通りか。「大和屋」の看板がある。雑然たる都会のようす。㋓（写真㉔）

電車と天秤棒の男。銀座か。前の方にも電車が小さく見えている。ポストと軒先の「たばこ」の看板は、最近まで目にした。㋓（写真㉑）

電車通りを牛車が行く。東京の中心部。㋓（写真㉕）

銀座の電車通り。自転車、人力車、自動車が通る。発売されたばかりの「ユニオン・ビール」の看板が見える。㋓（写真㉒）

竹籠を運ぶ馬車。男の服装に注目。銀座か。竹林、竹細工、石灯籠、赤ちゃんを負んぶした少女、庭師が手入れした曲がりくねった松の木などがとても珍しかった。㋓（写真㉓）

真がとりわけ多い（写真㉖）。紐で背中に負んぶする姿は外国人に非常に珍しく見えたのである。そういえば筆者が娘夫婦の家の近くで二歳の孫を後ろ手におんぶして歩いていると、不思議そうな目で見ている人がいた。石灯籠もそうだった（写真㉗）。**プラスチックE箱**に、寺院の境内に立ち並ぶ石灯籠、撓《たわ》められ曲折した松の大木が撮られている。竹細工の籠、原料の竹林もそうだ。これらも非常に珍しく見えた。校庭でお遊戯をする児童たちも複数写っている。児童福祉学者のエドナ夫人らしい目の付け方だ。

子守りの少女（two little baby nurses）。築地精養軒ホテルの近く。赤ちゃんはどちらも寝入っている。住み込みの少女か。学校には彼女たちの教室があった。子守りしながら勉強したという。TVドラマの「おしん」を思わせる。㊓（写真㉖）

増上寺の石灯籠。日傘を持って立つエドナ夫人。㊓（写真㉗）

中央に荷馬車を引く少年。暑いのか、衣服の前をはだけ、下駄履き。柳の並木、運河に沿った道路。㊓（写真㉘）

❷ 葉書大写真に何が写っているか

それでは、アルバムAの14ページ以降、小さい写真のあとに貼られた一〇〇枚の葉書大写真は何が写っているだろうか。

14ページには、馬車・牛車・人力で引く荷車の写真三枚を並べている。黒い台紙に白いインクで「日本の運搬方法」(Method of Transportation in Japan)と記す。アメリカでは見たことがないのだろう。15ページは、黒い台紙の真ん中に白いインクで「STORES」(商店)と大きく書いて、その両脇に婦人用襟巻・反物・瀬戸物・干物を売る店の写真を並べている(計四枚)。日本人の生活が髣髴《ほうふつ》とする。16ページは、提灯・唐傘を売る店、鈴虫・松虫を売り歩く老人、俵の米を売買する男たち(計三枚)。17ページは、割烹《かっぽう》(和風レストラン)の玄関で履物を並べる男(履物係)、花売りの男と花を積んだ荷車、浅草の映画館・劇場街、天秤棒を担いで魚を運ぶ男(計四枚)。18ページは室内に移って、髪結いの女、琴の稽古をする女、食事をする女(お櫃・お膳)、縁側で火鉢にあたる女(計四枚)。19ページも室内の写真で、花を生ける女(二枚)、別れのお辞儀を交す女(一枚)。生け花をする女に「Flower arranging. Note hair dress & Kimono」と記し、髪型と着物に注目するよう促している(計三枚)。

20ページは屋外へ移り、児童が写っている。少女たちが赤ちゃんを負んぶして輪になって遊んでいるようす、小学校の校庭に集う少女の群れ。後者に「Groop of school girls. Note costume」とあり、「着物姿に注目せよ」という。昔の服装のままで近代化が遅れていると見ているらしい。続いて、路上にしゃがんで遊びに夢中の男の子たち(計三枚)。21ページは、笑顔の可愛い男の子三人、さまざまな顔の少年たち、東京湾の鳥居のある風景(計三枚)。22ページは、凧揚げをする着物の男の子、じゃんけんぽんをして遊ぶ着物の男の子。「Jankenpo《(ママ)》, a game of stone, paper & shears, Note dress」、やはり「着物に注目せよ」という。赤ちゃんを負んぶしてじゃんけんぽんする少女たち（計四枚）。じゃんけんぽんがエドナ夫人にはとても珍しかった。それは日本人も知っていた。同窓生たちが芝の「紅葉館」で歓迎会を開いてくれたとき、仲居が選手たちにじゃんけんぽんを教えて一緒に興じている。23ページは写真は郊外に移り、藁葺きの田舎の家、田舎町の市場、麦わら帽子の杖をつく農民（計三枚）。英文で「多摩村の農民」と記す。

もっと見よう。24ページは、田舎の駅で見かけた着物姿の若い女性、赤ちゃんを負んぶした少女の写真二枚（計三枚）。25ページは、石垣の前に咲く桜に「Country hous」と記すが田舎の家ではなく、立派なお城の石垣である。凧《たこ》をもつ少年と羽子板をもつ少女の写真に「Gate of house of sararied man」（サラリーマンの家の門）と説明しているが、高給取りの家のようであり、少年少女よりも屋根のある門扉に興味を示している。さらに荒川の漁師と土手に作られた苫屋（計三枚）。26ページは、剪定されて枝振りが整えられた松、枝を曲がりくねらせた松、太い幹を横に這わせて木蔭を作っている松（計三枚）。庭師の手の入った松の木が珍しいのである。27ページは、木曽川から見た犬山城（国宝。犬山市。名古屋市の近く）、千葉県いすみ市の大原海岸、宮城県の松島の海岸風景（計三枚）。「Matsushima Pines」は松島湾よりも松の木に興味を示している。インディアナでは海は見られない。針葉樹は多いが、日本のどこでも見られる松の木はない。ましてや整髪されたような、屈曲した松の木などあるわけがない。珍しいのである。

28ページは宗教に目を向けている。稲荷神社の石のキツネをなでる神官、無数の柄杓《ひしゃく》の掛かった板塀。柄杓は神に、身体の悪いところを掬い取って叶えてください、と祈る供え物である。写真の裏にそう書いてあるが、よく見ると柄杓の底が抜けたり穴が空いている。大國魂神社（府中市）の安産祈願だろう。するりと産まれる、というわけだ。団扇《うちわ》太鼓を叩いて祭壇に祈る女、卒塔婆《そとうば》の林立する墓場（計四枚）。29ページは女性に目を向ける。鼓を打つ振り袖姿の女、木枕で横向きに寝る日本髪の女、襷・前掛け・草履姿の女給、盆景（箱庭）を見る少女（計四枚）。「Bonkei, the garden on a tray. Note costume」と説明しており、やはり少女の着物姿に注目している。

30ページも女性である。五右衛門風呂に入る女、赤ちゃんを負んぶして傘を差す少女、タケノコ籠を抱えた姉《あね》さん被《かぶ》りの女。写真の裏に東京の目黒と記す（計三枚）。31ページは、石灯籠《いしどうろう》の前で傘を差す女、桜並木の道を歩く人々（上野公園か）、しだれ桜の枝に手を伸ばす少女である（計三枚）。日本人の日常生活が写っている。最後まで紹介しよう。32ページは、松島だろうか海岸の島、赤ちゃんを負んぶして市場に出す繭の選別をする母と少女。「Grading cocoons for market. Note pattern of Kimono material」と説明しており、やはり着物姿に注目している。晴れ着姿の人々が通る道、鰹節の乾燥作業（計四枚）。33ページは、洗い張りをする女（そばに白いエプロンの幼児がいる）、高い櫓《やぐら》に布をかけて日にさらす作業（計二枚）。34ページは風景である。広島県宮島の海岸、北側から見た富士山、皇居（計三枚）。富士山の写真は、いかにも外国人用の観光写真といった構図である。34ページは東京の風景で、皇居（前ページの皇居の写真とセットで売られていたか）、東京湾に近い築地川と付近の風景二枚（計三枚）。36ページは、曲がりくねった松の大木（東京・堀切の菖蒲園）、天秤棒を担ぐ田んぼの農夫（計三枚）。農夫には「Road between Tokyo & Sendia, near Isohara, Ibaragi prefecture」（東京と千住の間の道路にて、茨城県磯原近郊）と記す。だが農夫の説明になっていない。もとの説明文は長かったが、内容がよく理解できなくて一部分を書き抜いたのだろう。しかも千住と磯原は何百キロも離れている。37ページは、店先で提灯の準備をする女。場所はかつて新宿の十二社《じゅうにそう》にあった観光地。同じく十二社の女給、振り袖姿の芸者（東京）、新年の着物姿の芸者（計四枚）をあげる。女給と芸者を同じ業種と見たらしい。

38ページは、新年の飾りを付けた馬が荷車を引いている、家々をまわる万歳、東京・荒川の花見に来た三味線弾きの母子（計三枚）。花見客の唄・踊りに伴奏をつけてお金をもらう芸人だろうか。39ページは、千鳥ヶ淵の桜、両脇に桜が咲く電車通り、靖国神社の大鳥居の桜（計三枚）。40ページ以降は各地の名所。芝公園の蓮池、東京の芸者、上野公園の五重塔（計三枚）。41ページは、井の頭公園の木橋、大津・三井寺の境内、琵琶湖・唐崎の夕日（計三枚）。42ページは、石山寺東大門の仁王像、池上本門寺の万灯練供養の花飾り二枚（計三枚）。43ページは、行列の先頭を行く天狗、京都・知恩院の大門、大宮・氷川神社の参道（計三枚）。参道の写真は、鬱蒼と茂る杉並木の道を子どもを背負った母親らしき女性が歩いてくる。構図といい光の具合といい芸術性の高い風景写真である。裏に氷川神社（さいたま市大宮区）の参道と記されている。最後の44ページは、堀切の菖蒲園（葛飾区）、北茨木市平潟のカレイや小魚を路上に広げる冬の魚市場、伊勢原市（神奈川県）の大山神社の階段で微笑む女（計三枚）。これで一〇〇枚が終わる。

❸百年前の日本人

以上、アルバムAを紹介してきた。日本から持ち帰った葉書大写真から選んで貼っている。横浜・弁天通九番地の「江南信國写真館」、同じく海岸通一六番地の「ファルサリ商会」などで買ったのだろうか。エドナ夫人やラックルハウスたちの遺した資料のどこを探しても、横浜で写真を買ったという記録は見られない。大正時代に入ると、東京の街でも売っていたのではなかろうか（ラックルハウスの「旅日記」四月一八日に「葉書を数枚買った」とあるのは絵葉書大写真かもしれない）。ともかく大体において旅のコースに沿って貼っている。お土産にもらった写真も含まれていると思われる。

写真は、見てきたように建築業、運送業、農業、漁業、海苔の養殖業、蚕業、製陶業、商業、各種職人、接待業、寺社の聖職者など、働く人々が集められている。まさに明治・大正の「労働者図鑑」である。

並べ方はかなり乱雑だ。共通性がありそうな写真を二〜四枚ずつ分類して貼ったらしい。大体において、郊外から街のなかへ、外で働く人々から部屋のなかで働く人々へと移ってくる。また、子どもを背負う少女や遊びに夢中の子どもたち、また名所や風景の写真もあるし、神社や墓地の写真まである。新年の晴れ着姿の若い女、お祭りの人々、そしてまた風景へと移る。日本人の生活を広く見渡している。

先にも述べたが、負んぶをする少女、石灯籠、曲がりくねった松の木、稲荷神社の石のキツネなどは特に珍しかったようだ。桜並木、日本髪、着物姿にも惹きつけられた。

なお、『野球界』六月号のグラビアに第一回目の試合の写真があり、そのほか選手たちのプレイする姿などが多数掲載されている。

以上、ニックさんのお宅のテーブルに置かれていたのはこうした写真であった。時間が限られていたので、私は次から次へアルバムをめくり、また箱に入った写真を大急ぎで見た。

◎アルバム以外の写真も含めて

以上、エドナ・コレクションを紹介してみた。アルバムBは紹介できなかったが、全体を見て思ったことを書いておこう。

早稲田大学と戦った試合が写っている。第一回目の四月二二日（土）である。一〇枚にもならないが、インディアナ大学との試合を撮した写真は、さまざまな資料や書籍を探しても『野球界』六月号以外に見つけられなかった。スナップ写真なのでピントがボケたものがあるが、はっきりしているのもある。珍しくて貴重ではないのか。

エドナ・コレクションには同じ時に来日したイギリスのウェールズ王子を迎える銀座の街の写真がある。子どもも大人も群集して日英の小旗を振っている。熱狂が伝わってくる。ある日の王子は少人数で銀座の御木本真珠店か有楽町の植田商店に立ち寄った。真後ろから王子の乗ったオープンカー（auto）を撮した写真がある（二枚）。車の右側に市電が走っている。この日は四月一八日（火）。エドモンソン教授だろうか、車の真後ろに出て行って撮ったらしい（写真⑥⑧）。また、全焼した直後の帝国ホテルの写真がある（写真③⑤）。焼失の翌日（四月一七日）、その場に行って撮したと思われる。

こうした現場性のある写真はどれも興味深い。だが私は、明治・大正期の日本人の生活を撮した写真に特に惹きつけられた。

以下、日本に帰ってきてから調べたことを織り交ぜて、さらに詳しく書き直してみる。農民たちがみんなで田植えをする風景。水車を踏んで田んぼに水を入れる男。稲刈りに精を出す夫婦。農作業を手伝う元気な子ども。魚を仕分けする漁民。果物・野菜を並べる八百屋。馬に曳かせて荷物を運ぶ男。大きな丸太に鋸をあてる木挽の男。路地裏で下駄・桶の修理をする男。天秤棒で魚を運ぶ男たち。夏の間、虫を売り歩く老人。子どもに菓子や飴を売る老人。

交通整理の警官。自転車に乗る人々。人力車を引く男。井戸を掘る人々。釣瓶《つるべ》井戸。ヨイトマケの女たち。東北地方ではこれをドンツキといった。男のなかに女が交じり、太く大きな丸太に結ばれた綱を、かけ声もろともに引っ張ってドンと突き落とす。これを繰り返して土台を固め、家などを建てたのである。また、欄間《らんま》や仏像の彫刻師。畳、竹細工、おもちゃ、織物、刺繍、縫仕事、染物、洗い張り、漆器、陶器、鍛冶、屋根瓦……、ありとあらゆる職人たちの働く姿。織機を扱う若い女。花、魚、金魚、竹籠、風鈴、飲み物を売る行商人。物売りの店。キセルを修理する羅宇《らう》屋。紙芝居に群がる子どもたち。鮹《たこ》を捕る老人。エビ漁、鵜飼い、海苔の養殖、子どもの漁師、川魚漁、網の修繕。手品師、猿回し、角兵衛獅子などの大道芸人。寺院の前の尺八吹き。これは目の不自由な夫婦である。足下にお金を入れてもらう帽子が置いてある。かたわらに夫婦の幼い子どもが遊んでいる。また、三味線弾きの母子。着物姿の舞妓・芸者。僧侶・神官。易者。修行者・修験者。桜の下で弁当をひろげる人々。お祭りの行列で天狗の扮装をした男。葬式の行列が数枚ある。風景を撮した芸術写真もある。

船を押して海に出す浜辺の男と女。なんと立派な身体！　男はふんどし、女は腰巻き。背は高くないが身体が引き締まり、いかにも丈夫そうだ。明治・大正期の労働する日本人の身体を、これほどまざまざと、数多く見せてくれるものはほかにないのではないか。やはり価値の高いコレクションというべきである。

農民、漁民、職人たちの作業する姿は、温和で自然な雰囲気がある。笑顔が多いのが特色だ。素直さ、優しさが感じられる。なかには人物が動きを止めてカメラの前に立っている。こういうものは演出写真といわれる。少し不自然なところがあるが、百年前の暮らしがよくわかる。健康で、くったくなく、自足して暮らしているように見える。そういう写真をたくさん揃えて売っていたのである。

もっと続けよう。農業の写真は田植えから始まる。田の草取り、稲刈り、脱穀、精米、売り渡し、と続く。季節や作業の順序はバラバラだがもとの順序が再現できる。蚕業の写真も数が多い。蚕の飼育から糸をつむいで布を織るまで全行程が再現できる。杉並区和田に「農商務省蠶業《さんぎょう》試験場」（後に「蚕糸《さんし》試験場」として拡充された）があった。ラックルハウスの「旅日記」五月二日（火）に、「岡田さんと絹を生産している試験場を見に行った。とても興味深かった」とある。岡田猛熊（横浜商業会議所書記長）が案内したのである。エドナ夫人も「日本野球旅行」に、この日の見学を書いている。写真は売店で買ったのではなかろうか。

茶摘み・茶葉の手もみをする写真。どこへ行ってもお茶が出される、とエドナ夫人もラックルハウスも書いている。買い物に行くと商品を見る前にお茶を出され、芝公園では人力車を待つ間に出され、「蠶業試験場」では施設の案内が始まる前に出された。ビジネスマンの机の上には決まってお茶を注いだ茶碗がある。どの駅にもお茶売りがいて一〇銭（五セント）で売っている。私たちはお茶を飲みながら列車の旅をしたとエドナ夫人が書いている。

❹写っている地域――東北地方から広島まで

写っている地域を北からあげていく。最北は宮城県松島市（瑞巌寺・松島湾）、次いで福島県会津若松市（御薬園・東山温泉）、白河市（南湖公園）、いわき市（魚市場）、阿武隈川（鮭漁）、群馬県（妙義山・農民）、茨城県北茨城市平潟（魚市場）、千葉県いすみ市（海岸・漁場）、勝浦市（海岸・漁場）、銚子市（犬吠埼灯台）、皇居、東京駅、上野（公園・桜・

大仏ほか）、浅草（浅草寺・観音・繁華街ほか）、新宿十二社（行楽地）、目黒（タケノコ）、荒川（桜）、羽田（穴守稲荷）、利根川（魚・鮪・エビ・貝・海苔・鮭・川魚・鰻漁、稲作）、多摩川（鵜飼い・投網漁、稲作）、山梨県身延町（久遠寺）、静岡県三島市（富士山）、神奈川県伊勢原市（大山神社）、愛知県犬山市（犬山城）、京都市（知恩院・保津川・琵琶湖疎水）、奈良市（春日神社）、和歌山県（和歌浦）、滋賀県大津市（琵琶湖・三井寺・石山寺）、広島県廿日市市（宮島・厳島神社）……。

東京を中心に関東から東北地方へ、そして関西へと広がる。関西から向こうはほとんど見られないが多種多様な白黒の絵葉書写真が売られていたのである。カメラマンは遠方まで行って撮影したわけだ。その数は一人や二人ではなかったと思われる。

❺江南信國・玉村康三郎の「横浜写真」ほか

大量の葉書大写真は、だれが撮影したのだろうか。エドナ夫人はどこで購入したのだろうか。日本人からプレゼントされた写真も含まれているかもしれない。ニックさんの家で見ているときから気になっていたが、ネットの写真サイトをつぶさに探しているうちにわかってきた。その多くが横浜の弁天通九番地に写真館を開いていた江南信國（一八五九〜一九二九）の撮した「横浜写真」といわれる写真のようなのだ。

江南写真館の値段表が残っている。印画紙の種類とサイズによって値段が定められており、立体写真も売っていた（ネットによる）。そのなかで「P. O. P PAPER」（郵便局指定サイズ）の「Card」が一番安い。葉書大の白黒写真のことだろうか。「一ダース三円」、一枚につき二銭五〇厘とある。

なお、斎藤多喜夫の論文「横浜写真の世界」（『彩色アルバム　明治の日本《横浜写真》の世界』　有隣堂　一九九〇年三月）に、「横浜写真」の先駆的写真家、日下部金兵衛と鈴木真一の値段表が掲出されている。江南よりやや廉価であるのは、時代が少し前だからであろうか。この論文は、斎藤氏の著書『幕末明治　横浜写真館物語』（吉川弘文館二〇〇四年四月）などとともに「横浜写真」の歴史・特色を知るための必読文献である。

さて、エドナ・コレクションの葉書大写真は全部で六五七枚である。わずかながら同じ写真が混じっている。通し番号の最大は「765」だから、少なくとも八〇〇枚くらいはあったのではなかろうか。とすれば、二〇〇円ほど払ったことになる。現在の金額は当時の五三〇・七倍だから（ネット「レファレンス協同データベース」）、一一万円近く払ったことになる。

しかし、夫のエドモンソン教授は帰国後、学内紙の新聞記者に四〇〇〇枚を日本から持ち帰ったと語っている。数が多すぎると思うが、もし仮に持参したコダック・カメラで撮った写真が一〇〇〇枚、葉書大の白黒写真が三〇〇〇枚あったとすれば、七五〇円ほどを支払ったことになる。現在の金額に直すと四〇万円ほどである。もちろん横浜に住んでいた岡田猛熊などがプレゼントしてくれた写真も含まれているかもしれない。

江南信國の写真は、今日、各種の出版物・書籍に掲載されている。またインターネットの写真サイトにも数多く公表されている。「写真の共有を目的としたコミュニティウェブサイト」である「Flickr.com」や、このサイトに大量の写真を投稿している「Okinawa Soba（Rob）」などで見ることができる。驚くべきことに、その多くの写真がエドナ・コレクションに見いだせるのである（後述）。

江南の親友、玉村康三郎（一八五六～没年不明）が江南のすぐ近くに写真館を開いていた。また神戸にも開いていた。かれの写真もエドナ・コレクションに混じっているようだ。たとえば玉村の写真として有名な、鼓を叩く可愛らしい芸妓の姿とよく似た写真（Tsutsumi or little drums）がエドナ・コレクションに見いだせる。これなどは玉村の撮影した写真のような気がする。

そこで「長崎大学附属図書館幕末・明治期古写真データベース」で見られる玉村の写真とくらべると、構図、被写体、雰囲気のよく似た写真がある。それればかりではない。インターネットの写真サイト「和柄ポータルサイ

ト　わがらが」に一〇枚の写真が紹介されている。それらは「全て、「写真家・江南信國氏（T. Enami）」が撮影し、Okinawa Sobaさんが収集したものになります」と説明されている。この見解は信頼してよいだろう。注目すべきは、それら一〇枚は、すぐ後にとりあげるモース・コレクションの写真三〇〇枚を掲載した『百年前の日本』および『モースの見た日本』の二冊にも、またエドナ・コレクションにもあることだ。モースもエドナ夫人も江南の写真を大量に買い集めたらしいのである。モース・コレクションの写真は、モースが帰国したあと、日本にいる知人が買って送ったものが多いのだが、五〇年後にエドナ夫人が来日して、横浜かどこかの江南や玉村の写真を売っている店に行って大量に写真を買った、と考えればわかりやすいだろう。また、エドナ夫人にそういう写真をお土産として買ってプレゼントした日本人もいたであろう。

イギリス人から来た職業写真家ハーバート・G・ポンティング（Herbert George Ponting, 一八七〇〜一九三五）の写真も混じっているような気がする。かれの著書『英国人写真家の見た明治日本――この世の楽園・日本』（長岡祥三・訳　講談社学術文庫　二〇〇五年五月一〇日）に掲載された一〇〇枚余りの写真を、エドナ・コレクションで探してみると、同じ写真は見いだせないが被写体に共通するものが多い。写真から受ける印象も似ている。日本三景・保津川などの風景、玄宮園（彦根）の庭園、増上寺（東京）の石灯籠、剪定されて曲がりくねった松の大木、堀切の菖蒲園、亀戸天神の太鼓橋とその藤棚、芝公園の弁天池に咲く蓮の花（ポンティングの前掲著書に「鶴岡八幡宮の源平池の蓮」とあるのは間違い）、京都の知恩院・清水寺、象牙・刺繡・陶器・七宝焼きの職人や鵜飼いの漁師、職人、神官、僧侶、修行者などの宗教者、そのほか易者、芸者、舞子、仲居・女給など。

こうしたポンティングの写真と類似する写真がエドナ・コレクションにかなり混じっているのである。日本人写真家がポンティングから強い影響を受けた証拠でもあるが、ポンティングの写真も「横浜写真」として売られていたのではないか。あえて想像しておこう。

よくわからない写真家がいる。エドナ夫人の紀行文「日本野球旅行」に一二枚の写真が掲載されている。本書巻末にキャプションのみ翻訳しておいた。そのなかの三枚（赤ちゃんを負んぶする少女、お櫃《ひつ》のご飯を装《よそ》って食べる女、振り袖姿の舞妓）に「Photo by H. Suito」（撮影・H・水藤）とある。残念ながら「水藤」という名前の写真家を突き止められない。江南・玉村らの写真を販売していた人物だろうか。販売していたとするならば「Photo from H. Suito」（水藤の撮影した写真）と記されるはずなのだが。

ネットの写真サイトをさらに探すと、一九一四～一八年に日本に滞在したアメリカの実業家エルスナー・ヒルトン（Elstner Hilton）が持ち帰った二六〇枚程と思われる写真が近親者によって公開されている。ただし、撮影者をヒルトンとするが、日本に来て江南・玉村らの写真を購入・収集したのであって撮影者ではない。ヒルトンのようにお土産に買って帰る人が多かった。エドナ・コレクションもそうだったのである。

以上、だれが撮影したのか、どこで、だれが買ったのか。だれがエドナ夫人にプレゼントしたのか、あれこれ考えてみた。その結果、江南信國・玉村康三郎の撮影した写真がエドナ・コレクションにたくさん含まれていることに辿《たど》り着いた。また、書籍に掲載されている写真やネットに公開されている写真などと照合した結果、エドナ・コレクションには、これまで世に公表されたことのない新出写真がたくさんあることに気がついた。

実は急いで言っておかねばならない。忘れてはいけない写真販売店がある。『キプリングの日本発見』（H・コータッツイ／G・ウエッブ編　加納孝代・訳　中央公論新社　二〇〇二年六月）のなかで、キプリング（一八六五～一九三六）は「たとえあなたが日本では何一つ買うまいと思っていても、あるいは、すっからかんになって破産するほど散財するにしても、絵葉書写真だけは絶対に買うべきである。横浜でいちばん良いのはファルサリ商会で、その評判はサイゴンからアメリカまで知れわたっている」と述べている。

キプリングの「日本滞在は前後二回、初回は明治二十二年（一八八九）四月十五日から五月十一日までの約四週間、二回目はその三年後の同二十五年四月二十日から六月二十七日までの二ヶ月余りであった」（加納孝代）。紀行文は新聞・雑誌に発表され、*From Sea to Sea, and Other Sketces, Letters of Travel*, Macmillan and Co., 一八九九が刊行された。

エドナ夫人はこの本を読んだのであろう。キプリングの書いた日本紀行文集はほかにもあって、すべてを集めて緻密な解説を施したのが加納孝代が翻訳・注解した原著*KIPLING'S JAPAN Collected Writings*, The Athlone Press, London, and Atlantic Highlands, NJである。

英文原著の注に、「横浜の海岸通り十六番地にあった「ファルサリ商会」(A. Farsari & Co.)は日本全国の観光地や景勝地の写真を備えていると宣伝していた。もう一つの売り物は、最新流行の衣裳や日本の伝統衣裳を着ての記念写真撮影で、とくに子供用のそれがこの店独特のものであると誇っていた」(加納孝代の翻訳)とある。キプリングは横浜の「ファルサリ商会」で精巧にカラー着色された高価な「横浜写真」を見、また白黒の「絵葉書写真」が売られているのをたしかに見たのである。大量に買ったのだろう。

こうした写真館では、外国から来た観光客が写真を選んでアルバムにしてもらうことが流行していた。キプリングの敬愛する友人のイタリア国王は、白黒の風景写真を貼ったアルバムを仕立ててもらった(『大日本全国名所一覧——イタリア公使秘蔵の明治写真帖』マリサ・ディ・ルッソ／石黒敬章・監修　平凡社　二〇〇一年六月)。エドナ夫人はキプリングの書いた推薦文に従い、大量に「絵葉書写真」を買ったのではなかろうか。奇しくもエドナ夫人はキプリングと同じ季節にやって来たのである。

先に述べたように、エドナ・コレクションの「観光地や景勝地の写真」の最北は前述のように宮城県松島市の松島湾・瑞巌寺であった。次に福島県に移り会津若松市の風景とその東山温泉、阿武隈川の鮭の突き刺し漁(ヤス漁)、小名浜のマンボウや大ダコを波止場にあげて見ている写真へと続いてくる。東北地方へ行って撮影した写真まで売っていたわけだ。京都府の「天橋立」、広島県の「宮島」、山梨・静岡県の「富士山」などもある。日本三景は欠かさず撮影したのである。「ファルサリ商会」で売られていたのだろうか。「破産するほど散財」しても「ファルサリ商会」に行って「絵葉書写真だけは絶対に買うべき」だというのだから。

エドナ夫人は、日本に来る前、キプリングの紀行文を読んで日本にいたく興味をもった。「日本野球旅行」に、大鐘の音を聴いてキプリングが聴いたのはこの音色だと感慨にふけっている。そういうわけだから「ファルサリ商会」に行ったのではなかろうか。

または、次のように考えられる。「横浜写真」は外国人にとても人気が高く、イギリスやアメリカに大量に輸出されていた。それゆえ横浜だけでなく、東京の写真館や観光場でも売るようになっていたのではないか。エドナ夫人もラックルハウスも横浜に行って買ったとはどこにも書いていない。東京の街で買い求めた可能性があることを否定できない。

なお、キプリングの詩は一九三〇年代を舞台にしたイギリスのTVドラマ「名探偵ポアロ」（原作・アガサ・クリスティ）に引用されたりする。エドナ夫人は児童福祉学の観点からキプリングに親しんだのだろうか。児童文学の作品をたくさん書いているからだ。詩や小説は多岐にわたり夏目漱石などにも影響を与えた（大澤吉博『ナショナリズムの明暗』東京大学出版会　一九八二年一〇月）。

なお、『彩色アルバム　明治の日本《横浜写真の世界》』（有隣堂　一九九〇年三月）の巻末に「大正12年（1923）の関東大震災以前に横浜で活動した職業写真家のリスト」がある。スティルフリード、白井秀三郎、ファルサリ商会、日下部金兵衛である。この本はかれらの写真を大量に掲載しているのだが、照合するとエドナ・コレクションと共通性・類似性を感じさせる写真は探し出せない。すべてが江南の写真とはいえないだろうが、江南の写真を中心にさまざまな写真家の撮影した写真を集めたものであるらしい。

❻モース・コレクションと同じ写真

注目すべきは、「モース・コレクション」（ピーボディー・エセックス博物館）にあるのと同じ写真がエドナ・コレクションに少なくとも四〇枚はあることだ。モースが入手した「横浜写真」、そして、モースが入手しなかった「横浜写真」を、約四〇年後にエドナ夫人が入手して持ち帰ったらしい。事実ならば興味深いことだと思う。

　モースは、いうまでもなくエドワード・S・モース（Esward Sylvester Morse, 一八三八～一九二五）である。アメリカの動物学者で東京大学教授になった。大森貝塚の発見・発掘で知られ、日本考古学の産みの親である。かれの収集した日本の写真は一〇〇〇枚ほどにのぼるという。そのうち約三〇〇枚が『百年前の日本』（セイラム・ピーボディ博物館蔵　モース・コレクション／写真編　構成・小西四郎＋岡秀行　小学館　一九八三年一一月二五日）に掲載されている。『モースの見た日本（日本民具編）』（構成・小西四郎／田辺悟　小学館　一九八八年五月二〇日）にも掲載されている。

　そこで確認すると、モース・コレクションの「芝の弁天池」（『百年前の日本』、写真番号21）はエドナ・コレクションにもある。さらに、「江戸川の桜」（16）、「亀戸天神の太鼓橋」（18）、「浅草寺」（26）、「はねつるべ」（107）、「踏《ふみ》車《ぐるま》による潅漑《かんがい》」（118）、「代掻《しろかき》」（119）、「苗とり」（120、121）、「千歯こきでの脱穀」（124）、「茶つみ」（136）、「製茶」（140）、「鮹《たこ》をとった漁夫」（144）、「漁夫」（145）、「鯛を手にした漁夫」（146）、「多摩川・鵜飼」（149）、「花売り」（188）、「木挽の老人」（193）、「ヨイトマケ」（194）、「井戸掘り」（195）、「子供神輿」（207）、「子供」（208）、「子守り」（210）、「苗とり」（211）、「校庭」（231）、「天狗」（234）、「煙管を持つ老人」（273）、「易者」（277）、「下町の祭り」（290。街中の神輿）などもエドナ・コレクションに存在する。

　『モースの見た日本（日本民具編）』では、「桃の節句」（26）、「三味線を弾く女」（91）、「下町の祭り」（106。街中の舞台）、「葬式」（141）、「煙管をすう老人」（232。前の273と違う写真）、「風呂にはいる女」（336）、「撥釣瓶《はねつるべ》」（338。前の107）、「ヨイトマケ」（346。前の194）などが、やはりエドナ・コレクションにも見られる。

　以上、モース・コレクションとエドナ・コレクションとを照合して、同じ写真があることを指摘した。三〇〇枚中四〇枚ほどであるが、残りの七〇〇枚を調べれば、かなりの数の写真が見つかるだろう。両コレクションの一致率はかなり高いのである。

二冊に掲載された写真は、先に述べたように江南信國の写真が多い。ほかに玉村康三郎、ポンティング、コクラン（Julian Cochrane）の撮した写真も入っているとする説がある。だが、モース・コレクションに関する研究書は、写真編・民具編の二冊をはじめ多数あるのだが、筆者の管見をいうと、江南信國の写真が含まれていることを指摘したものはないようだ。どうしてなのかわからない。専門家に尋ねてみたいと思う。

以下、それとは別に筆者の気づいたことを書いてみる。モース・コレクションに所蔵されている「横浜写真」は、すべてが日本滞在中に収集した写真ではない。帰国したかれのもとに日本にいる人から寄贈された写真が実に多い。純粋な意味でのモース・コレクションではないのである。ところが、「大部分はそうであるが、一部は彼の友人とか、日本に滞在して帰国した人々が寄贈したものも含まれている」（写真編。小西四郎「序　一〇〇年を経て、幻の写真よみがえる」）と書いてある。「大部分」はモース自身が滞在中に収集した写真だが、「一部」は帰国したモースに寄贈された写真なのだという。

はたしてそうだろうか。編者は「凡例」（写真編）に、「推定撮影年を10年単位で西暦表示した。"ca. 1880"は"１８８０年頃"を表す（ca. はcircaの略でおよそ、略の意）」と書いている。正確な撮影年はわからないので推定年を記したというのである。ただし推定の根拠は示されていない。

ともかく編者のいう推定年で写真編の三〇〇枚と民具編の九九枚を調べると、前者にはモースが滞在中に入手できた写真が一〇四枚、帰国後に撮影・販売された、つまり他人から寄贈された写真が一九二枚、どちらともいえない写真が四枚ある。後者には、滞在中に入手できた写真が四八枚、帰国後に寄贈された写真が五一枚ある。この推定年による分類だから確定ではないが、帰国後に他人から寄贈された写真のほうがずっと多いのである。この事情は残りの七〇〇枚を調べても同じであろう。これがモース・コレクションの実態である。

したがって、「序文」は正確に、写真の「一部」はモースが自分で収集したものと考えられるが、「大部分」は「彼の友人とか、日本に滞在して帰国した人々が寄贈したもの」であると反対に書かなければならなかった。曖味にした結果、自己矛盾を呈している。

しかし、この事実はエドナ・コレクションの性格を明確にしてくれる。モース・コレクションの最も古い写真は一八六〇年（万延元）、続いて一八七〇年（明治三）、一八七七年（明治一〇）の写真であり、一八八〇年（明治一三）、一八九〇年（明治二三）になると大幅に増えてくる（いずれも編者のいう推定年による）。エドナ・コレクションは、そういうモース・コレクションと写真を共有しつつ、それ以後の写真を大量に含んでいる。最も新しいのは一九一九年（大正八）に浅草の映画館街を撮した写真で、それより数年後のエドナ夫人たちが帰国した大正一一年五月ころの写真もあるかもしれない。したがって、両コレクションの計九六八枚を順に見てくると、幕末・明治から大正中期にかけて撮影・販売されていた「横浜写真」を通覧することになる。

❼写真のタイトル・説明文

エドナ・コレクションは、すべて写真の裏とアルバムの台紙に、短いタイトル、ときに長く詳しい説明文がペンで筆記されている。アルバムに貼られていない写真は裏に必ず説明文が記されている。一方、モース・コレクションの「横浜写真」三〇〇枚を掲載する二冊（写真編の『百年前の日本』、民具編の『モースの見た日本』）は、写真のわきにタイトルが記されている。もともと写真には印刷された説明書が付いており、二冊の編者がそれを見て要点を摘記したらしい（以下、タイトルとか説明文という）。

ところが、エドナ・コレクションと比較すると、大体同意とはいえ、違っていることが多い。しかも全般的にエドナ・コレクションのほうがずっと詳しく書かれている。短いタイトル、比較的長い説明文は写真を理解するうえで重要な証拠・資料となる。なぜならば、書籍やネットの写真サイトで「横浜写真」を探すと、タイトルや説明文が失われているようで、何を撮した写真か理解できなくて、間違った説明をしているものが散見する。そうした不備や見当違いを修正することができるからだ。

ちなみに、写真編と民具編には同じ写真が掲載されていることが多い。しかし、この二冊でさえ同じ編者なのに英文のタイトルが違っていることがまま見られる。撮影推定年も違っていることがある。どちらが正しいのか判断できないが、写真のタイトルは、写真が販売されていた時代、また販売していた店によって付録の説明書きが違う場合があったと考えておきたい。エドナ・コレクションとくらべてみよう。

違うものを三例だけあげる。写真編の「江戸川の桜」（16）は「Cherry blossoms by the Edo River, Tokyo ca. 1900」である。一九〇〇年頃の写真と推定し、「神田川の飯田橋から上流を当時は江戸川といったが、そこにかかる江戸川橋」と書いてある。だが、エドナ・コレクションは「Cherry blossoms Uyeno Park, Tokyo」（アルバムB）と書いてある。「上野公園に咲く桜」である。江戸川（文京区）なのか、上野公園（台東区）なのか。断言はできないが、写っている川はかなり広いので江戸川だろうか。

写真を売る時代や店によって、タイトルはこんなにも違っていたらしい。編者が勝手に書いたわけではあるまい。写真を売る人が自分なりに写真を解釈してタイトルを書いたと思われる。かなり好い加減だ。お客は外国人だから少しくらい違ってもかまわないと考えたのだろうか。もとの写真に付いていた説明書を探し出し、あらためて写真編とエドナ・コレクションの三つのタイトルを対照する必要がある。

「煙草をすう老人」（232）は「Old man with a pipe ca. 1890」の訳であるが、エドナ・コレクションでは「Fisherman」（漁師。プラスチックD箱）とある。これほど食い違うのは、もとは老人の漁師を撮した複数の写真であって、その一枚がこの〈煙草を吸っている漁師〉であるからだろう。これだけ取り出すと、たしかに「煙草をすう老人」であるが、もとの写真は「漁師」を写したなかの一枚であって、少し変えられてしまったようだ。

似た写真に「煙管《キセル》を持つ老人」（273）がある。タイトルは「Old man with pipe ca. 1890」であるが、エドナ・コレクションでは「Village Conjurer」（村の手品師。アルバムB）と記す。写真をよく見ると、老人が右手に持っているのは煙管《きせる》ではない。手品の小道具だろう。口から鼻へ紐を通して見せたのだろうか。隣りの写真も「Village Conjurer and his audience」(村の手品師と見物人)とある。写真の老人は同一人とも別人のようにも見える。背景の人だかりからすると「煙管を持つ老人」というタイトルは、ずれている。そもそも「煙管」ではないし、仮にそうだとしても「煙管」を持っていることと背景の人だかりとの関係がわからない。写真編は「煙管を片手に、得意げに写真におさまる爺さん。典型的な明治の市民の風俗であろう」とタイトルを補っているが、煙管を片手に持って得意がる理由がわからない。煙管はめずらしいものではないし、自慢にならない。〈手品がうまくいったので、みんなの前で得意顔をしている老人〉と記すのがよいと思う。

老人の左と右に顔のよく似た少年がいる。背の高いのは兄だろう。別の写真「Type of Faces」(さまざまな顔。アルバムA)にも収まっている。後ろの建物の柱が同じだ。最前列の顔半分が写っている少年は弟のようだ。顔が似ている。ほかに山高帽子の男、角刈りの男も写っている。手品師を撮した一連の写真があった。すでにバラバラになっていたので**アルバムA**と**B**に分けて貼られてしまったようだ。

次の例も看過するわけにいかない。実はモース・コレクション所蔵の写真は、『明治のこころ——モースが見た庶民のくらし』(編者[江戸東京博物館]小林淳一・小山周子　青幻社　二〇一三年九月)にも、五〇枚あまりが掲載されている。そのうちエドナ・コレクションと同じ写真は一二枚ほどである。それらについて英文で記された両著の説明文をくらべると違っているものが珍しくない。すでに検討した写真篇の「煙管を持つ老人」(273)は、『明治のこころ』では「煙管を持つ老人と人々」(An old man with pipe in a crowd)である。こちらには「人々」がついている。同じコレクションの写真なのに、なぜ違うのか。モース・コレクションではどのように記されているのか知りたいものだ。

右の老人の写真の下に、「農作業の老婆」(Farming. An old woman)が掲載されている。同じ写真がエドナ・コレクションにあって、裏に「弁当を田んぼに運ぶ——頭巾に注意」(Supplying food to rice field–note protection to head)と書いてある。説明文が大きく異なる。
服装から田植えのころではなく、やや小寒い秋の稲刈りの季節とわかる。老婆が弁当を作って田んぼで働いている家族に届けるところと思われる。老婆は裸足である。分厚い綿入れを着て大きな籠を背負い、両手に弁当と思われる大きな風呂敷包みをもっている。エドナ夫人は老婆の格好はもちろん、大きな布を頭に被っていることに注意をうながしている。アメリカの人に、そこを見てほしいというのだろう。エドナ夫人が何に興味をいだいたか、よくわかる
写真とくらべると、『明治のこころ』の説明よりエドナ夫人の説明のほうがずっと的確である。こういう違いがほかの写真にも指摘できる。編者は明治時代の写真というが確証はないようだ。大正初年の可能性もあるのではないか。
以上、「横浜写真」とよばれる写真の説明文は、それを売る写真館や観光場によって、また時代の流れとともに変化したのではなかろうか。エドナ・コレクションの説明文と比較するとわかってくる。また、エドナ夫人の解釈の入った説明文もある。専門家の研究に期待したいと思う。

❽ 写真の裏の説明文

詳細な説明文が記された写真を二枚だけ紹介しよう。エドナ夫人は写真を購入あるいは入手したとき写真に付いていた英文の説明書を摘記したのだろう。大きな竹籠に女性二人が乾《かわか》した藍草《あいぐさ》を入れている写真がある。「Indigo farming. Indigo is obtained from a grass like alfalfa. This is dried the leaves are shaken into a basket, boild and dye made of. Only for the expensive. for cheap-aniline.」（アルバムB）とある。翻訳すると、「藍草の栽培農家。藍（染料）はムラサキウマゴヤシのような草から取る。乾燥させ、籠《かご》に入れて振り、煮詰めて作る。高価な藍を作る場合は

そうする。安い藍を作るときは安価な薬剤アニリンを使う」。

これほど詳しくエドナ夫人が記したのは、日本の藍染めに興味をもったからだろう。藍草を刈り取る場面、煮詰める場面、布を藍桶に浸す場面、白い布に文字を書き入れる場面、文字を染めた布を竹の細い棒で伸ばして乾かす場面など、藍染めのプロセスを撮した写真が揃っている。

当時、藍はアメリカの主要産物であった。エドナ夫人は日本の藍染めの美しさと製法の違いを説明しようと思ったのではないか。彼女はインディアナ大学の公式特派員だから、アルバムは報告義務を果たすものであった。大学に写真を提出し、あとで返却されている。

次は、二人の女性が樽《たる》から鰹節《かつおぶし》を取り出して乾燥させる場面。「Drying bonito fish for flavoring food. This fish is shaved for soup. Price about $2.5 a foot. 1 month in a family of four.」(アルバムA)と記している。「料理の味付けに使う鰹節を乾燥させる。鰹節は削ってお吸い物に使う。値段は一本二・五ドルくらい。四人家族で一ヶ月」。もとの説明書にそう書いてあったのだろう。今なら二五〇〇円~三五〇〇円くらいだろうか。この写真は民具編にも掲載されている。よく知られていた「横浜写真」であるらしい。

こういう詳細な説明文は、エドナ夫人が日本人の食生活に強い関心をもったことを示すだろう。彼女は日本滞在中、鰹節を使った料理を味わったはずだ。その体験・感覚がにじみ出ていると思われる。そういう意味でエドナ・コレクションは日本で見たこと体験したことを示すものになっている。

❾新出の葉書大「横浜写真」

あらためて整理しよう。エドナ・コレクションの特色は大量の写真を含むこと、すべての写真に説明文が記されていることだ。写真編の『百年前の日本』と民具編の『モースの見た日本』に掲載された写真は全部で三〇〇枚で、エドナ・コレクションと重複するものが多い。ネットの写真サイトに公開されているヒルトンが収集した「横浜写真」は最大二六〇枚程と思われ、江南信國の写真でほぼ占められている。玉村康三郎その他の写真も混じっているが、タイトル・説明文は失われているようだ。同じく写真サイトの「Okinawa Soba（Rob）」「Frikr.com」などでも同様のコレクションが見られる。それらの大部分がエドナ・コレクションに存在する。

したがって、それらと重複・共有する写真を差し引いた、エドナ・コレクション独自の約三〇〇枚は、従来ほとんど知られていない写真である可能性が高いだろう。新出の「横浜写真」といってよいのではなかろうか。私たちは一般に、書籍やネットの写真サイトに掲載・公開されたものを通して明治・大正期の、とりわけ外国人用に売られていた「横浜写真」を理解している。しかし、それらに記されたタイトル・説明文のすべてが正しいわけではない。新しく出現したエドナ・コレクションで、その間違いを訂正することができる場合がある。そういう意味でも重要な資料であるといえよう。

エドナ・コレクションの特徴をもっとあげておこう。幕末以降の古写真によく見られるアイヌ関係、女性の顔、ヌード、遊郭の写真がまったく存在しない。こうしたものに興味が動かなかった。女性の眼が働いているのではないか。どのような写真を集めるか、アメリカに持ち帰るか、エドナ夫人および夫エドモンソン教授の選択眼が利いている。「江南写真館」とか「ファルサリ商会」などに行って、気に入った写真を二人で選んだのだろうか。

玉村康三郎の写真館は当初「江南写真館」の隣りにあった。そして大正五年（一九一六）に横浜の尾上町五丁目に新築開店された（斎藤多喜夫『幕末明治　横浜写真館物語』吉川弘文館　二〇〇四年四月一日）。神戸にもあったことは前に述べた。エドモンソン・エドナ夫妻にプレゼントした人がいたとすれば、その人も同じような選択眼をもって購入し、お土産としたことになる。総じてエドナ夫人たちがみずから選んで購入したと考えることにしよう。なお、アメリカに輸出されたものを帰国してから購入したとは考えられない。

注意すべきことはほかにもある。先に述べたがくりかえし述べてみる。二冊に掲載された三〇〇枚に限っていうが、モースが収集しなかった、また収集できなかった写真がエドナ・コレクションに多数入っている。モースは明治一六年（一八八三）二月に日本を離れた。それ以降に撮影・販売された写真、そして帰国したモースに写真を寄贈した人々も知らなかった「横浜写真」が多数見いだせるのである。

たとえば、アルバムAに大正三年（一九一四）に完成した真新しい東京駅の写真がある。また、染物職人が白い布に「大正四年」（一九一五）と大きな筆で染めている写真がある。また、「浅草の劇場・映画館街」（Asakusa, Tokyo (theater and movie show)）の写真は、道路に面して両側に映画館が建ち、左の垂幕に「第二大久保彦左衛門」、右の垂幕に「破れ笈（いかだ）」と大書されている。両方とも大正八年（一九一九）七月一四日に封切られた日活映画である（ネット「日本映画情報システム」文化庁）。浅草の劇場街である。今でいえば渋谷の歓楽街みたいなものだ。これがエドナ・コレクションのなかで、確認できる最も新しい写真である。最も古い万延元年（一八六〇）、明治三年（一八七〇）ころから大正八年（一九一九）ころまでの写真が詰まっているのである。

残念ながら、エドナ夫人たちが横浜の写真館で購入したという記録は存在しない。ラックルハウスの「旅日記」に四月二九日（土）午前中、慶応大学と第二戦をする前に、みんなで銀座の「渡邉庄三郎木版美術画舗」に行って「prints」を購入したとある。これは浮世絵版画だろう。外国客に人気が高かった。「横浜写真」も販売していたのだろうか。

当時、世界に誇る日本の産業に絹織物があった。写真には、桑の栽培・蚕の育成から糸を紡いで最新の紡織機で絹布を産出するまでの場面が写っている。先に述べたように、インディアナ大学一行は同窓生の案内で杉並区にあった「農商務省蚕業試験場」を見学した。昼食はそのなかの食堂でとった。土産物を売る店が併設されていたのだろう。蚕業の写真はそこで買ったか、見学の記念にプレゼントされたのかもしれない。

横浜や東京で買ったもののほかに、来日記念とか、お土産にプレゼントされた写真もあったろう。大量の写真がエドモンソン・エドナ夫妻のカバンに詰められ、太平洋を渡り、西部の山々を越えてインディアナ州ブルーミントンの自宅へと運ばれたのである。今から百年前のことであった。

一九四二年、エドモンソン教授とエドナ夫人は、カリフォルニア州パサデナに転居した。二年後、夫が逝去。エドナ夫人はしばらく独り暮らしをしていたが、一九五九年、パサデナからそう遠くないドゥアルテの養老住宅に移り、独身を通した姉と一緒に暮らした。やがて八七歳の生涯を閉じた（Ⅴエドナ夫人とエドモンソン教授）。

⑩まとめ――肌身離さず

エドナ夫人は何度か転居したが、コレクションだけは手元から離さなかった。夫妻にとって日本の思い出は生涯忘れられないものであった。やがてエドナ夫人が亡くなったので、彼女に最も近い親戚のニックさんのもとへ送られ、今日まで大切に保管されてきたのである。

正確に書いておこう。エドモンソン教授と彼女の顔写真をはじめ、日本で買い集めた大量の写真などが入ったトランクは、一九七三年一二月、エドナ夫人が亡くなったあと、エドナ夫人の弟であるフランクの子息ジャック・ハットフィールドの手に渡った。カリフォルニアからフロリダへ移ったわけだ。そして、三三年を経た二〇〇六年、ジャックからインディアナポリスに住むニックさんのもとへ渡ってきたのである。

トランクはエドナ夫人の死去以来、一度も開かれなかった。ニックさんが開けるのをひたすら待っていたかのように。それゆえ写真の紛失もなく、もとのまま保存されたのである。ニックさんはそう語った。

ニックさんは、ほかにも遺品があったがＩＵアーカイブ室に寄贈したという。だが、コレクションはエドナ夫人の心が息づいているように思われて手放す気持ちになれなかった。「大叔母の遺品といえるものは、このコレクションだけです」と語るのだった。ただし、現在のエドナ・コレクションには、ごくわずかだがニックさんが追加した書類が含まれている。

アメリカの大学の野球チームが日本に遠征して試合をした。そう聞くと私たちの関心は真っ先に勝敗に向いてしまう。勝ったか、負けたか。どんな勝ち方をしたか、負け方をしたか。スポーツは勝敗を競うものだから当然だが、インディアナ大学、早稲田大学と安部磯雄はあの時代に何を見て、何を考えて野球交流を企てたのか。その全体に関心を向けてみたいと思う。

エドナ・コレクションを見ていると、一〇〇～一五〇年前の日本人の生活が目の前にありありと浮かんでくる。名も無き人々が仕事に精を出している。同時に、エドナ夫人たちが日本で何を見し、何を考えて帰ったのか、よくわかる。すばらしい日本体験・日本理解を提供すること。これも野球交流を企画した早稲田大学と安部磯雄の狙いのなかに、たしかに入っていたのである。それはまた大隈重信の構想にもあった。

なお、この章の終りに付け加えておくと、インディアナ大学一行は四月一六日（日）、日本人同窓生の案内で上野公園で開かれていた「平和記念東京博覧会」を見学した。このとき日本館の販売所で売られていた「横浜写真」を大量に買ったことが考えられる。

Ⅳ インディアナ大学チーム、日本へ遠征する

❶ 安部磯雄の招聘状、マネジメント

早稲田大学野球部がインディアナ大学チームと最初に戦ったのは、明治四四年（一九一一）の第二回米国遠征のときだった。三月二八日、横浜港を出航し、四月一四日サンフランシスコに上陸し、西海岸～中西部を転戦した。六月九～一〇日、ブルーミントンのインディアナ大学グラウンドで二戦して一勝一敗（3×0、2×3）。一二日はウェストラファイエットにあるパデュー大学と戦って敗れた（1×5）。『早稲田大學野球部史』（大正一四年三月）、『早稲田大學野球部五十年史』（昭和二五年三月）などに詳しい。

このとき総勢一五人を率いたのは、野球部長の安部磯雄教授（一八六五～一九四九）ではなく、副部長の高杉瀧藏教授（一八七〇～一九四三。英語学）であった。シカゴ大学の元選手ページが現地を案内してくれたという。五三戦して一七勝三六敗。八月一七日横浜港に帰着した（以上、『早稲田大學野球部五十年史』による）。

安部磯雄。昭和4年（1929）、シアトルにて撮影。『安部磯雄著作集』第六巻より転載（一部トリミング）

その後、早稲田大学は大正一〇年（一九二一年）三月二七日～七月二九日、第四回米国遠征を行なった。まずハワイで試合をし、さらに海を越えてシアトルに上陸し、列車で中西部・東部を横断し、全部で三八試合をした。強行軍である。大学、ハイスクール、ノンプロ球団など二一チームと戦った。一五勝二三

敗であった。

このときも負け越したが、海を越えて労苦の多い外国遠征であり、当時の日米大学野球のレベル差を考えれば、かなり評価できる成績ではなかろうか。

インディアナ大学と試合をしたのは五月一六日であった。三日前の一三日、インディアナ州に入り、パデュー大学と戦い3×5で敗れた。翌一四日、同地のバットラー大学と戦い2×1で勝った。一六日、ブルーミントンに入り、ジョーダン川のほとりにあったという大学グラウンドでインディアナ大学と戦った。今はビドル・ホテルが建っているという（IU・HP）。

ただし、このときの報告書である『米國野球遠征』（大正一〇年一〇月）に、左翼手の加藤高茂が「試合前、晝食を大學のカフエテリアにてとり、ヂムネージヤムにゆき一休みする」。それから「どん〴〵グランドに走つていつた」（「市俄古」）と書いている。大学の軽食堂・体育館（gymnasium）からそう遠くないグラウンドで試合をしたのである。大学の敷地内のように思える。ビドル・ホテルが建っている場所だったか、なお検討を要する。

早稲田大学は二回まで三点を先取されたが、七回に五点を入れて逆転、八回に一点返されたものの5×4で接戦をかろうじてものにした。そして夜の一二時半、汽車でシカゴに向かった。

【コラム1】前年ブルーミントンの試合

一九二一年五月一六日　インディアナ大学×早稲田大学　於・ブルーミントン

轉戰三十有八回　　監督　飛田　穂洲

（五月）十六日のインデアナ大學はミシガン（ママ）イリノイに亜《つ》ぐ強チームと聞いてゐた。州立大學で總ての點に完備した大學であつた。其の練習を見ると今迄會つた敵とは様子が違ふ、球のコナシ、足の敏さ一見商賣人を思はせる様なチーム振りには聊か度膽を抜かれた。其れに見物人が田舎もの、口が悪く、倭小な日本人と侮り、盛に彌次る。第一回二死後ホームランを飛ばされて二點を先取され、第二回また一點を奪はれて、すつかり出鼻を挫かれ第四回から谷口が有田に代はつた、然して早大は第六回までに四個の安打を放つたが敵の整然たる守備は少しも紊《みだ》れない。敵は此れから小々気を許し觀客などは一層冷笑的態度に出た。

三對零の差は殆ど絶望的に第七回に入つて石井が右翼安打に口火を切ると、大下がバントを以て二壘の虚を衝き谷口が犠牲加藤の二壘ゴロをプロフヱツシヨナルの様な二壘手デーンが本壘に悪投したので敵はすつかり逆上して了まつた、久保田安打、松本一壘の失、高松安打して敵陣潰亂の中に一擧五點を得たから主客忽ち轉倒して勝誇つた敵はあせり出し、第七回に二安打、第八回に三安打を出したが、八回辛くも一點を収めたきり五對四の接戰の末、早軍の凱歌高く暴慢な敵の彌次馬の中に擧がつたのは、頗る愉快であつた。

然しインデアナは早軍より力強い敵であつた、只敵を侮り粗放な攻守が禍をなして早軍に名をなさしめたので、確かにミシガン、イリノイに次ぐチームである。よく〳〵早軍は幸運な日に恵まれたのであらう。兩軍安打各十個、試合は七回以後頗る興味あるものとなり、見物もすつかり緘默して手に汗を握つた。

Waseda	０００	０００	５００	……５
Indiana	２１０	０００	０１０	……４

（『米國野球遠征』発行所・野球界社、発売元・博文館、早稲田大學野球部編、大正一〇年一〇月一五日）より

※地元観衆のヤジ・罵声の飛び交うなかで戦い、七回に勝機を見つけて五点を入れて下したことがわ

かる。翌年、インディアナ大学チームが来日して実にマナーのよい試合をした。昨年の観衆のなかにはインディアナ大学の学生も交っていたであろう。マナーのよい試合をしたのは、来日前、ヤジを慎むよう指導・教育をしたからではないか。

引率したのは野球部創設以来の部長、安部磯雄《あべいそお》（教授。政経科長。一八六五～一九四九）である。監督は飛田忠順《とびたただより》（穂洲《すいしゅう》。一八八六～一九六五）。選手一二名。これに主事の中村正雄（生没年未詳）が同行し、総勢一五名で遠征した。

翌年、早稲田大学野球部は、インディアナ大学野球チームに対し前年の自分たちと同様に一五名で来日するよう招聘《しょうへい》（礼儀を尽くして招待すること）した。インディアナ大学チームは前年の雪辱を期して四月中旬に来日した。

当初、安部が招いた一五名の枠にエドナ夫人は入っていなかった。引率責任者に任命されるはずの夫エドモンソン教授も入っていなかった。安部は当初この二人を招くつもりはなかった。それならなぜチームに同行することになったのか。

安部の英文の手紙が遺っている。宛先はレヴィス監督（George Wynden Levis, Coach）である。「リーバイス」と読めるが、早稲田大学が作成したチーム紹介の絵葉書ブロマイドに「レヴイス監督」とある。『五十年史』には「監督レビス」とある。本書では「レヴィス監督」を用いることにする。

なお、早稲田大学側の資料は「コーチ」（coach）を「監督」と訳している。アメリカでは監督は「マネージャー」（manager）という。それならレヴィスは「コーチ」なのか「監督」なのか。来日を報じた「東京朝日新聞」（大正一一年四月一五日）は「エドモンソン教授」を「監督」、「レーヴス」を「コーチ」とする。まちまちである。

この点をはっきりさせておく。エドモンソン教授は「監督」ではなく「男子学生部長」（Dean of Men）である。男子学生の生活全般を統括・指導する責任者であり、数名存在している。すなわちエドモンソン教授は大学の代表者（the faculty representative on the trip）、チームの引率責任者としてやって来た。野球チームの「監督」はレヴィス、アシスタントコーチはことし大学院に入ったミントンである。日本側の資料にも少々誤りが見られる。

さて、レヴィス監督に宛てた安部の手紙（英文の招聘状。IUアーカイブ室。エドナ・コレクションにはそのコピーが入っている）は一九二一年一二月一七日付けである。インディアナ大学が日本へ出発する三ヶ月半前だ。早稲田大学の公用便箋にタイプライターで書いている。翻訳してみる。（　）内は筆者の補注である。

数日前、レヴィス監督のお手紙（一一月一〇日付け）を落掌しました。私から先に招聘状をお送りすべきところ、諸般の事情により遅れてしまいました。申し訳ありません。昨日、電信《ケーブル》にて来年の春にご招待する旨をお伝えしましたが御覧になりましたでしょうか。

別紙に詳細を記しました。不都合なことがありましたらお知らせ下さい。シアトルから横浜まで渡航費は一人往復四五〇ドルです。日本郵船（Nippon Yusen kaisha）が二五％引きにすると申しております。シカゴに支店がありますのでご相談ください。カナダ太平洋蒸気船会社（Canadian Pacific Steam Company）も「ぜひ乗船して欲しい」と申しております。やはり割引してくれるでしょう。というわけで、一五名でおよそ総額六七五〇ドル（約三三〇〇円）になります。

昨春（大正一〇年）、私たちのチームはサンフランシスコからシカゴへ、そしてシカゴからシアトルへと列車の旅をしましたが、かなりの金額を節約できました。鉄道会社の代理店がとてもよい手配をしてくれて同じ列車で行くことができたからです。寝台車の宿泊代を入れて片道約一〇〇ドル（約四八円）。四日間の食事代は二〇ドル（約一〇円）もかからないし、そうするとあなた方の住むブルーミントンからシアトルまで往復の交通費は概算で四〇五〇ドル（約一九三八円）です。

私どもの計算した金額で足りない場合は、あなた方で計算し直してお示しください。足りなければ早稲田大学と交渉してもう少し予算を得られるようにいたします。

一五人まで旅費を提供いたします。一二名の選手と監督レヴィスさんで一三名、もしも奥さんを入れて一四名でお出でになるなら、一人分が浮きますので、あなた方の経済的負担がそれだけ少なくて済みます。

私からのお願いですが、私たちが三年後の一九二五年（大正一四年）にアメリカへ遠征するときは一三〇〇ドル（約六二二円）を提供していただきたいと思います。無理にとは申しません。ご検討いただければ幸いです。

日本の春期の大学野球は四月末から五月末に行なわれます。その後、梅雨に入らなければ六月半ばでも試合ができます。横浜港に四月一〇日前に到着すれば、一週間の練習期間がとれますので、都合がよろしいかと思います。

あなたと皆さま方のご多幸を祈ります。

安部

「一五名分の渡航費を提供しますので、監督の奥さんを入れて一四名で来てはどうですか」と提案している。選手一二名、レヴィス監督、監督夫人の一四名である。〈夫人同伴で〉とは、なかなかの気配りだ。しかも「一四名で来れば一名分が浮きます。その分は自由に使ってください」と書いている。一五名というのは、前年の早稲田大学が米国遠征（第四回。第二回も）をしたときと同じ人数である。

レヴィス監督と妻のヘレンは招待されたのに、エドモンソン教授と妻のエドナ夫人は招待されていない。どういうわけだろうか。結論を先にいうと、安部は野球チームに対して遠征を要請をしたと思われる。しかしインディアナ大学は、それをレベル・アップして大学への要請と受け止め、大学教育の一環として遠征することに教授会で決めたのである。

よって、引率責任者はチームの監督を超えて男子学生部長のエドモンソン教授が任命された。レヴィス監督とヘレン夫人はすで招待されているのでそのまま認め、それと釣り合いをとるべくエドモンソン教授とエドナ夫人を加え、総勢一七名で行くことにした。

安部の招聘状の封書に、遠征費用の見積もりを細かく記した書類が入っていたのだろう。それは遺っていないが、「見積もり額で足りなければ、早稲田大学から予算を追加してもらいます」とある。また、「三年後に早稲田大学チームがアメリカに遠征するときは一三〇〇ドル（約六二二円）を提供してほしい」とある（円・ドル換算は、森永卓郎監修『明治・大正・昭和・平成　物価の文化史事典』〈展望社　二〇〇八年七月〉による）。

両校で四年に一度、訪問交流をすることが合意されたのである。

もっと調べてみよう。インディアナ大学ＨＰの「フージャーの歴史」（Blogging Hoosier History）は、安部の招待状すなわち「合意書によると、早稲田大学はインディアナ大学チームに、旅費およびホテルと球場を往復する交通費など一一五〇〇ドル（＝約五五〇二円）を払うことを約束した。その代わり、三年後に早稲田大学が来るときはブルーミントンにおけるホテル代一泊分一三〇〇ドルを要求した」と説明している。

アメリカの新聞（紙名不記）に、早稲田側がインディアナ大学チームの遠征費用を提供するため一二五〇〇ドルを計上した、とある。資料によって少し金額が異なっている。

ともかく右の招聘状から、安部が相互訪問を合意していたことはあきらかだ。両校で話が煮詰まり、最終的に安部が「招聘状」を出したことがうかがえる。

安部はさらに一五名分の渡航費六七五〇ドルのほかに、滞在費・交通費を加算して一一五〇〇ドルを支払うことを約束した。これが最終の決定案であったろう。その代わり、我々が次に行くときは、一泊分のホテル代を出してほしいと申し込んだのである。

控えめな交換条件のように見えるが、実はそういうわけではない。アメリカへ遠征すれば他の大学チームとも試合をする。どの大学にもある程度の資金提供をしてもらうし、観衆から入場料を取るから収益が得られる。よって、インディアナ大学には一泊分のホテル代を出してくださるだけでけっこうです、という計算だったと思われる。

右の招聘状でわかるように、レヴィス監督はすでに一ヶ月余り前の一一月一〇日に安部に手紙を送ったのだった。二人の間で相互訪問の話が進んでいたのである。

かれは前年にはすでに監督をしていた。大学一～二年生の体育科目（野球とバスケットボール）を担当する教員と思われる。

安部一行が四ヶ月の米国遠征から帰ったのは七月二九日であった。それから大学当局と相談し、インディアナ大学を招聘する計画を練ったのだろう。そして、レヴィス監督と連絡を取り合っていたと思われる。「奥さんも一緒にどうぞ」ともちかけたのは、ブルーミントンでレヴィス監督と親しくなり、相互訪問について話し合い、夫人とも会ったのではなかろうか。その一方、男子学生部長のエドモンソン教授を招待しなかったのは、大学間というより野球チームどうしの交流を第一に考えていたからだろうと思われる。

以上、安部はインディアナ大学に多額の来日費用を約束した。それにくらべ、自分たちが行くときは一泊分のホテル代を出してくれればそれでよい、と控えめである。そのわけは観衆から入場料を取って来日チームの滞在費等にあて、また自分たちの移動・宿泊費等にするつもりだからだろう。安部の巧みなマネジメントはいかにも経済学者らしい。

予算が足りなくなった場合は、総長の大隈重信に頼むつもりであったのだろうか。明治三八年（一九〇五）四月の第一回米国遠征では、安部の請願に快く応じて、臨時予算五五〇〇円（約一一一〇ドル）を出してくれた。外国の訪問客と会うときは安部がいつも側に付いて通訳をしたという（片山哲『安部磯雄伝』毎日新聞社　一九五八年六月。野球部の副部長をした英語学の高杉瀧蔵教授が務めたともいわれる）。大隈は外国大学との野球交流にたいそう熱心だった（後述）。大隈と安部も良き関係にあった。

早稲田チームが最初に入場料を徴収したのは、明治四〇年（一九〇七）に来日したハワイセントルイス・チームとの試合からだった（『早稲田大學野球部五十年史』（非賣品）昭和二五年三月。以下、『五十年史』と略す）。アメリカに遠征したとき、この方策を知ったのだろうか。安部は明治三四年、野球部を結成し初代部長に就任すると、早くも外国遠征を計画し、四年後に第一回米国遠征を果たした。欧州や米国へ学生を引率し、新しい世界に目を開かせようと考えていた（『早稲田大學野球部史』博文館　大正一四年四月）。かれの教育目標のひとつであった。

『五十年史』に「日米大学野球部交換遠征一覧表」が掲載されている。「早6、慶3、明3、法1、立1」とある。「早大野球部外地遠征一覧表」には、「外地遠征二十三回（米国6、満鮮7、支那4、台湾3、ハワイ3、マニラ3、樺太2）」とある。諸大学に先んじて外国遠征を熱心に進めてきた。遠征回数が誇らしく見える。

◎マネジメント

安部のマネジメントについて述べよう。『米國野球遠征』（大正一〇年一〇月）に、「試合の交渉と経費に就いて」という序文を寄せている。前年の大正九年（一九二〇）五月、シカゴ大学を招聘するとき早稲田大学は旅費一五〇〇〇ドル（約七四五六円）と日本での滞在費を保証《ギャランティー》（提供）した。それゆえ翌年米国へ遠征したときは、シカゴ大学から同一条件の資金が提供された。同じくワシントン大学、ハーバード大学、エール大学、ニューヨーク大学、インディアナ大学などに対しても同じような条件で資金提供を要求したという。

その条件とは、

一、早稲田側に定額の保証金を提供すること。

二、雨天で試合ができない場合は若干の保証金を提供すること。

三、入場料総額の五割が保証金額より大きいときは早稲田側が総収入の半額を要求できること。

この三条件をアメリカの各大学に要請して認めてもらった。よって、かれらが来日したときは同じ条件で早稲田大学が履行する。対等・互恵・相愛の交渉術である。尊敬し合い、相手に負担をかけない、そして交流を持続していく、という精神が生きている。

大正一〇年三月二七日、安部が率いる一五名の野球部は、こういう相互保証のもとに横浜を出航し、ハワイ経由でアメリカに渡り、中西部・東部を転戦したのである（第四回米国遠征）。費用は、乗船料五六五二ドル、汽車代五三五一ドル、旅館（ホテル）料一七五四ドル、食費一二四九ドルなど総額一六二一一ドル（約七七九四円）にのぼった。

倹約に努めてホテルは宿泊するだけにして、三度の食事は比較的安価な街のレストラン、カフェテラスを利用するなど工夫した。しかし入場料の取り分が総計一八〇〇〇ドル（約八六五四円）になり、「何等不自由なく、此の度の旅行を終（え）る事が出来た」と喜んでいる。このほか出発前に旅券の手数料、入国税、荷物の送料、土産物の代金などが五〇〇円を超過した。差引き約三六〇円の黒字である。安部の経済戦略《マネジメント》大成功である。

なかでもシカゴ大学との試合入場料は七二〇〇ドル（約三四六一円）、ワシントン大学との試合は三八四〇ドル（約一八四六円）と頭抜けて多かった。次いでハワイ大学の一五〇〇ドル（約七二一円）である。

アメリカの野球熱は尋常ではなかった。エドモンソン教授によれば、「米国では野球や庭球よりもフットボールが益《ますま》す盛んになって来た」（『野球界』六月号、大正一一年）。とはいうものの大勢の観衆が詰めかけ、桁外れの入場料になった。フットボールはアメリカン・フットボールのことだろう。当時インディアナ大学出身の有名なプロ選手にフランク・ハニーがいる。

❷最初の試合ほか

日本の野球人気もすごかった。四月二二日の午後三時、戸塚球場で行なわれた早稲田大学との最初の試合に約七〇〇〇人が詰めかけたという。インディアナ大学のＨＰ（IU Baseball goes to... Japan! Part II）に、三塁手ラックルハウス（Leonard Conrad Ruckelshous）がそう書いているとある（写真㉙）。

これは正確な引用ではない。かれの自筆ノート「旅日記」（Ruchelshous's Diary of Japan Trip、ＩＵアーカイブ室。Off to Japanとも）を見ると、午後一時四〇分、チームが球場に到着したときの観衆を約六〇〇〇人、試合三〇分前に一二〇〇〇人に増えたと記している（写真㉚〜㉜）。

球場に行く前、精養軒ホテルでキャッチボール。いつも大勢の人々が集まった。㋓（写真㉙）

エドナ夫人は、広報普及センター長エリオットに宛てた報告の手紙のなかで、早稲田大学との最初の試合は六五〇〇人の観衆の前で試合をしたと書いている。帰国後の「日本野球旅行」（Baseball Trip to Japan）にも、六五〇〇人の観衆とある。また、『野球界』六月号の特集「インディアナ軍來朝記念號」は「定刻前既に満員の盛況であつた」と記す。しだいに増えて開始時には、ラックルハウスのいうように一万人を超えたのではなかろうか。

ブルーミントンを出発する前夜の壮行会で、留学生の杉山修一郎が「君たちは常に三万人の観衆のなかで試合をすることになる」とスピーチしたが（後述。Ⅳ「国際親善・戦争回避」）、そこまでは集まらなかったわけだ。

『野球界』六月号の表紙を飾るのは、この日、ウォーカー（James Byron Walker）と谷口五郎（一九〇一〜八〇）がマウンド上でがっしりと握手を交わす場面だ。谷口はいうまでもない。ウォーカーも名投手だ。アメリカ中西部の大学一〇校で構成する野球連盟「ビッグ・テン」（Big Ten）が最高の投手と評価している。

この写真は日本の英字新聞（The Japan Advertiser）にも掲載された。ラックルハウスは切り抜いて「アルバム」に貼り、「April Sunday, 23・1922」と記しているが、その日は新聞の発行日である。正しくは前日の四月二二日（土）の午後三時、早稲田との初戦での写真。両投手は日本のマウンドで一年ぶりに再会した。

左打席に立つ自分の写真も貼っている。見出しに「FACING JAP CURVES」（ジャップの投げるカーブに立ち向かう）とある。やはり新聞記事の切抜きである。「JAP」とは穏やかでないが、当時の英字新聞には珍しくない。レヴィス監督は来日前から日本の右投手のカーブをどう攻略するか、頭を悩ましていた。ラックルハウスは左の好打者なので期待を背負ってバッター・ボックスに立ったのである。この日はヒット一本のみであった。

早稲田大学と最初の試合。一塁側にアメリカ国旗、三塁側に早稲田の校旗。葭簀張りの婦人用観客席が見える。バックネット裏は山高帽・中折れ帽の紳士が多い。㊣（写真㉚）

最初の試合。裏に「Waseda game April 21」と記すが4月22日の間違い。インディアナ大学×早稲田大学の写真はエドナ・コレクションと『野球界』6月号以外にないようだ。㊣（写真㉛）

なお、『早稲田大學野球部五十年史』に、「早大招聘のインデアナ大學野球團は、四月十四日横濱入港、築地精養軒に投宿、四月廿一日を一回戦として、慶應と三回、早大と四回、前後七回のゲームをなし、早大と一回引分けたのみ、全敗の記録を残した」とあるが、正確でない。最初の試合は四月二二日、早稲田大学と東京で五回戦い四敗一引分け、関西で二回戦い一勝一敗。東京で慶応大学と三回戦い全敗。関西で大阪オールスターと戦い勝利。計一一戦二勝八敗一引分けである。

最初の試合は晴天だった（写真㉚㉛）。インディアナ大学は先攻で、一塁側スタンドに星条旗がはためく。早稲田大学は後攻で、三塁側スタンドに校旗が羽ばたいている。

一塁側スタンド前のベンチ。左からスウェイン前学長、同夫人、エドナ夫人、レヴィス監督夫人、岡本米藏、レヴィス監督、デニー、ゴース。立っているのはミントン、前学長の後ろは、ジュースを取り出すキッド。学内紙と思われる新聞（6月5日）に掲載され、氏名を記す。ただし早稲田大学との「ある試合」とするが4月22日（土）の最初の試合。（写真㉜）

一塁側スタンドの前に設けられた長ベンチに、世界漫遊中の前学長（九代。一八九三～一九〇二）ジョゼフ・E・スウェイン（Joseph E. Swain, 一八五七～一九二七）夫妻が座っている。二人は世界漫遊中で試合を見るためにわざわざ日本に立ち寄った。それはエドモンソン教授すら知らされていなかった。エドナ夫人、レヴィス監督夫人、レヴィス監督、選手のデニー（一塁手）、ゴース（投手・右翼手）、キッド（捕手）、アシスタントコーチのミントンの姿も見える（写真㉜）。

なんと、シアトルから船に乗ってすっかり親しくなった実業家の岡本米藏（一八八〇～一九六七。後述）がレヴィス監督夫人の隣りに座っている。ニューヨークで土地取引業を営み、日本のカーネギーといわれている大富豪だ。かれは積極的に選手たちとつきあい東京の街を連れ歩いた。何枚も写真に写っている。どれも得意満面だ。京都・大阪にも同行した。ある日は試合が始まる直前まで東京・小石川の

銀座4丁目の交差点。前学長スウェインと警官の男が並ぶ。白い帽子はレヴィス監督夫人、傘の女性はコールマン夫人。物売り、人力車の車夫も。和やかなシーン。場所は写真69と同じ。ウェールズ王子のパレードの日。㋓（写真㉝）

帝国植物園などを案内した。後ろのベンチにはアメリカから来た旅行客が五〜六人座っている。

バックネット裏に屋根付の貴賓席みたいなものが見える。翌二三日の慶応戦も早稲田球場で行なわれ、「婦人席も慶應なりけりと思はせる御婦人の見物もあつた」（『野球界』六月号）。二六日の早稲田戦も「特等席と一等席の間へ設けられたヨシズ（葭簀）張りの婦人席へは、一五六《（一五〜一六）》人の婦人が見物にきてゐた」（同右）とある。婦人席が設けられたのである。

スウェイン前学長の写真がもう一枚ある（写真㉝）。銀座の街角でタバコをくわえた警官と微笑んで立っている。背が高くて恰幅《かっぷく》が良い。人力車の車夫と天秤棒を担いだ男が笑っている。レヴィス監督夫人、コールマン夫人が写っている。コールマン夫人が案内したのだろう。エドナ夫人の姿が見えないのは、彼女がシャッターを押したと思われる。コールマン夫人はエドナ夫人を大森安仁子《あにこ》のセツルメント「有隣園」へ案内した人で、安部磯雄とともに大きな役割を果たしてくれた。あとで詳しく述べる。

このとき選手を紹介する葉書ブロマイドが作られた。安部は、前もってレヴィス監督に手紙で「選手の写真を試合の宣伝に使いたいと思いますが、どうでしょうか。名前を記入してください。特にピッチャーとキャッチー、そして有力選手の写真を送っていただければ助かります」と伝えてあった。レヴィス監督は写真を送ったであろうか。

ブロマイドができあがった。「インデアナ大學　野球全選手」「早稲田大學　野球全選手」（東京早稲田つるや書房。IUアーカイブ室）の二セットである。インディアナ大学チームのブロマイドは五枚組で早稲田大学チームは四枚組。ユニホーム姿の選手・監督・コーチが数名ずつ写っている。選手の後ろに早稲田球場外の民家が見える。日本に来てから撮ったとわかる。レヴィス監督は多忙のためか写真を送ることができなかったらしい。

写真の紙袋（IUアーカイブ室）に「四月二二日、早稲田チームと試合をする直前（just before）にもらった」とインクで書いている。正しくは二二日である。慶応チームのブロマイドも作られ、四月二三日、二九日、五月二日と三回戦った。ブロマイドは観客に販売したのだろう。「招待券」も作られた。

入場料はいくらだろうか。四月二九日（土）、早稲田球場で行なわれた第二回慶応戦の入場料は「特等五円、一等三円、二等二円、三等一円」である。「都下学生の利便を図り、一等以下半額になつたが、其割合には人がこまない」（『野球界』六月号）とある。

早稲田との初戦は満員になったが、インディアナ大学は急ごしらえのチームで練習不足であった。試合前の練習を見てさえ弱さが目立った。試合が始まると投打が振るわず、守りにミスが多く、連携プレイがうまくできず0×4で敗れた。以後、連敗を続けたので観客はせいぜい七分程度しか入らなかった。野球の本場から来たのにまったく期待はずれ。最後の五月六日（土）鳴尾球場（西宮市）における大阪オールスター戦は、東京を離れ初顔合わせの珍しさも加わって満員になった。

ラックルハウスが記すように入場者が一二〇〇〇人ならば、収益はどれほどになるだろうか。値下げをする前の収益は、入場者が一人二円払ったとすれば合計二四〇〇〇円にのぼる。当時の一円は今の一〇〇〇〜一五〇〇円くらいだろうか。学生割引をしたから半分くらいに収益が下がったとしても相当な収益だ。

エドナ夫人の記すように、六五〇〇人ならば一三〇〇〇円ほど。早稲田との七試合は一試合だけ満員で、ほかはせいぜい七分程度の入りだった。しかし全試合の収益を合計すればインディアナ大学の渡航費と滞在費は充分にまかなえたと思われる。早稲田側の諸経費も含めて心配なかったのではなかろうか。

【コラム2】招待券と選手のブロマイド

早稲田チームの選手ポジション

回戦	1	2	3	4	5	6	7
試合の日	4／22	4／26	5／1	5／3	5／4	5／8	5／9
・永野（捕）	2	2	2	2		2	2
宮崎（捕）		2↓3		2			
堀田（投）	7	代（リリーフ）		1		1	1↓7
柳田（投）							
・谷口（投）	1	1	1	1	1	1	1
井上（内）	6	6					
梅川（内）	4	4	4	4	4	4	4
・松本（内）	5	5	5	5	5	5	5
・有田（内）	3	3	3	3	3	3	3
大下（外）	9	9	9	9	9	9	9
・加藤（外）		7	7	7	7	7	7
・田中（外）	8	8	8	8	8	8	8
・久保田（内）		3	6	6	6	6	6

※表内の数字は守備位置　・印は前年（大正二年）の第四回米国遠征の参加者

百年前のアルバムに貼られた「招待券」、ユニホーム姿の絵葉書ブロマイド、そんなものは価値がない。試合内容を記録した資料を探すべきだと人はいうだろう。だが、大切な情報が秘められている。

インディアナ大学と早稲田大学の試合は全部で七回行なわれた。両チームの選手ブロマイド（絵葉書タイプ）が作られ、試合の前に配布された。市販されたと思われる。

一部の人々には「招待券」が贈られた。ラックルハウスの「アルバム」（IUアーカイブ室）に貼られているのを見つけた。「對インディアナ大學野球試合」「大正十一年四月」と印刷され、早稲田大学の公印が押され、ゴム印で「79」とある。百人以上の人々に贈られたのではなかろうか。

だれの「招待券」かはわからない。おそらく、シアトルから同じ船に乗った岡本米藏に贈られたものだろう。岡本は日米を股に掛けて不動産業で巨大な富を築いた有名人であった。乗船早々インディアナ大学の一行（選手一二名、引率・同行者五名）と親しくなった。四月二二日（土）の第一回目の早稲田大学戦には、一塁側のインディアナ大学のベンチに座って応援した。世界一周中に立ち寄った前学長とその夫人、レヴィス監督、エドモンソン教授の妻エドナ夫人なども一緒に座っている。すっかりチームになじんでいる。

岡本は、ラックルハウス（中堅手・右翼手。日本では専ら三塁手）と特に親しくなった。観覧後ラックルハウスがもらってアルバムに貼ったのだろう。

写真がいつ撮影されたのか考えてみる。来日前、安部磯雄教授（早稲田大学野球部長）からレヴィス監督に、ブロマイドを作るので選手の写真を送るよう手紙で要請があった。だが、多忙のためか送られてこなかった。来日後、早稲田球場で撮影したのである。

インディアナ・チームが初めて早稲田球場に行ったのは来日した翌日、四月一五日（土）午後である。チームの宿舎は帝国ホテルと決まっていたが、折しも来日したイギリスのウエールズ王子（後のエドワード八世）一行の宿舎にあてられたので、築地精養軒ホテルに変更された。

この日、七時三〇分に起床、八時三〇分に朝食をとり、皇居前広場に行った。お堀の向こうに皇居を眺め、人力車に乗り、大いに日本を楽しんだ（写真㊶）。それから昼食を済ませ、早稲田球場へ向かった。タクシーに乗って四五分、混雑した狭い道を縫うように走るのでスリリングだった。球場に入ると観衆の大きな拍手で迎えられた。そして早稲田大学と明治大学の試合を観た。この日はユニホームを着ていないので写真の撮影は行なわれなかった。

翌日の一六日（日）は雲ひとつない天気。七時三〇分起床、八時朝食。九時三〇分、ユニホームに着替えてタクシーで早稲田球場へ向かった。午前中にグランドに着いた。春の光が燦々と降り注ぐ。三〇〇〇人の観衆のなかで最初の練習に汗を流した。

このあとホテルに戻って、インディアナ大学を卒業した三人の日本人同窓生と昼食をともにした。それから、かれらの案内で上野で開催中の「世界平和博覧会」を見学し、夕方、東京タワーの真下にあった高級日本茶屋「紅葉館」に行った。心のこもった歓迎会であった。フルコースの日本料理を堪能した。

ブロマイドの写真は、この日、早稲田球場で撮影されたと思われる。外野の低いフェンスと外の民家が写っている。選手の顔を見ると、やや右上から光が差している。足下の影が短い。太陽はほぼ真上、正午前後と思われる。

ブロマイドは絵葉書タイプの五枚一組、封筒に入っている。封筒の表に「インデアナ大學／野球全選手／東京早稲田／つるや畫房」、写真の上部にポジションと名前（姓）が印刷されている。IUアーカイブ室に保管されているのを見ると、ペンで記されたメモはエドナ夫人の書体である。ご子孫のニックさんが寄贈したと思われる。ラックルハウスのアルバムにもあるが封筒は貼られていない。

まず**コーチ**のミントンと**監督**のレヴィスの写真がある。次に**捕手**のキッド、クレイ。**投手**のギルバート、ゴース、ウォーカー。**内野手**のデニー、スロート、メーサー、カイト。**外野手**のリンチ、ウイッチャーマン、ラックルハウス。選手は一二名である。

ポジションと人数は、早稲田チームとの取り決めで同一であるが、試合では変更できた。ラックルハウスは外野手の写真にいるが、日本では専ら三塁手をした。

一方、早稲田チームのブロマイドは一枚少ない。**コーチ・監督**の写真がない。**捕手**二名、**投手**三名、**内野手**四名、**外野手**三名の四枚である。全選手をあげてみよう。『早稲田大學野球部史』(大正一四年三月)と『〃五十年史』(昭和二五年三月)により普段のポジション・出身校・出場年代と入部年を( )に記した。

捕　手

永野重次郎(捕手・盛岡中学・大正九年。入部は大正八年)

宮崎　吉裕(捕手・豊国中学・大正一一年。入部は大正九年)

投　手

堀田　　正(**外野手**・立命館中学・大正九年。入部は大正七年)

柳田　末男(**捕手**・早稲田実業・大正一一年。入部は大正一〇年)

谷口　五郎(投手・釜山商業・大正九年。入部は大正九年)

内野手

井上　正夫(遊撃手・小倉中学・大正一一年。入部は大正九年)

梅川吉三郎(二塁手・函館商業・大正九年。入部は大正七年)

松本　終吉(**投手**・市岡中学/関西学院・大正八年。入部も大正八年)

有田富士夫(**投手**・小倉中学・大正九年。入部も大正九年)

外野手

大下　常吉(外野手・八戸中学・大正八年。入部は大正七年)

加藤　高茂(外野手・愛知一中・大正九年。入部は大正九年)

田中　勝雄（外野手・市岡中学・大正七年。入部は大正七年）

※資料には姓のみが記されるので、松本終吉か松本慶次郎か紛らわしい。入部年と実際の試合におけるポジションから松本終吉と判断した。終吉は投手・三塁手・左翼手をこなした。慶次郎は大正一〇年に入部の後輩で、翌年のインディアナ大学戦には出場しなかったが、六月一五日の明治大学戦に出場した。『五十年史に』は、松本終吉と区別して「松本（慶）」が左翼手で出場したと記す。

以上の選手たちの入部年を調べると、大正七年は四人、八年は二人、九年は四人である。大正七年は後述の久保田が加わるので実際は五人である。柳田は大正一〇年の入部だから出場チャンスはまだ与えられなかったと考えられる。柳田が初めて出場したのは、『五十年史』による限り大正一三年一一月二〇日の法政大学戦である。捕手をした。しかし、出場はこの年だけのようで正捕手は相変わらず宮崎であった。

最大の疑問は**投手**の写真に、柳田が入っていることだ。かれは**図表**のポジションでわかるように、インディアナ大学との七試合に一度も出ていない。最初の出場は二年後の大正一三年一一月である。捕手だから、どう考えても**投手**の写真にいるのはおかしい。入れるならば松本か有田であろう。投手としても活躍しているし、谷口が登場する以前は特にそうだった。

写真の背景を見ると、インディアナ大学チームの撮影位置と少し違うが、そう離れた場所ではない。やはり外野のフェンスと外の民家が写っている。早稲田球場である。選手たちの影は左斜めへ長く伸びている。太陽が少し傾いた午後に撮影されたことがわかる。

さらに疑問なのは、久保田禎（遊撃手・盛岡中・大正七年。入部も）が写っていないことだ。かれは半年後の一一月下旬、主将に選ばれる主力選手だから、**内野手**の写真に入っているべきなのに、なぜか写っていない。

それには理由があった。四月一五日（土）、早稲田球場で行なわれた明治大学戦で頭部にデッドボールを受けて退場した。ラックルハウスも「旅日記」に書いている。「快復するまでには十日間を要した」（『早稲田大學野球部五十年史』〈昭和二五年三月〉）。四月二二日（土）の試合は欠場した。第二回目の四月二六日（水）は一塁手として出場した。体力の負担の少ない一塁を守ったのである。第三回目以降、いつもの遊撃手として出場した。こういうわけで、四月一六日（日）に撮影された可能性が高い、といえるだろう。インディアナ・チームは午前から午後にかけて、そのあと早稲田チームの撮影が行なわれたと思われる。ブロマイドを製作した「つるや書房」（早稲田鶴巻町）は絵葉書写真を得意としていた。専属カメラマンが撮影したのだろう。

インディアナ大学ブルーミントン校、現在の球場。著者撮影。（写真㉞）

四月一六日以降の可能性はないか、さらに考えてみる。ブロマイドは四月二二日（土）には完成していた。写真を入れた封筒の裏にペンで試合の直前に配布されたとある。撮影・現像・焼付け・整理・封入・配布まで少なくとも四日はかかるのではないか。写真は全部で九種類、配布数は両チームの選手だけでも二四セットが必要だから合計二〇〇枚は超える。関係者にも配るだろうから三〇〇枚は軽く超えるだろう。四月一七日か一八日が間に合うギリギリの撮影日であったろう。

インディアナ・チームの日程をたどってみる。一七日〜二〇日も午前中、早稲田球場に行って練習をしている。一七日は練習のあと街に行ってショッピングをしているので撮影はなかったろう。一八日の練習はグラウンドが濡れていたとある。小雨が降っていたようだ。両日とも撮影があったとは思えない。選手の影がくっきりと伸びる良い天気であったとは思えない。

やはり晴天の一六日に撮影された可能性が高い。この日、久保田は正選手なのだが頭部の負傷で来られなかった。それでブロマイドには写っていないのである。

それにしても、**捕手**の柳田が**投手**の写真に収まったのはなぜなのか。選手ではない柳田のいる写真が選手たちに違和感を与えなかったのか。補欠選手として写真に収まったのか。謎はしばらく解けそうもない。

ちなみに、インディアナ大学は慶応大学と三回試合を行なった。やはり慶応チームのブロマイドも配布された。ラックルハウスのアルバムに四枚が貼られている。それぞれ写真の下部に「慶大野球選手」とあり、「**投手及び捕手**　右ヨリ　新田氏（1・9）　濱野氏（2）　青木氏（2・1・7・9）　斯眞田氏（1）」、「**内野手**　右ヨリ　長谷川氏（7・9・3）　桐原氏（6・1）　高須氏（4・9・8・6）　高木氏（5・2・4・6）　木村野坂氏（9・4）」、「**外野手**　右ヨリ　高濱氏（7）　山岡氏（8）　物集氏（9）　松村氏（9・8・4）　木村氏（7）」、「慶應大學野球全選手」と印刷されており一四名が写っている。（『慶應義塾野球部史』〈昭和三五年二月〉によりポジション番号を記した）。

ところが、写っているのは前年の大正一〇年の部員である。高濱・松村・青木は肝心のインディアナ大学戦に出場していない。出場した大川（7・3）と出口（3・7）は前年の選手に入っていない。前年に撮影した写真をインディアナ・チームに提供したのである。去年も今年も選手はそう変わっていないので、とりあえず提供したと思われる。

これは何を示しているのか。インディアナ大学は早稲田大学の招聘により来日したから、慶応大学と試合をする交渉はしていなかった。来日後、早稲田大学および安部磯雄らが慶応大学と交渉して、インディアナ大学と三試合をするように企画したらしい。前もって交渉が成立していたならば、**捕手**二名、**投手**三名、**内野手**四名、**外野手**三名になっていたはずだ。ブロマイドも当然そういう四枚組になっていたであろう。

ラックルハウスのアルバムに貼られている慶応チームのブロマイドは、**投手**三名と**捕手**一名、**内野手**五名、**外野手**五名、それに「慶應大學野球全選手」の変則的な四枚組になっている。これは、インディアナ大学と試合をする交渉がそもそもなかったことを示すだろう。日本に来てから、あるいはインディアナ大学チームのために安部磯雄などが慶応大学に働きかけて試合をすることになったという経緯を物語っているようだ。

なお、早稲田大学との第一回目の試合を四月二一日（金）と記す資料が日本側にもアメリカ側にも見られるが、実際は二二日（土）である。なぜかしら誤解が生じている。

❸紳士のチーム、大敗して帰国

インディアナ大学は一一試合をして帰国した。早稲田大学と七戦して一勝五敗一引分け、慶応大学と三戦して三敗。大阪オールスターと一戦して勝った。

二勝八敗一引分け、惨憺たる成績である。勝敗数だけでいえば、大正一四年（一九二五）七月中旬に来日し各地を転戦した「米國女子野球團」の「一勝九敗一引分」に相当する（『五十年史』二四九ページ。佐山和夫『日米野球裏面史』ＮＨＫ出版　二〇〇五年九月）。早稲田大学との訪問交流が一度きりで途絶えたのは、このときの不成績が原因だろうか。対抗戦をするほど強くない、これでは交流戦を続けられない、と思われてしまったのではないか。シカゴ大学やワシントン大学とは長く続くのだが。

『五十年史』は、東京では「四月廿一《ママ》日を一回戰として、慶應と三回、早大と四回、前後七回のゲームをなし、早大と一回引分けたのみ、全敗《ママ》の記録を残した」と厳しい。先に述べたように「引分け」（日没11回コールドゲーム）があるから東京での成績は「全敗」ではない。それに関西では府立京都第一中学（洛陽一中）グラウンドにおける早稲田との試合は3×4の一点差で負けたが、塁審の判断ミスが大きく影響した。ラックルハウスは「旅日記」に、「審判が我々からゲームを奪った」（The umpire robbed us of the game.）と書いている。この点は忖度してあげてよい気がするし、最終戦は早稲田に7×4で勝っている。

だが、『五十年史』は厳しい。「イ大の技倆は全く豫想外で早大に五敗一勝一引分、慶大に三戰三敗の戰跡《ママ》をとゞめ、外來大學チーム未曾有の不成績を残した」とくりかえす。たしかに「未曾有の不成績」であった。残念な記録を遺して帰ったのである。

昨年五月のブルーミントンでの試合は、早稲田大学が5×4で接戦を制した。早稲田にはそのときの強いという記憶が残っていた。「インデアナは早軍より力強い敵であつた。只敵を侮り粗放な攻守が禍をなして」負けとなったが、「ミシガン、イリノイに次ぐ」強いチームである。「よく〳〵早軍は幸運な日に恵まれたのであらう」（『米國野球遠征』）という。やっと勝てた、ほっと胸をなで下ろした、という書きぶりである。

あれから一年しか経っていない。なのに、どうしてこんなに弱いのか。我々の戦う相手ではない。慶応大学主将の高須一雄は次のように語る。昨年は「接戦の後に（早大が）勝ちを得て帰ることを得たと言ふ報道は當時の各新聞で廣く知られた」。しかし「今迄の豫想は全く裏切られ、同時に精錬されない經驗に乏しいチームであることが認められ、そして乗じ《ママ》易いものであることが明白になつて來た」。「結果は遠征と云ふことがらに生ずる種々なる不合意といふ言葉をもつてさへ、充分それを掩護することの出來ないものである。とは吾々が受けた第一印象であつた」。弁解の余地がないほど弱いというのである。

弱すぎて気が抜けたのである。実はレヴィス監督さえ驚いた。「早稲田に對して申しわけないと、會ふ人毎に語つてゐた。レーヴイスは、新選手が大部分を占め、しかも練習不足ではあるが、之《こ》れ程ほど弱いとは、思はなかつたと自分乍《なが》らあきれてゐたさうだ」（『野球界』六月号）という。「ゐたさうだ」と伝聞だから少々作り話なのかもしれないが。

早稲田との初戦は0×4で負けた。大差ではないとしても試合の中身は「早大に大敗した」のである。安打5、四球1、三振11、犠打0、盗塁2、刺殺24、捕殺11、失策5。早稲田は安打6、四球4、三振3、犠打2、盗塁3、刺殺27、捕殺9、失策0。データを比較するに、三振、失策が多い。打っても次が続かない。そして肝心の場面でエラーが出て点が取れない。

この日の試合経過をインディアナ大学へ報告したエドナ夫人の手紙（四月二二日、広報普及センター長エリオット宛）は、試合の前半はひどいプレーをしたが、後半になるにつれ調子を取り戻したという。ラックルハウスも同じことを「旅日記」に書いている。エドナ夫人が聞いた話では、「早稲田チームは八ヶ月間、冬の間もずっと練習してきた」。「なるほど、良いチームだ」と感心する一方で、自分たちは充分に練習を積まないで来たことを悔やんでいる。早稲田大学から見ると、インディアナ大学の実力は「高校生チーム」（high school team）のレベルであった。これに対してエドナ夫人は、こちらから〈4点やって負けてあげたのです〉という。〈悔し紛れ〉にすぎないが、このあとの試合は勝てると思い込んでいる。

〈高校生レベルだ〉という酷評はインディアナ大学の選手たちの胸に突き刺さったであろう。この酷評をエドナ夫人が知っているのは、選手たちの耳に入っていたからだ。そこで調べてみると、早稲田チームは大正一二年（一九二三）一一月二〇日〜一二月七日、中国・四国・九州へ行き、旧制の高校・高商・中学などと一五回の試合を行ない、全勝した。その試合のなかには14×4、16×1などと大敗した中学・高校・高商がいくつもある。したがって、インディアナ大学チームを〈高校生レベル〉というのは過酷すぎることがわかる。勝った、負けた、大差がついた、などとは別の目でとらえる必要があったと思われる。

酷評を探すと、慶応大学主将であった小柴大輔は、「中學チームの毛が生へた」レベルではないかと尋ねた友人に、「中学チームに毛があれば気丈夫なものだが、寧《むし》ろ其毛《そのけ》までそり落としてしまふ」レベルではないか、と見下げている（『野球界』六月号）。「中学」は今の「高校」である。子ども扱いにしているが本音は、アメリカの大学チームに勝てることに酔っているのである。それが証拠に、インディアナ大学が早稲田・慶応大学に連敗するのを見て、明治大学の選手であった中澤不二雄は「斯くして日本の大學ティーム《（ママ）》は《（が）》米國の大學ティームを凌駕して行く事を見る私共フアンは幸福である」と述べている（同右）。

さて、翌日の早稲田との第二戦は一対一の引分けだった。それゆえ二九日（土）の慶応との第二戦は「人氣を盛り返す動機となつて、七分の入りを見た」。だが、初戦のように満員にはならない。すでに三戦して二敗している。これでは見に行こうと人は思わない。やはり1×3で敗れた。インディアナ大学は強い、という前評判は早くもしぼんだ。

五月四日（木）の早稲田との第五戦は1×7で大敗した。データを比較するとそう目立たないが、日本のベーブ・ルースこと田中勝雄がホームランを飛ばし、久保田禎が二塁打を放って点を入れた。怪腕の谷口五郎が三振を奪って打たせない。足が自慢のインディアナ大学の選手が塁に出ても、早稲田の内野手がボールをつないで、ホームでアウトにしてしまう。反対にインディアナ大学は効率の悪い攻めで自滅に追い込まれた。

「攻撃力の集中が出來なくては死目《だめ》だ。此日《このひ》イ軍の守備も悪かつた。是れでは、何度戦つても、早慶には勝ちえない」。『野球界』の記者が慨嘆している。

これが日本側の一致した結論であった。だが酷評の一方で、試合マナーの良さを賞讃する声が多かった。同じく『野球界』六月号から拾ってみよう。

安部磯雄は、「學生の訓練は實に行《ゆき》とゞいてゐるので、非常に上品である。今度きた選手の人格が非常によいのが、明《あきら》かに夫れを證明してゐる」という。ホームランを打った田中勝雄は、「イ軍に就いて同情してやらねばならぬのは、今迄の來朝チームの中で、一番學生らしくしかも上品な點である。日本の學生とすれば、珍しくないかもしれないが、米國の學生としては、非常に上品である」という。

これまでの外来チームは、審判に激しく不満をぶつけることがあった。傍若無人な振る舞いが珍しくなかった。しかしインディアナ大学は違った。「メッサー（二番バッター）が右葡（ライトへゴロ）で、大下（常吉。右翼手）に投げられて一壘で刺されたのは、隨分きはどいもので、アレがシカゴだつたら、一大苦情を持ちかける所だが、イ軍は少しも悪びれず、審判の宣告に服していた」（（　）は筆者の注。以下同）。『野球少年』七月号は、「今迄來朝した外國の様に徒に《いたづら》、審判に文句を云ふ様な事などもなく、其の他總て《すべ》が學生野球團らしいといふので、甚だ好評でした」という。文句を言ったのは、五月二日の早稲田との第四戦で、ラックルハウスが谷口投手に外角のきわどいところを攻められ、三振を宣告されて「真赤になつて怒つた」。「イ軍選手が、かう云ふ態度をしたのは、之れが初めてゞある」（『野球界』六月号）という。スポーツマンシップを守り、なんと紳士的なチームであることか。

さらに『野球界』の記者は、同情を込めて「イ軍は、新チームであり、練習不足であり、其上氣候風土を異にした土地へきているので、如何にも同情に堪えない。けれ共、彼れらの人格は、非常によく訓練されて、立派である。スポーツの精神をよく發揮してゐる。この點をかつてやらねばならぬ」。「イ軍の選手は、校風の然らしむる所か、非常に人格がよい、恐らく今迄に來た外來チームの中では、この點に於いて第一等であると云へる」と讃辞を惜しまない。

『万朝報』四月二三日の記事もあげておこう。初戦の評価である。「イ軍は品の良い紳士的なチームで、我國に來朝した諸チーム中最も上品なチームである、其態度と云ひ、能くある審判に物言ひ附ける如き事は決してなかつた、見てゐて洵に《まこと》氣持ちが好い、技倆は餘り上手ではない、投手ウオーカーは思つたより貧弱であつた、そのアウトシュートする球は相當に効果あつたが大體に於てコントロールなく、スピードも之に附隨する凄みもない、さりとて打ち良い球でも球に一種の癖があつた、内外野は割合に上手に思はれた二壘が二つ迄失し、下手である筈の三壘手（ラックルハウス）が二度迄も快いプレーを演じてゐた、捕手キッドの肩の悪いのも目立つた、タイムリエラー一つ凡失二つであるが總じて締まりのない、謂はゞ未だ充分チームワークの取れないチームである、攻撃に於ては勿論此日谷口（投手）の出來良かりしにも依るが餘り打てなかつた」云々。投手のウォーカーだろうか、アルバムに貼って保存していた記事である（IUアーカイブ室）。初戦から弱すぎて相手にならないと評価を下されたようなものである。

　日本側の感想はすべてこの調子であるが、試合マナーの賞讃では見事に一致している。次も指摘しておこう。インディアナ大学の野球の実力を評価する意見もあった。「早大は、ヒツトを散發したものの、イザと云ふ時に奮張《ママ》れなかつたのは、（投手）ウオーカーの腕がさえてゐたからであつた」（四月二六日の引分け試合）。「インヂアナ軍も昨日の敗戰に今日の一戰にはとその自由打擊（試合前の練習）には猛飛球を打ちオバー《ママ》ヘンスを三度迄も飛ばしラックハウス《ママ》の如き左翼の金網を越し育児院の窓に飛び込む有様で、昨日とはその打擊に猛烈さを加へ守備には弱肩キツドを猛漢クレーに變へ、ゴース投手を立て、元氣すざまじく慶軍と陣を交へ斯くて石火相打つ今日の試合は開始をみた」。練習ではすばらしいのに試合になるとさっぱり実力が発揮できない。美文調で歯切れが悪いのは文章を書くのが下手なのか、いや、もどかしくて書きにくいのか。

　また、早稲田の一塁手、有田富士夫（投手もしたがこのときは一塁手）が中指の突き指で負傷したとき、「イ軍の選手は、藥箱を持つていつて、手づから藥をつけ、繃帶をしてやつた。美《うる》はしい情の發露である」（『野球界』六月号）。第四戦（四月二九日、慶応戦）では試合開始前にレヴィス監督夫人が早稲田の主将、久保田禎にグラブを贈り、満場の拍手で包まれた。そのころ日本はアメリカ製グラブを輸入して使っていた。

　いずれも、インディアナ大学チームがどのような態度で、どのような試合をしたのか、目に浮かんでくるようなエピソードである。

❹なぜ四月に来たのか

外来大学チームなかで、かつてこれほど弱いチームはなかった。しかし、これほどマナーの良いチームは来なかった。恥じるべきか誇るべきか。考えるべきは次のようなことだ。

・インディアナ大学は、どうしてこんなに弱いチームで来日したのか?

・みっちりと練習を積み、強いチームを作り上げて来るべきではないのか?

・どのような方法で選手を選び、チームを結成したのか?

チームを結成するまでのプロセスを考察することにしよう。その前に、結論めいたことをまず述べてしまおうと思う。そのほうがわかりやすい。

インディアナ大学は、安部磯雄の招聘状（最終合意）が届くと教授会で審議し、大学として応じることに決めた。そして全学生に知らせ、選手に選ばれて参加したい者を募った。二月最後の日、明日から春のスポーツ教科が始まる前の日から選考に着手し、三月初旬チームを結成した。すぐ本格的な練習に入ったが、日本へ出発する三月二八日まで、わずか二週間ほどしかなかった。安部磯雄の「四月に来てほしい」という要望（招聘状。P59）に誠実に応えたのである。

一方、早稲田大学の野球部はどうだったのか。エドナ夫人は、先にふれたように早稲田の選手が「自分たちは八ヶ月前から練習を積んできた」と述べたという。夏休みが終わった九月から練習を始めたことになる。実際はそれ以前から始めたのかもしれない。みっちりと練習を積んで強いチームを作り上げたのである。昨年の試合であんなに強かったので万全の対策をしたと思われる。

早稲田大学の米国遠征メンバーは健在であった。久慈次郎（捕手）、高松靜男（一塁手）、富永德義（二塁手）、石井順一（三塁手）らは卒業したが、ほかのメンバーは大方残っていた（コラム2、P70）。かれらに新人を加え、練習で鍛え上げ、インディアナ・チームを迎え撃ったわけだ。選手は両チームとも投手三名、捕手二名、内野手四名、外野手三名。ポジションは試合中に交替できる。

インディアナ大学は、体育教科（教養課程のカリキュラム）の野球を受講する者のなかから急いで選手を選んだ。野球は春シーズンの科目なので、選考は三月一日からしか始められない（前日の二月二八日に遠征希望者を体育館に集めた）。この時点ですでに半年も遅れている。一方、早稲田大学の野球部は体育教科ではないからチームの結成も練習もしやすかったのではなかろうか。

これでは弱いわけだ。練習を積んで、強いチームを作り上げ、半年後の秋に来たらどうだったのか。いや、次の年の秋に来ればさらに好勝負ができたのではないか。去年ブルーミントンで五分の戦いをした記憶が忘れられず、この春に行っても何とかなるだろうと思ったのだろうか。そうではなくて、勝敗は重視するが学生どうしの精神的交流こそ大切と考えて来日したのだろうか。そのあたりを早稲田側とどのように話し合ったのだろうか。

前年の九月、早稲田大学の招聘で来日したワシントン大学は、早稲田と九戦して五勝四敗と勝ち越して帰国した（ほかに慶応・法政と試合をした）。北九州市の八幡製鐵所新設グラウンドで行なわれた最終戦は、ワシントン大学が1×0で制した。好勝負であった。「兩チームの技倆、相匹敵《あいひってき》せる爲め、毎回息の詰るような試合となり、大學試合としては、（全試合を振り返ってみて）模範的ゲームが多かつたのは喜ぶべき事であつた」（『五十年史』）と讃えている。練習を積んで秋に来ればもちろん強いのである。

その一年前、大正九年（一九二〇）五月、早稲田大学の招聘でシカゴ大学が来日した。これまで二回来日し一度も負けたことがない強豪である。早稲田は最初の試合に健闘し、6×6の引分けに持ち込んだ。「この引分は当時のビッグ・ニュースとして伝えられ、続く慶應との対戦は実力の均等が予想され約三万の観衆を集めて早大戸塚球場に於て行われた」（『慶應義塾野球部史』）。人々は日本の大学は強くなった、実力伯仲だ、というので球場に詰めかけたのである。結果は１×０でシカゴ大が辛くも勝利した。

シカゴ大は早稲田・慶応とそれぞれ三戦して、ともに一勝一敗一引分けであった。好勝負である。早稲田・慶応はアメリカの強豪大学と五分の戦いができるところまで実力がついたことをはっきりと示した。画期的なことだった。このときシカゴ大学は、闘志を漲らせて試合に挑んだ。激しい気概を審判に向けたので不快に感じる観衆が多かった。

今年のインディアナ大学は野卑な態度がまったく見られない。審判の判定にきちんと従った。先に『五十年史』を引用したように、早稲田側はインディアナ大学の弱さを批判した。勝負に対する意欲が感じられず、物足りなかったからだ。だがこのころから、アメリカの大学に勝てる、という論評がはっきりとあらわれ始めた。そういう意味でインディアナ大学の大敗は、日本の大学野球史のひとつの転換点となったようだ。

ところで、インディアナ大学の選手たちは自前のお金をどれだけ持参したのだろうか。ラックルハウスの「アルバム」に、レヴィス監督の手書きの領収書が貼られている。「ラックルハウスより日本遠征の予約金二〇〇ドルを受け取った」（Received L. Ruckelshaus $ 200 for deposit for Japan trip, George W. Levis Mar.25, 22）。出発する三日前である。二〇〇ドルといえば、早稲田大学が提供した一人分の往復渡航費四五〇ドルの約半分にあたる。大金である。何のために必要だったのかわからない。多額の参加費用を出して来たらしい。試合の入場料収益によって不要となり、あとで本人に返されたのだろうか。

以上あらためて整理しておこう。安部磯雄はインディアナ大学に一五名分の渡航費を提供すると約束した。選手一二名とレヴィス監督とその夫人の一四名で四月中に来てほしい。残りの一名分の渡航費は自由に使ってかまわない、と伝えた。招聘状を送る段階では、エドモンソン教授とエドナ夫人を招待枠に入れていなかった。

インディアナ大学は、安部から届いた招聘状を教授会に諮《はか》り、野球部どうしの交流を超えて大学教育の一環として早速行くことにした。選手は安部が指定したように一二名、監督はレヴィス、浮いた一名分は、院生のミントンをアシスタントコーチ（助監督）にして行かせることにした。さらに、引率責任者として男子学生部長のエドモンソン教授を任命した。レヴィス監督夫人はすでに招待されているのでそのまま認め、新たにエドモンソン教授の妻エドナ夫人を「特派員」（記録報告係）として随行させ、総勢一七名で行くことにした。

結果は惨敗。だが、問題はここからだ。戦績に囚われると見えなくなってしまうものがある。早稲田大学および安部磯雄は何を考えて招聘したのか。インディアナ大学はどのように応えたのか。野球以外のことにも眼を向ける必要がある。

❺チームを結成するまで

安部磯雄の招聘状は、大正一〇年一二月一七日の日付であった。翌年の一月初めにはレヴィス監督のもとに届いたはずだ。日本へ行くのは、安部教授の提案により四月末から五月中、遅くとも六月半ばまでに試合数を消化しなければならない。日本では春の野球シーズンが終わるころだ。梅雨に入るし炎暑の季節が始まる。野球をするには気候がよくない。というわけで、四月中旬に来たわけだ。招聘に最速で応じたのである。

アメリカの大学チームは春は弱い。夏休みに猛練習を積み、秋になると俄然強くなる。春学期（一月～五月）が終わると四年生は卒業するし、三年生以下の学生は履修していたスポーツ科目を変更したり辞める者が出てくるので、戦力が落ちてしまう。春に遠征するなら、昨年のうちからみっちり練習を積んで強いチームを作らなければならない。

昨年のワシントン大学は九月九日に来日した。築地精養軒ホテル（現在の銀座五丁目にあった。本書では「精養軒ホテル」も用いる）に投宿し、一週間の休暇のあと試合に臨んだ。試合は雨天続きで何度か順延されたが、早稲田球場で早稲田と四試合、慶応と三戦した。続いて一〇月中旬、大阪に行き鳴尾球場（西宮市にあった）で早稲田と三

焼失後の帝国ホテル。翌日に撮影したか。㊁（写真㉟）

試合、それから九州に行き、八幡製鐵所の新しい球場で早稲田と二試合、大阪の鳴尾球場に戻って関西スターと一試合、ダイヤモンド倶楽部と一試合をして帰った。

ほかにも試合をしたらしいが確認できなかった。最終戦は一〇月二三日、日本滞在は四五日間。早稲田と九戦して五勝四敗の好勝負、慶応大学とは三戦して三勝した。『慶應義塾野球部史』に「21試合中、早大に3敗したのみで帰国した」とあるのは訂正を要する。正しくは四敗したが、それにしてもすごい勝率だ。法政大学とも試合をしたようだが確認できない。予定はしていたが天候による順延続きでできなかったのかもしれない（HOSEIミュージアム、北口由望氏ほかのご教示による）。

今年のインディアナ大学の日程は、昨年のワシントン大学を先例にして組まれた。やはり築地精養軒ホテルに泊まり、一週間の休みのあと試合に臨んだ。当初、帝国ホテルに宿泊するはずだったが、イギリスのウェールズ王子一行の宿泊に当てられたので急遽変更された。前年までウェールズ王子は赤坂離宮に泊まることに決まっていた。だが、四月二六日に帝国ホテルの本館が全焼し、インディアナ大学一行は被害を受けずに済んだ（写真㉟）。そして、ワシントン大学と同様に東京から関西へ移動して試合を続けたのであった。

❻トライアウト（実技試験）で選ぶ

チーム力のつかない四月、しかも春学期の最中に来たのだから練習不足である。良い戦績は望めそうもない。どうして、この時期に来日したのかを考える必要がある。日本遠征をどう捉えていたのか。

早稲田側は来日したチームの練習を見て弱いことがすぐわかった。『五十年史』に、「前年に於ける優秀なる選手はすべて卒業し、僅かに投手ウォーカー、三塁手ラックルハウスの二選手を残せるのみ、チーム力は殆ど半減されていた」とある。昨年ブルーミントンで戦った強力な選手がごっそり抜けていたのである。

エドモンソン教授は、来日直後のインタビューに、「ギルバート、ラックルハウス以外は新選手」（『野球界』六月号）と答えている。名投手ウォーカーをあげていないのは、記者が聞き漏らしたのだろう。もう一人の投手、ギルバート（Ward Otto Gilbert）は昨年のブルーミントンの試合には出ていない（一塁手・右翼手も）。有田不二雄（投手・一塁手）は「私共《わたしども》が、米国遠征当時のプレイヤーは投手ウオーカーと、三塁手のラツクルハウスのみ」と述べて、ギルバートをあげていない。昨年は選ばれていなかったのである。

来日を伝える「東京朝日新聞」（四月一五日）は、ラックルハウスを外野手とするが、日本では専ら三塁を守った。レヴィス監督は日本に来て、ふだんの守備と違う起用をした。出発前の学内紙と思われる新聞の切抜きによれば、レヴィス監督は、早稲田の右投手のカーブを警戒して左バッターを多用し、打ち崩す作戦を立てていた（Levis has plenty of southpaws to face Jap curves.）。ラックルハウスは外野手であるが、左の好打者なので三塁を守らせ、別の左バッターを外野手にまわすとある。左バッターの多用作戦である。

だが、早稲田には左腕の名投手、谷口五郎がいる（写真㊱）。昨年の米国遠征では三八試合を一人で投げたようなものだった。投手の松本終吉と有田富士夫が渡米中病気にかかり登板できなかったのである。レヴィス監督は昨年ブルーミントンで谷口の投げっぷりを見ているから凄さを知っている。ならばどうして左打者を多用するのか。効果があるとは思えない。

　谷口が出てきたらどうするのか。簡単に打てるわけがない。事実その通りになった。チームが弱い決定的な理由があった。年度が替わり優れた選手がごっそり抜けようとしていた。ある者は卒業を控え、ある者は別のスポーツ科目を履修しようとしていた。そういうなかで去年活躍したウォーカー、ラックルハウスのほかにリンチ（Harold Lynch, 左翼手・右翼手）、キッド（Robert Kidd, 捕手）などが残っていた。昨年、リンチとキッドは代表チームに入れなかった。今年はトライアウト（実技試験）に挑戦して選ばれ、日本へ行けることになった。

　どういう選手が残っていたのか詳しく見てみよう。昨年の『年鑑』（インディアナ大学の学生が編集）にチーム（一軍・二軍）の集合写真がある。この写真は実物があるし（IUアーカイブ室）、学内新聞に掲載された。「1921 CRIMSOM BASEBALL SQUAD」（深紅の野球チーム）と見出しがあり、監督・選手など三四名の名前が記されている。「深紅」

早稲田チームの投手。右より、堀田、柳田、谷口選手。両チームのブロマイド（絵葉書）が作られ、試合前に全選手に配布された。ほかに捕手（永野・宮崎）、内野手（井上・梅川・松本・有田）、外野（大下・加藤・田中）のブロマイドがある。㋑（写真㊱）

はインディアナ大学のシンボル・カラーである。胸に「INDIANA」と文字の入ったユニホームを着ている一四名が一軍であろう。そのなかにウォーカー、ギルバート、ラックルハウス、リンチ、キッド、ミントンの六名がいる。ミントンはまだ学部生であった。有田不二雄は、ミントンは名捕手だった、と述べている。ことし卒業して大学院に入った。かれらは去年から一軍選手であったのである。レヴィスはすでに監督だった。かれだけウィンド・ブレーカーを着ているのはそのためだ。

なお『野球界』六月号に、右の『年鑑』と同じような集合写真が大きく載っており、「全盛時代に於るけ《ママ》インヂヤナ軍の陣營」とある。だが惨敗して帰国した後に撮った写真であり、「全盛時代に於ける」はふさわしくない。ラックルハウスの「アルバム」に、日本遠征を伝える新聞記事がたくさん貼ってある。地元紙「インディアナポリス・スター」(The Indianapolis Star)、学内紙「インディアナ・ディリー・スチューデント」(The Indiana Daily Student)、日本で発行されていた英字新聞「ジャパン・アドバイザー」(The Japan Advertiser)から切り抜いた記事と思われる。

それらを読むと、ミントンは昨年(一九二二)六月インディアナ大学を卒業し、法学部大学院に進んだ。学生時代はフットボール・チームのキャプテンとして活躍し、その一方、野球チームで三年間プレイした(played baseball for the allotted three years for the Hoosiers)。「フージャーズ」(インディアナの男たち)はスポーツ・チームの愛称である。チームに所属できるのは学生時代の三年間であり、大学院生になった今年は選手になれない。それでアシスタントコーチ(助監督)に任命されて来日したのである。二二〜二三歳と思われる。

一方、レヴィス監督は一九一六年にウィスコンシン大学を卒業した。野球とバスケットボールの有名選手だった。かれも三年間、野球チームでプレイした。インディアナ大学の大学院を修了し、体育の教員になったらしい。冬シーズンはバスケットボール、春シーズンは野球の指導に当たっている。非常勤講師かもしれない。二八〜二九歳と思われる。

以上をまとめると、昨年から五名の選手が残っていたのである。ウォーカー、ラックルハウス、ギルバート、リンチ、キッド。いや、実はもう一人メイサー（Leland Macer）がいた。集合写真に写っていないのは休んだのだろうか。これに新人六名を加えて一二名の遠征チームを結成するのである。監督はもちろんレヴィス、ミントンはアシスタントコーチに昇格、主将はシューラーからウォーカーに替わった。シューラーは昨年の集合写真にいるが卒業したのだろう、遠征チームに選ばれていない。

一二名の選手が決まるまでをたどってみよう。春シーズンが始まる前に全学生に向けて、野球を履修すれば日本へ行ける、と知らせた。もちろん一軍（代表チーム）に選ばれた場合だ。希望者を集めてトライアウト（実技試験）を試みた。うまい選手を選ぶのである。昨年は一軍に入れず二軍にいる選手も挑戦した。全員を公平・平等に扱った。

日本ならば野球部員から選抜するだろう。それとまるで違う。学内紙と思われる新聞の切抜き記事（ラックルハウスの「アルバム」）に、「大学教育（一般教育課程）の一環として（as part of their college education）二ヶ月間の日本旅行を行なう」とある。大学教育として遠征するのだから、全学生に知らせて希望者を募り、みんなの前で実技試験をして公平に選んだ。ゆえに代表チーム（the varsity team）である。

くりかえしておこう。レヴィス監督は安部教授から届いた招聘状を男子学生部長のエドモンソン教授に報告した。かれは男子学生の生活・スポーツ活動を統括する役職だから教授会に諮《はか》った。「大学の教授陣は（the Faculty）この申し出（安部教授の招聘状）を承認し、監督・コーチは早速、桜の国へ行く長い旅立ちをするまでのわずかな日数のなかで、最高の選手を決定するべく熱狂している」と書いてある。

インディアナ大学は、野球チームに対する招聘というより大学に対する招聘として応諾したのである。男子学生部長のエドモンソン教授がチームの監督より上の立場、大学の任ずる引率責任者として来日したのはそのためである。安部教授はたしかに監督に宛てて「招聘状」を出したが、野球チームは春シーズンに開設される体育科目である。したがって、急いでチームを結成し、充分な練習期間がとれないまま来日することになった。これが真相である。なんとも生真面目な対応をしたのである。

これも学内紙と思われる新聞の切抜きに、二月二八日（火）午後、五八人の応募者があり、ほとんどが間に合わせの服装で集まった、とある。ユニホームを着ていない、つまり野球科目を履修したことのない学生が多かった。まだ寒い季節なのでグラウンドではなく体育館に集められた。春シーズンが始まる前日であった。

レヴィス監督はまず実技をさせて、午後二時半〜三時半（一時間）と三時半〜一八時（二時間半）の二グループに分け、以後の練習を行なうことにした。練習時間の短い方が二軍、長いほうが一軍グループだろう。遠征チームは一軍グループに入った者から選ばれる。レヴィス監督は昨日、冬シーズンのバスケットボールの指導が終ったばかりであった。早速、春シーズンの野球科目の履修者を募り、併行して日本へ遠征する一二名（代表チーム）を選ぶことにしたのである。

フットボールは秋シーズンの科目である。春・秋・冬の三シーズンを連続で履修すれば、春は野球、秋はフットボール、冬はバスケットボールが履修できるので、どれも得意という選手が出てくる。ミントン、ラックルハウスはフットボールの一軍選手、ラックルハウスはバスケットの一軍選手である。レヴィス監督はかつて野球、バスケットボールの名選手、エドモンソン男子学生部長は野球、バスケット、フットボールで活躍した。ちなみに学長のブライアン教授は学生時代、野球の一軍選手であった。

レヴィス監督は最初に集まった学生にカードを渡し、希望のポジションを書かせた。内野手は二八人、外野手は一〇人、投手は一五人、捕手は六人の希望者がいた。合計すると五九人になるのは一名の重複希望者がいたのだろうか。このなかから六人を選ぶのだから五〇人以上が不合格になる。不合格者は体育科目としての野球を履修することになる。

レヴィス監督は、昨年一軍チームで活躍した投手のウォーカー投手、右翼手のラックルハウス（日本では三塁を守った）、二塁手のメイサーを三本柱に、ギルバート投手、リンチ右翼手、キッド捕手を加え、あとの六人は応募者のなかから選んだ（リンチ、キッドは二軍選手であったがトライアウトを受けて選ばれた）。ウォーカー投手には、すでに一月初旬からアシスタントコーチのミントン（元捕手）の指導のもと体育館で投球練習をさせている。招聘状が届くとすぐ始めさせたのだろう。別格扱いである。

先にふれたレヴィス監督の左バッター多用作戦について補足しておく。かれは次のように考えた。今年は左バッターが多いので日本の右投手を打ち崩せるはずだ。球筋が見えやすいからだ。ラックルハウス、デニー（Rankin Denny）、カイト（Dorsey Kight）、サウスウィック（Southwick）は左バッター。ウィッチャーマン（Walter Wichterman）も左バッターで右投手に非常に強い。

だが、早稲田には左腕の名投手、谷口五郎がいる。左バッターが多すぎると不利になる。そこで考えたのが、谷口が出てきたら、左バッターを替えて右バッターを出す、という作戦である。右投手が出てきたら、左バッターを多用する。こうすれば右投手のカーブが攻略できるし、左バッターが多いチームの難点がカバーできる。最初から谷口が出てきて連投したらどうなるか。監督はわかっているのだが、こんな方法しかなかったようだ。

ゴロをうまく捕る内野手も選びたい。デニーは一塁手を希望している。スロート（Joseph Sloate）は二塁手だが、ハイスクールでは外野手だったから、どちらも守れる。カイトはオールラウンドの内野手だ。メイサーはハイスクールで二塁手をしていたので、スロートに何かあったとき交替できる。だが、候補にあがっていたサウスウィックは選ばれなかった。左打者が多くなりすぎるという理由だろうか。

ウォーカーは右投げだ。左投げのピッチャーも用意したい。ギルバートは左投げ、ゴース（Harry Gause）は右投げである。サイドスローの変則投手スピットラー（Spitler）が遠征チームに入りたいと願っている。かれはゴースと投球練習をしており有力視されていたが、結局、選ばれなかった。投手が三人いるからだろう。

トライアウト（実技試験）は、二軍にいた捕手のキッド（Robert Kidd）とキーファー（Kiefer）、内野手のレイモンド（Raymond）も受けた。キッドは一月初旬からウォーカーの投球練習の捕手をしていた。当然選ばれたがキーファーとレイモンドは選ばれなかった。

主力選手になるはずの三塁手メイナードは辞退したのか、遠征チームに入っていない。経済的な理由だろうか。前にラックルハウスが日本に行く費用二〇〇ドルをレヴィス監督に支払ったことを述べた。チーム全体の費用は早稲田大学が出してくれるのだが、選手個人も多額の参加費用を出して来たらしい。そのため参加できなくなった選手もいたのではなかろうか。

こうして一二名の選手が決定した。日本へ行く三週間ほど前だった。大学同窓会誌の記事に（エドナ・コレクション）に、まだ冬なのでほとんど体育館で練習するしかなかったとある。練習できたのは実質的に二週間くらいである。招聘状が届いて三ヶ月が経つ。その間はまだ野球のシーズンではないから何もできない。春シーズンの到来とともに選手選考にとりかかった。だが選ばれるはずなのに選ばれない、あるいは選ばれたけれど辞退した選手もいたのである。

❼単位履修

気になるのは選手たちの単位履修をどうしたかである。春学期は一月から五月までの約五ヶ月間、そのうち二ヶ月間を欠席するのだから普通に考えて単位取得はギリギリだ。教授会のスポーツ委員会（the faculty athletic committee）で検討した結果、選手たちは教室から離れて（単位履修を諦め）、春学期のあとのサマー・スクールに出て補うことになった。大学は春学期の授業を繰り返してくれたのだろうか。単位をすべて補えられたかわからない。

四年生は、サマー・スクールは卒業後に開講されるので出席できない。原則として四年生は遠征チームに入れないのである。しかしギルバートには特例が認められた。

ギルバートは一八九四年あるいは一八九五年の生まれ、一九一二年九月二四日にインディアナ大学に入学。専攻は化学。三年生のとき休学し、翌年復学した。また四年間ほど休学して一九二一年一〇月に復学した（先の『年鑑』に掲載されている集合写真は復学後に撮影された。背景の葉の落ちた木々のようすでも季節がわかる）。そして翌年六月、日本遠征から戻ってから卒業した。卒業後、インディアナ州の高校で化学の技術助手（Phisical Director）をした。

大学を休学していた一九一七年一二月〜一九一九年七月は、アメリカの第一次世界大戦参戦に伴い海軍に入隊していた。徴兵証書によると、入隊以前はココモ鉄鋼・ワイヤー会社で化学関係の助手をしていた。大学を中途退学して働いたのか、夏の間のアルバイトであったのかもしれない。また、第二次世界大戦中はみずから徴兵カードに名前を記入している。このとき四九歳であった。父親は農業をしていた。姉妹は六人いた。

なお、かれは『年鑑』によると、一九一二〜一三年、つまり一年生のとき野球とバスケットボールを履修している。一九一三〜一六年と一九二一〜二二年はバスケットボールの代表チーム、一九一六年と一九二二年は野球の代表チーム、一九一四年は陸上競技の代表選手であったと記されている。以上、ＩＵアーカイブ室長のディナさんが調べてくださった。

いずれにせよ、ギルバートは日本に遠征したとき四年生であり、二八〜二九歳になっていた。休学期間が長くほかの学生と違うが、野球チームに選ばれる資格をもっていた。

新聞記事を探すと、投手のウォーカーは「チームに入って三年目」（third year on team）とある。「三年目」はかれだけだ。「二年目」はギルバート（投手）、キッド（捕手）、ラックルハウス（中堅手・右翼手）、リンチ（左翼手）である。ちなみにラックルハウスは船上で二一歳の誕生日を迎えた（四月一一日）。残りの七人は「一年目」である。入部年数イコール学年とは限らないが、ギルバート以外は学年と見てよいだろう。

この推測が正しければ、三年生（三年目）は一名、二年生（二年目）は四名（ギルバートは特例で四年生）、一年生（一年目）は七名、というチームを結成して来日したのである。履修一〜二年目の選手が大部分を占める。これに練習不足が重なるわけでチームが弱い原因となったことはいうまでもない。

くりかえそう。二月二八日（火）、遠征の参加希望者が体育館に集められた。みんなの前でトライアウト（実技試験）をさせ一軍と二軍にふりわけた。さらに練習のようすを見て代表選手（varsity team）を決めていった。日本へ出発したのは一ヶ月後の三月二八日（火）の朝。本格的な練習は実質二週間ほどしかできなかったのである。

それでは、日本の大学では選手の単位取得をどうしたのだろうか。三月末から七月末まで遠征するならば約四ヶ月間大学を休むことになる。夏休みに入るとはいえ、一〇回近く講義を欠席することになる。年間三〇回の授業のうち三分の一までの欠席なら、単位取得資格を認めるのが普通であった。大らかに対処したのだろうか。

一方、インディアナ大学は、春学期の選手たちの単位履修を停止し、帰国後サマースクールを受講させて単位を補わせ卒業できるようにしたのだった。選手たちを特別扱いしないで教育を重視する姿勢は注目してよいと思われる。

❽国際親善・戦争回避

ラックルハウスの「アルバム」に、次のような新聞記事が貼られている。地元紙「インディアナポリス・スター」の記事だろうか。（　）に注解を入れて要約してみよう。

昨年、早稲田大学はアメリカに遠征し、インディアナ州でも何回か試合を行なった。それと同様に、インディアナ大学は太平洋を超えて日本へ行き、一連の試合をしようと計画している。日本（早稲田大学をさす）がこの旅の費用として一二五〇〇ドルを提供する。それは日本が国際的なスポーツを重視していることを明確に示すものだ。

一部の人々は大学がスポーツを重視することに反対を唱える。遠征をしても意味がないと考えるらしい。しかし多くの人々は、幸運にも遠征チームに選ばれ、日本へ行く機会を得た若者たちを祝福するだろう。

インディアナ大学の学生はインディアナ州の出身者が多く、かれらは州外に出たことがない。アメリカ大陸の西部を通り抜け、太平洋を超え、世界情勢に大きな影響を与えている日本に行くことは一生に一度の経験だ。たとえ一〇～一二週間の遠征中に教科書を見なくとも、少なくとも大学の一年分の教育成果(educational benefits worth) に値するものを得ると思われる。

一方、日本の学生は西洋のスポーツ選手と交流（contact）し、アメリカの理想（American ideals）をより深く理解し、後々、両国の友好関係を維持するために必要な影響力を発揮してくれるだろう（in later years they will exert a needful influence in maintaining friendly relations between the two countries）。

日本へ遠征して何か意義があるのかと疑う人が多かった。これが学内新聞だとすれば、遠征反対を唱える人が学内に多かったことを示す。それへの反論、遠征賛成論である。

選手たちは日本へ行き、普段の大学生活では得られない大きな精神的収穫を得る。また、試合・交流をした日本の学生たちは、両国の友好関係を維持する日本側の土台となってくれるはずだという。両国の将来を若者たちの交流に託しているのである。日本の国力を高く評価していることも注目される。

選手たちの故郷を調べると、ほとんどがインディアナ州の小さな田舎町である。当時の人口を調べると五〇〇～一〇〇〇人ほどの小さな町から来た選手が少なくない。投手ゴースの故郷ミルトンは人口五八〇人、捕手クレーのノースセイラムは五九五人にすぎない。遊撃手カイトのローウェルは一一九七人、中堅手《センター》ウィッチャーマンのヘイガーズタウンは一二三八人である。投手ギルバートのコーコモー（ココモ）は約三万人、二塁手スロートのアクロン（オハイオ州）は約二一万人、一塁手デニーと外野手ラックルハウス（日本では三塁手）の故郷インディアナポリスは約三一万人であった。

大都市インディアナポリスの出身はたった二人、大学のあるブルーミントン育ちは一人しかいない。遠くオハイオ州やミシシッピ州から来た学生もいる。

教授会の結論はこうだった。インディアナ州の田舎町に育ち、州外に出たことのない学生たちに、世界に大きな影響を与えている、海のかなたの日本を見せたい。日本の若者にはアメリカが何を理想としているかを理解してもらいたい。日本を理解すること、精神的な交流に努めることが大切だ。

簡単に海外に行ける時代ではなかったから、なおさらそう考えたのである。インディアナ大学チームが日本に来て、だれもが感心する模範的な態度で試合をしたのは、遠征の意義・目的をよく教えられて来たからだろう。大学教育の一環として遠征するというのはそういうことだったのではないだろうか。

右のような考え方の背景に、第一次世界大戦後の世界情勢があったことは否めない。アメリカはアジア進出を狙って成果を見せつつあり、日本もアジア進出の途上にあった。両国は正面から向き合わなければならない時期に来ていた。一方、ハワイやカリフォルニアでは日本人移民の増加に伴なって人種差別が頻発するようになり、両国は鋭く対立するようになっていた（Ⅷ「コールマンを評価」）。

「日米開戦、遠からず」と説く著書がすでにあらわれていた。明治四四年（一九一一）二月に、望月小太郎訳のホーマー・リー著『日米必戰論』（Hormer Lea, 英文通信社）が刊行された。訳者の望月は大隈重信と親しい関係にあった。八ヶ月後の一〇月、今度は池亨吉の訳で『日米戰爭』（博文館）と題を替えて刊行された。かなり売れたことはあきらかで二週間後三版を数え、翌年には二〇版を超えた。日露戦争（一九〇四〜〇五）以後、世界は急にあわただしくなった感がある。

この問題を日本人も論じた。平元兵吾（生没年未詳）は大正九年（一九二〇）五月、『日米戰ふ可きか』（目黒分店）

を出版した。比較的薄い本であるが、アメリカが財力を拡大し軍備を増強しつつある今日、日本は攻撃される前に国防を充実させるべきだ、と両国の軍備を比較して説いている。第一次大戦後、日本に与えられた遼東半島の権益をめぐってアメリカは日本に強い力で変更を迫った。その姿勢はさらに強まっている。そういうわけだから、日米間に戦争が起こりうることを考えない平和論は現実を無視した妄論だと批判する。戦争をする場合と戦争をしない場合の両方を想定して現実的に対策を練るべきであり、とにもかくにも国防のために軍備を増強すべきだというのである。

安部磯雄も戦争に関する本を出した。『地上の理想國　瑞西《スイス》』（平民社　明治三七年五月〈序文〉）は、ドイツ・フランス・イタリアなどの列強に囲まれたスイスが永世中立国を堅持していることに学ぶべきだという。日本はロシア・アメリカ・清国などを隣国にもっている。スイスの政治や軍備に学んで東洋の「平和の宣傳者たる天使《エンゼル》」になるべきだ。それが日本の生き方であろうという。

また、『現代戰爭論――兵力と國利の關係』（大正元年九月　博文館）は、イギリスとアメリカで活躍したラルフ・ノーマン・エンジェルの主張を翻訳したもの。世界は国家間の経済上の相互依存が進み、交通・通信の技術も進み、武力衝突＝戦争が無意味な時代に入ったという。イギリス・ドイツの対立を念頭にそう考えている。安部はこの世界認識を支持し、日本の経済力を発展させ国民生活の向上を目指したいと考えている。

エンジェルの考えは、やがて第一次世界大戦が起こったから見当違いなのだが、そこまではまだ認識されていなかった。ちなみに述べておけば、安部とほかの戦争論者を比較すると、安部の特色は理想主義に強く傾くところにあり、そこが批判を招きやすい。だが、その路線上にかれのヒューマズムがあり、関係国との親善維持を目指す野球交流の企画もあるわけで、批判のみで済むとは思われない。複眼的に捉える必要がある。

もと陸軍中将の伊藤鋼太郎（一八六二～一九二三）は、平元の著書より半年後の一一月、同じく目黒分店から『日米若し戰はば』を刊行した。巻末の宣伝ページに、すでに平元の著書が三版を重ねたことが紹介されている。両著ともかなり売れたようだ。主張はほとんど変わらない。ともにアメリカ、イギリス、日本の三国が協力して世界平和を推進すべきだと考えている。二人の基本的な考えであった。

しかし、アメリカが「東亜六億の民人を救済すべき帝國（＝日本）の使命を無視し、我帝國の死命を制せんとする」ならば、日本が「反抗」してもアメリカ国民とて理解するだろう。そうならないためにも「軍備さへ強大であつたならば」攻めて来るまいと思われる。つまり国防のために軍備に努めるべきだという。

日本へ野球チームを遠征させる理由はどこにあるのだろうか。根底に日米親善、相互理解、突き詰めれば戦争回避が願われていた。ならば日本側は何を考えていたのか。

すぐあとで紹介するが、インディアナ大学の歓送会で留学生の杉山修一郎は、早稲田大学がなぜアメリカの大学チームを招聘するのか、その理由を語っている。アメリカの知識層に親日的な感情を誘起するために大学チームを呼んで交流している、というのである。早稲田大学ＯＢの杉山はそのように理解していた。

詳しいことはすぐ後に述べるので簡単にふれよう。同趣旨の方針は大隈重信がすでに昨年九月、招聘したワシントン大学の野球チームを自邸に招いて語っている。「海を隔てた両國の青年達が、野球（競《脱カ》）技の上に温《ママ》い握手をする事は、軈《やが》て日米親善の楔子《くさび》となる。世界平和は、スポート《ママ》、藝術の方面に依つて健全に招致される、それは執拗なる利害関係を離れたものであるからである」（「大正十一年大隈總長の薨去」『早稲田大學野球部史』明善社　大正一四年四月）。

「執拗なる利害関係を離れ」るとは、政治上の対立やかけひきを離れて日米間の親善を図り、戦争を回避する、ということにほかならない。大隈は四月に政界を引退し、早稲田大学の初代総長に就任していた（のちに復帰して第二次内閣を組織し首相に就任）。国際親善、世界平和の実現のために芸術が必要であり、若者どうしのスポーツ交流が必要なのだ、と語ったのである。早稲田大学は当時、このような方針で日米大学野球交流を行なっていたのである。

招聘されたインディアナ大学も、同じように考えており、提案に同意して来日したのであった。さらに目を転じると、大正九年（一九二〇）秋、東京で開催された「第八回世界日曜学校大会」における「世界同胞主義」宣言とも一致している。これもあとで詳しく述べるので簡単にふれるが、開催を推し進めたのは澁澤榮一であり大隈重信であった（Ⅷ安部磯雄とコールマン夫人）。そしてインディアナ大学チームを歓迎するレセプションで、鹽澤昌貞学長と野球部の副部長を務めた高杉瀧藏がともに同じ趣旨のスピーチをしている（Ⅶ「早稲田大学の歓迎会」）。澁澤、大隈、鹽澤、高杉、これらの人々はほとんど同じことを考えていた。そして安部磯雄は、『米國野球遠征』（大正一〇年一〇月）を読むとやはり同じ趣旨の訓話を選手たちに熱く語っている。世界と日本を比較し、アメリカ留学の必要性を熱く説いた。多忙な日程を縫ってハーバード大学に連れて行き図書館等を見学させた。アメリカのプロ・チームの試合に連れて行き（計八回）、あるときはベーブルースのスィングを見せた。黒人のプロ野球を見せた。黒人は当時、白人チームに入れなかった。また、ニューヨーク州バッファローではキリスト教関係者の家庭に一名ないし二～三名ずつ二泊三日のホームステイをさせ、たいそう歓迎された。米国遠征は安倍イズムというべきか、かれ独自の教育的理念に基づいたものであった。

野球の試合をし、アメリカを観察し、世界を知ること、そういう体験と教養を学生時代に身につけて社会に出て活躍すること、それが野球交流に込めた安部の願いであった。

『米國野球遠征』は、安部磯雄が引率した第四回米国遠征の帰国後にまとめられた報告書である。選手たちの見聞記・エッセイが多数掲載されている。「亜米利加の軍備」（中堅手　田中勝雄）、「武士道と運動精神」（主将・一塁手　高松靜男）など。そのなかから「スチールゴツド」（盗塁王）なる人物が書いた「奇譚珍談ワセダみやげ」のエピソードをあげてみよう。監督か主将が偽名《ペンネーム》を用いて書いたと思われる。

レストランで居合わせたアメリカ人が日本人に対する差別発言をした。いつもは極めて温厚な石井順一（三塁手）が得意の英語でまくしたて、「米國は自由《リバーティ》を標榜し、市民平等を標語《モットウ》とする國ではないか、何だな察するに、貴様は亜米利加人の様な顔をしてゐるが本當の米國人ぢやあるまい」と啖呵《たんか》を切った。曰く、「あんな奴がゴロくしているから日米戰爭の様な忌はしい噂なんかも起るんだ」と憤った。いずれ開戦か、という噂は学生たちも知っていたし、気になっていたのである。

その一方、監督の飛田穂洲（忠順）は「米國の國民はスポートに對して非常にピュアな氣持ち」をもっており、「決して彼等は片意地な事をしない。味方も愛する代はりに敵をも憎《に》くまない」（「米國で感じた事」）と報告している。スポーツマンシップの国を見たというのである。これは大隈のいう「世界平和」の実現に必要な「利害関係を離れたもの」にあたるだろう。

そもそも安部が「野球武者修行」を企画したのは、かつてロンドンで英米選手の繰り広げる陸上競技会を実見したからであったろう。障壁もなく愉快に進行するのを見て、スポーツは国民に元気を与え、国際親善を推進すると気づいた。そこから、「血河屍山《けつがしざん》の惨事を生む戰爭に代はるべき将來を想うて、深き意味の存するあるを感得」した。安部の継承者というべき飛田忠順が安部の語った体験談を紹介している（「米大陸野球轉戰記」『中央公論』四〇〇号記念號　大正一〇年九月。『五十年史』に転載）。

安部には〈戦争を未然に回避する〉という思いがあった。澁澤も大隈も同じであった。だからこそ世界情勢を憂えて、両国の未来を託すべき若者たちにスポーツ交流が必要なのだと考えたのである。もちろん野球で戦争が回避できるわけがない。平和な世界を生みだす第一歩を創ろうということだ。日本側とアメリカ側が同じように考えて野球交流が企画され実行されたといってよいだろう。

以上、インディアナ大学と早稲田大学は、日米関係の将来を危ぶみつつ国家と言語を異にする若者たちの交流を推進した。激動する世界のなかで、若者はどう生きるべきかを考えさせ、日米関係の将来をかれらに託す意図が込められていた。そのための環境をととのえることが大人たちの責務であると心得ていた。両大学とも同じような考えのもとに野球交流を始めたことを私たちは記憶に留めてよいだろう。

試合に勝つ、それだけが目的であるならば、インディアナ大学は全学生に呼びかけて選手を選んだりしないだろう。監督の判断で優れた選手を集めてチームを作り、すぐ厳しい練習を始めたはずだ。平日も夏休みも練習に明け暮れ、強いチームを作り上げて秋学期に来たのではなかろうか。

だが、そうはしなかった。学生の教育のために日本へ行くという姿勢を崩さず、招聘に速やかに応じてやって来た。訪問交流をし、学生の徳育・人格形成を図る。安部自身も大学教育とスポーツは切り離せない関係にあると考えていた。

それでは、引率責任者のエドモンソン男子学生部長は何を考えていたのだろうか。学生に語った訓話を紹介しよう。三月二七日（月）、第二回の年次総会《コンパ》（the second annual banquet）がキャンパス内の男子友愛会館（Delta Upsilon fraternity house）で開かれた。思えば一〇年前、エドモンソン教授とエドナ夫人はこうした友愛団体の集まりで出会って愛が芽生えたのだった。

コンパは日本へ行く喜びで最高潮に盛り上がり、音楽を奏でてお祭り騒ぎ（festivities）になった。やがて終わるころ、監督、主将、アシスタントコーチ、そして日本人留学生が次々とスピーチに立った。最後に、エドモンソン教授がビシッと注意（a serious note）を与えて閉じられた。学内紙「インディアナ・ディリー・ステューデント」（一九二二年三月二八日, IU NEWSPAPERARCHIVE）から引用する。

今夜のコンパは楽しかった。だけど喜んでいる場合ではない。みんなのはしゃぎぶりを大目に見ておくわけにいかない。単に野球の試合をするために日本に招待されたのではない。今回の招待には、そのレベルを超えた国際的意義がある（This is more than a baseball proposition. It takes on an international aspect.）。習慣のまったく異なる外国へ行き、ライバル心をむき出しにするような試合を何試合もこなすことになるし、かつ重大な役目があることを忘れないで行動してほしい。

「他国へ行って激しい戦いをするんだ。しかし、そのためにだけ行くんじゃない。国際的な意義を果たすために行くんだ」。エドモンソン教授は厳しい口調で諭した。先にあげた安部の招聘状に、「私たちが三年後の一九二五年（大正一四年）にアメリカへ遠征するときは一三〇〇ドル（約六二二円）を提供していただきたい」とある。どちらの大学も四年に一度、相互訪問をして国を超えて友情と親善を深めることで合意していた。エドモンソン教授はそのために行くことを忘れるなと教えたのである。

エドモンソン教授の前に、杉山修一郎（Shuichiro Sugiyama）がスピーチをした。杉山は日本に行ったら注意すべき行動やマナーがあるとアドバイスをし、試合には常に三万人以上の観衆が集まる、君たちはそういう大勢の観衆の前で試合をすることになる、と語った。そして、日本の国歌と早稲田の校歌を大声でうたって大喝采を博した。

早稲田の学生は国歌と校歌をよくうたったらしい。大正一〇年の米国遠征では、選手三人がニューヨーク州バッファローのアメリカ人家庭にホームステイすることになった。かれらはピアノ演奏など特技がないのでと断って、日本の国歌と校歌をうたった（「東北三人ぐみ」『米國野球遠征』）。

実は三日前の新聞（学内紙か）に杉山の談話が載っている。エドモンソン教授はそれを読んで、コンパに招待してスピーチをさせたと思われる。見出しは「杉山、日本遠征に賢察を語る――親愛感・友情を生みだす」。興味深いので引用しよう。

インディアナ大学にとって、日本遠征ほど有益なことはありません。野球は日本人にとって国技です。学生たちは夏も冬も野球をします。街の人々が大勢試合を観に行きます。政府も関心をもちます。アメリカのどの州から来たのか、みんな話題にします。

留学したいと思っている学生は、友人のアドバイスや伝聞で海外の大学を選びます。日本遠征はインディアナ大学を知ってもらうための良い宣伝になります。

早稲田大学は数年前から、さまざまな大学に日本に来て試合をするよう働きかけています。ウィスコンシン大学は二回、シカゴ大学は三回、ほかにもいくつかの大学が招待を受け入れて来日しました。

招待する理由はふたつあります。ひとつは、大学間の親睦を深めるためです（to increase the good feeling between schools）。もうひとつは、アメリカの最も知的な人々の間に、親日感情を生みだすためです（to promote a pro-Japanese feeling among the most intelligent classes in the United States）。現在の半ば敵対的な感情（this half-antagonistic feeling）は、アメリカの人々がもっと多く日本を訪れて、日本人の暮らしぶりに接することによって払拭されるはずです（could be dispelled by actual contact with circumstances）。

この記事の最後は「杉山はそう明言した」（declared）で閉じられている。コンパでも同じ話をしたのだろう。野球はアメリカの国技だが日本でも同じだ。どちらも国民が最も楽しんでいるスポーツだ。アメリカのチームが日本に来て試合をし、選手どうしが友情を深め、大学どうしが親睦をはかる。日本の各地で試合をし、多くの人々に試合を見て楽しんでもらい、アメリカの選手には日本の現実を見てもらい、日本人とふれあってもらう。そうすれば、いま問題になっている日本人に対する敵対的な感情や人種差別はおのずと消えるはずだ。

早稲田大学はそう考えてアメリカの大学チームを招待している、というのである。まずアメリカの知的階層に親日感情をもってもらい、徐々にアメリカ国民へ広めていきたい。早稲田大学はそう考えていたらしい。

杉山の談話にはひとつだけ間違いがある。ウィスコンシン大学の来日は明治四二年（一九〇九）の一度きりで、招待したのは早稲田大学ではなく慶応大学である（早大の一勝二敗。東京）。記憶違いだろう。シカゴ大学が三回来日したというのは正しい。明治四三年、早稲田大学の招聘で第一回の来日をし（早大の六戦六敗。東京・大阪）、以後約五年ごとの招聘により大正四年（一九一五）に二度目の来日（早大の三戦三敗。東京・大阪）、大正九年に三度目の来日をした（早大の二勝四敗一引分け。東京・大阪・京都・名古屋）。都合三回の来日で合計一六試合をし、シカゴ大学の一三勝二敗一引分け、圧倒的な強さを見せつけた。インディアナ大学とまさに対照的である。

なお、杉山はあげていないが、ワシントン大学も早稲田大学の招聘で明治四一年（早大の一勝三敗。東京）、大正二年（早大の一勝一敗一引分け。東京）、同一〇年（早大の四勝五敗。東京・大阪・九州）と三回来日した。こちらは互角の戦いである。

日本を見てもらうには旅行がよい。インディアナ大学は東京・大阪・京都で試合をした。前年のワシントン大学は東京・大阪・九州、前々年のシカゴ大学は東京・大阪・京都・名古屋を転戦した。勝敗を争うだけなら東京で試合をすれば済む。そうではなくて日本各地を広く見てもらい、多くの人々とふれあってもらおうとしている。こういうことも考えて試合をする地域を選んだと思われる。

エドモンソン教授は杉山のスピーチがよほど心に残ったらしい。来日直後のインタビューに「私達の大學へ日本人で杉山君が居ます。この君は二三年前早大を卒業した人ですと云つて同君の名刺を見せた。静岡縣の人である」（『野球界』六月号）とある。杉山は両大学の関係に一筋の光を投げかけたといえるだろう。

ユニークな学生だ。杉山修一郎、と書くのだろうか。インディアナ大学に問い合わせてみた。教務記録が残っていた。一九二一年六月九日に入学、翌年の春学期まで在籍した、とある。専攻・学位などの記載はない。一年間の短期留学生だったらしい。

早稲田大学同窓会に問い合わせてみた。法律にふれるので調べられないという。百年前の名簿が著作権法にふれるのだろうか。本人の名誉を讃えたいのだ。ともかく調べてくれたけれども記録が見いだせないという。杳《よう》として行方知れず。なんとか手がかりを見つけたいものだ。各国各大学、百年前の個人情報の扱いに違いがあることを知らされた。

日本では授業と部活動はまったく別のものだが、アメリカの大学・高校では部活動が単位履修になることが多いという。そうでない場合はクラブ（club）というのが普通で、日本の同好会に似ているという。よって秋シーズンはフットボール、冬シーズンはバスケットボール、春シーズンは野球を履修して、どれでも活躍する選手が出てくる。これも日本と違う。ハーバード大学にオリンピック選手が多いのは、こうした教育方針によるのだという。一言でいえば、文武両立を求める。今でも普通のことだというが、どうだろうか。

先ほどの来日直後のインタビューで、エドモンソン教授がこう述べている。

米國では運動は單に體育奨勵のみでなく、人格養成の爲に必要とされて居る、私の大學では四箇年の内二年間は運動に費やされて居る、學生四千名に對して十五名の運動指導者があり、教授より俸給が多い。（後略）

「人格養成」とは何だろうか。友情、団結、協力、ルールの厳守、勝利を目指す努力、相手に対する尊敬、試合後の融和、そして自主独立などだろうか。それらは社会生活をするための人格的基礎であり、それを入学後二年間のスポーツ教育を通して身につける、ということだろう。

体育重視の教育方針（大学のいわゆる教養課程における）は今のアメリカでもそれほど変わっていないらしい。この姿勢を実行に移したのが大正一一年（一九二二）のインディアナ大学の日本遠征なのだった。野球チームの監督レヴィスは、エドモンソン教授のいう「運動指導者」、すなわち大学の専任教員か非常勤講師であったとみられる。そして重要なのは、エドモンソン教授のスポーツ教育観はあとで述べる安部磯雄のそれとまったく同じであることだ。

最後にまとめを記す。一二名の選手が決まった。さらにレヴィス監督、アシスタントコーチのミントン、レヴィス監督夫人の一五名。以上は安部の招聘枠である。インディアナ大学はこれに引率責任者のエドモンソン教授を加え、その妻エドナ夫人（アシスタント・プロフェッサー）を随行させ、総勢一七名で来日することにしたのだった。

一年目の選手が七人もいた。とはいえ、昨年ブルーミントンで早稲田に惜敗した記憶が残っていた。地元の新聞によれば、雪辱の思いに燃えて日本へ出発したとある。

❾列車でシアトルへ

学内は遠征の話で盛り上がっていた。出発四日前の三月二四日（金）、地元紙「インディアナポリス・スター」に、キャンパスに州知事ウォーレン・テリー・マクレイ（Warren Terry McCray, 一八六五〜一九三八）がやって来て、翌週、日本へ旅立つチームを励ましたとある。選手と握手を交す写真が掲載されている。

いよいよ三月二八日（火）がやって来た。大学の東門から西へ出て一〇分余り歩くとモノン鉄道の駅がある。ここから列車に乗る。実際のモノン市は一二〇キロ余り北にある鉄道の交差する要所だ。ここで特別列車（食堂・寝台車付）に乗り換え、四日間かけて中西部を横断してシアトルに着く。そして四月一日（土）大型汽船キーストーン・ステート号（全長一六三・一メートル、一四一二四トン）に乗って日本へ向かうのである。

二八日のようすを新聞から再現してみよう。午前一一時一〇分、授業が終ると学生たちは直ちに学生会館「ブック・ヌック」（Book Nook）に集合し、ブラスバンドを先頭に駅へ向かった。大学が集合を命じたのである。教室もキャンパスも下宿も空っぽになった。学生、教職員、卒業生、町の人々が三〇〇〇人以上も駅前広場に集まった。エール・リーダーが喉をからして「オールド・モノン」をうたう。ブラスバンドが「インディアナ」を演奏した。一九一七年に発表された、別名「インディアナへ帰れ」（Back Home Again in Indiana）という曲である。今もよく演奏され、日本でもなじみのジャズ・ナンバーであるし、合唱曲としても知られている。人々はアメリカの国旗、日本の国旗、インディアナ大学の深紅旗を手に持って千切れんばかりに振っている。

そのときの写真がラックルハウスの「アルバム」に貼ってある。黒い台紙に白いインクで「行ってきます」(WE'RE OFF) と書いている。列車の最後部のデッキに一〇人ほど、屋根に六人が登っている(写真㊾)。お祭り騒ぎだ。写真をよく見ると縦に六本の折り皺《しわ》がある。ラックルハウスが小さく折りたたんで持っていたか、だれかからもらった折り皺のある写真を「アルバム」に貼ったのだろう。同じ場面をほとんど同じ瞬間に撮した写真が学内紙と思われる新聞に掲載されている。

ブルーミントンの駅前で撮影したという一行の写真がインディアナ大学ＨＰに掲載されている(写真㊲)。しかしこれは、パレードをする前に校内で撮影したのではなかろうか。背景の建物が駅舎ではないからだ(当時の駅舎の写真がインターネットで見られる)。またはモノン市の駅前と思われる。

両方の写真に学長の姿が見える。中央の山高帽子をかぶった人物である。第一〇代学長ウイリアム・ロー・ブライアン (William Lowe Bryan, 一八六〇〜一九五五) は、インディアナ大学出身、西洋古代哲学と心理学の博士号をもつ。心理学の教授を務め、副学長から学長(在任一八九三〜一九〇二)にのぼった。教養大学を近代的な研究大学へと変革した功労者であるという。学生時代は野球の一軍選手であった。安部磯雄の招聘を最終的に承認したのはかれである。

ブライアン学長の改革によって学生数は一三〇〇人余りから七千人ほどに増え、教職員は六五人から三三〇人に増えたという。エドモンソン教授が一〜二年生の数を四千人と述べたのとほぼ計算が合う。三〜四年生の数を足すとほぼ大学全体の学生数になる。

日本へ遠征する話は州全体に知れわたり、大きな出来事になった。いくつか新聞の切抜き記事を見ると、遠征を伝える見出しに「日本侵略者」(Japan Invaders)、レヴィス監督とエドモンソン教授を「侵略請負人」(In Charge of Invasion) などと書いてある。なんとも物騒だ。また、試合結果を伝える新聞は、ベンチ(ダッグ・アウト)の写真の上に大きな活字で「早稲田大学と戦う連合軍司令部」(G.H.Q. DURING WASEDA FRAY) とある。

ブルーミントン駅で撮影したという集合写真。実はIUの校内か、モノン市の駅前と思われる。㋑（写真㊲）

現在、モノン鉄道の跡は遊歩道、サイクリングロードになっている。カーメル市街の近く。著者撮影。

「連合軍司令部」は戦争用語だ。いい気分はしないが、日本でも普通に「米国遠征」という。「遠くに征伐に行く」（広辞苑）という意味だ。これと似ているといえば似ている。興奮気味に送り出したのである。しかし不穏な匂いがどこかしら感じられる。いずれ日米は開戦するだろう、という噂が広まりつつあったからだ。

午前一一時三九分、一行を乗せた列車が群衆のなかをゆっくりと動き出した（出発時刻等が資料によって少し異なる）。

⑩試合日程と戦績

日本に来てからの試合日程と戦績を述べよう。当初一二試合をする予定だった。だが意外なことにインディアナの新聞（紙名不記）は、早稲田大学と少なくとも二試合をする、と書いている。たった二試合だ。実際は早稲田と七試合、慶応と三試合、大阪オールスターと一試合、合計一一試合を行なったのだった。

実は大阪オールスターと試合をした翌日、ダイアモンド倶楽部と一試合するはずだった。朝から雨が降って中止。これを入れればやはり一二試合するはずだったのである。

ほかに明治大学との試合も検討された。来日後、エドナ夫人が広報普及センター長エリオットに送った手紙にも「明治大学と試合をする」と書いてある。歓迎会を催した三人の同窓生のうち佐藤三郎は明治大学を卒業し、インディアナ大学の大学院に留学した。専攻は経済学。修士論文は「日本人移民」。帰国後、貿易か財界で活躍したらしい。東京・高輪に住んでいたという。かれが仲介したのだろうか。どうしたわけか、試合は行なわれなかった。

そこで明治大学の日程を調べてみる。インディアナ・チームが東京に滞在した二週間ほどの間に早稲田・立教・法政・慶応と計四試合をしている（『明治大学野球部史』第一巻　駿台倶楽部　一九七四年八月）。四日に一回の割合である。日程はそれほど詰まっていない。試合をしようと思えばできたのではないか。事情があって取りやめになったのかもしれない。なお同書に、インディアナ大学は「二勝九敗の成績で帰国」したとあるが、正しくは「二勝八敗一引分け」である。念のため訂正しておく。

ほかに法政大学と試合をする計画があった。「東京朝日新聞」の四月二〇日号に、早稲田・慶応との試合日程と開始時刻が載っており、その脇に「尚、對明治・對法政戦は未定」とある。これも結局、行なわれなかった。（写

慶応チームの内野。右より、長谷川、桐原、高須、高木、野坂。慶応が独自に用意したブロマイドか。ほかに投・捕4人、外野5人と全選手の集合写真がある。㋶（写真㊴）

真㊴）日程を厳密に立てて、それに従って試合をしたのではなかった。相手校の都合や天候などに合わせて試合を行なうこともあったらしい。

試合時間もそうであった。「毎試合午後二時より行なふ」（同右）と公表してあるにもかかわらず、早稲田・慶応との計一〇試合を見ると、午後二時に開始されたのは、たった一度しかない。午後三時以降が四試合、四時過ぎが五試合もある。四月二六日は四時、五月二日は四時一五分、三日は四時一〇分、四日は四時、八日は四時一〇分。いずれも早稲田球場、五月二日は慶応戦、ほかは早稲田戦である。

終了時刻はどうだろうか。最も遅かったのは四月二六日の慶応戦で、午後六時四〇分に終わった。暗くてボールが見えないといった支障はなかったが、四時以降に開始するのは大学野球では異例であった。あまりに遅すぎるのではないかと思われる。

当時の大学野球を調べてみる。ほとんど例外なく二～三時の間に試合が開始されている。三時以降の開始もあるが、四時開始というのは見当たらない。昨秋九～一〇月に来日したワシントン大学は九試合をした。試合開始は二時が三回、二時三〇分が二回、二時四〇分と二時五〇分がそれぞれ一回、三時が二回ある。日没時刻は春より早かったが、暗くなって引き分けになった試合は一度だけで、ほかは明るいうちに終了した。春も秋も午後二～三時の間に開始して、暗くなる前に終わるのが大学野球の通例であった。

中等学校（現在の高校にあたる）の場合はどうだろうか。東京都港区海岸にあった芝浦球場で「京濱中等學校野球リーグ戰」が行なわれていた。主催は東京朝日新聞社。現在の全国高等学校野球大会と同じで一日に四試合である。朝八時に第一試合が始まり、午前中二試合、午後二試合、第四試合は午後四時の開始である。一〇校ほどのチームが同一球場で短期間に戦うのだから、どうしても窮屈な日程になってしまう。

以上、大学野球は一日一試合が普通であり、四時以降の開始は皆無であった。インディアナ大学が日本に来て全一一試合中五回も四時に始めたのはまさに異例であった。

選手たちは開始時刻まで何をしていたのだろうか。四月二六日は午前一〇時過ぎに震度5（M6.8）の強い地震があった（神奈川県東部地震）。そのとき選手たちは精養軒ホテルにいた。ラックルハウスの「旅日記」に、ホテルが倒壊するのではないかと恐怖におののいたとある。エドモンソン教授は「窓から飛び出して、バルコニーから下へ降りようと思つた」と語っている（『野球界』六月号）。

しかし、地震のために試合が遅れたのではない。『野球界』の観戦記に「公表した四時きつかりに始まつた」とある。選手たちはそのつもりで一二時にランチを摂り、ユニホームに着替えて早稲田球場（早稲田戦）へ向かったのだった。一時間ほど前に着いて練習をしたのだろう。なぜなら、四月二二日（土）の早稲田との試合は午後三時に開始されたが（ラックルハウスの「旅日記」は二時三〇分。予定時刻か）、一時一五分に球場に着いている。最終試合の五月九日は、三時四五分に開始されたが（「東京朝日新聞」は開始は三時四〇分、終了は五時四〇分）、やはり一時一五分に到着している。一時間以上も前に球場に着いたのである。

五月二日は朝九時起床、朝食を済ませると同窓生の岡田猛熊（横浜商業会議所書記長）の案内で、杉並区高円寺の「農商務省蚕業試験場」に行った。一二時三〇分、併設のレストランで昼食。精養軒ホテルに戻り、二時三〇分、ユニホームに着替えて早稲田球場（慶応戦）へ急いだ。今でも地下鉄・電車に乗って四〇分以上かかる。予定より一五分遅れて四時一五分に始まったのは、インディアナ大学チームが遅れて到着したためだろう。それにしても四時に開始するとは、いつもの試合よりかなり遅い。

五月四日は八時起床、八時三〇分朝食。九時、船上で親しくなった実業家の岡本米藏の案内で小石川の帝国植物園に行った。園内の茶店で休憩し、次に上渋谷の岡本の大邸宅に招待された。それから精養軒ホテルに戻って二時半に昼食、ユニホームに着替えて早稲田球場（早稲田戦）へ向かった。実に慌ただしい。やはり四時ギリギリに着いたのではなかろうか。試合前の練習やミーティングはしたのだろうか。

五月八日は七時三〇分起床、八時朝食。大阪駅発一〇時三八分の列車に乗って京都駅へ。一一時四〇分着。すでに自動車が待っていた。街を眺めながら東本願寺に行った。そのあと亀岡公園、それから保津川に行って舟下りをし、嵐山から市内に引き返して府立京都第一中学校（洛北高校の前身）球場へ（早稲田戦）。三時間ほどの間に三箇所も見学・観光にまわっている。

盛りだくさんで慌ただしい。球場に着くまで一時間近く要するのではないか。着替えはいつ、どこでしたのだろうか。ユニホームや道具を持ち歩いたわけではあるまい。結局この日も開始時刻の四時ギリギリに着き、練習もそこそこに試合をしたと思われる。

インディアナ大学チームの行動を見てくると、試合が第一目的なのか、それよりも見学を優先させるのか、よくわからない場合がある。これに岡本などの献身的な観光案内が加わるのだから、ますますわからなくなる。勝負を優先するならば、一時間前の三時ごろには球場に着いて試合前の練習やミーティングをするべきだろう。

筆者の邪推だろうか。そう願うけれど、見学・観光が大切なのか、試合が大切なのか、わからなくなることがある。こんな調子で強豪の早稲田・慶応に勝てるわけがない。二時や三時に始まる日もこんな具合なのか。

そこで五月一日（早稲田戦）を調べると、八時一五分起床、八時四五分朝食。ここまではいつもどおりだが、午前中、岡本米藏がホテルにやって来て街へショッピングに連れて行ってくれた。精養軒ホテルに戻って一二時に昼食、それから着替えて早稲田球場へ向かった。今なら電車と地下鉄で一時間以内だが、当時はもっと時間がかかったろう。やはり開始時刻の二時ギリギリに着いたのではないか。もちろんタクシーを使ったと思うけれど。

時刻はすでに公表されていた。「毎試合午後二時より早大球場に行なふ」（「東京朝日新聞」四月二一日）とある。四月二六日は予定が変更されて四時開始と公表されていたのである。そうなったのは、見学に時間がとられるので遅らせてほしい、と相手校に頼んだのかもしれない。安部磯雄が間に入って開始時刻を遅らせてもらったのではないか。インディアナ大学だけで決められることではない。

そもそも安部磯雄が来日を要請したとき、見学や観光も重視するという案が含まれていなかったとはいえない。いや、含まれていたのではなかろうか。安部自身、日米両国の青年がグラウンドに集い、ルールのもとに正々堂々と戦い、友情を深め、お互いの国を理解し親善に努めることを重視した。そのためには日本を広く見てもらうことが大切だ。ゆえに見学・観光が重視される。というより必須となる。インディアナ大学も国際理解・親善を掲げて来日したことは、すでに述べたように当時のアメリカの新聞などからあきらかだ。

前年、早稲田大学は、安部部長がチームを率いて第四回米国遠征を行なったが、そのときの報告書ともいえる『米國野球遠征』を読むと、先に述べたように、多忙な日程の合間を縫うようにアメリカの大学を見学している。また、プロ野球の試合を観覧し、現地の人々の家にホームステイをし、現地で活躍する日本人たちの催す歓迎会に出たり、多様な活動をしている。野球の試合とアメリカ視察、このふたつが安部が構想し、そして実行した外国遠征の実態なのである。実に多忙な野球交流をしたのである。

【コラム3】インディアナ大学チームの試合成績表

日/曜日	対戦チーム	開始時	結果	球場	天候	観客数	投手
4/22 土	早稲田	3：00	●0×4	早大	晴	満員	ウォーカー、谷口「旅日記」は開始2：30〜終了4：50
4/23 日	慶応	3：00	●1×3	〃	雨→曇	八分	ゴース、新田 終了5：00
4/26 水	早稲田	4：00	△1×1	〃		七分	ウォーカー、谷口 日没11回コールド、終了6：10
4/29 土	慶応	3：00	●1×3	〃		七分	ギルバート、新田 終了4：50
4/30 日	早稲田	午後	順延	〃	雨		
5/01 月	早稲田	2：00	●0×6	〃	晴	七分	ウォーカー→ギルバート、谷口
5/02 火	慶応	4：15	●5×10	〃	寒い 小雨	非常に少ない	ゴース→ギルバート、新田→斯眞田 終了6：15
5/03 水	早稲田	4：10	●1×3	〃	驟雨→快晴	七分	ギルバート→ゴース、堀田→谷口 開始予定4：00〜終了5：40
5/04 木	早稲田	4：00	●1×7	〃	晴	七分	ウォーカー、谷口 田中HR 終了5：40
5/06 土	大阪オールスター	3：12	◎9×4	鳴尾	晴	満員	ギルバート
5/07 日	ダイアモンド倶楽部	午後	中止	〃	雨		

5/08 月	早稲田	4：10	●3×4	洛陽一中	（曇）	ウォーカー、谷口	終了6：00
5/09 火	早稲田	3：45	◎7×4	鳴尾	晴・暑	ギルバート、堀田→谷口	

※ラックルハウス「旅日記」、エドナ・コレクションの資料、『野球界』6月号、『野球少年』7月号、『早稲田大學野球部五十年史』、「東京朝日新聞」などにより作成。インディアナ大学＝11戦2勝8敗1引分け（対早稲田7戦1勝5敗1引分け。対慶応3戦3敗。対大阪オールスター1戦1勝）。4月26日は日没のため11回引分け。4月30日の試合は翌日に順延、5月7日のダイアモンド倶楽部戦は中止となった。洛陽一中は京都第一中学のことか。「旅日記」に5月8日の早稲田戦は塁審のミスにより勝利を奪われたとある（The umpire robbed us of the game.）。

⓫安部科長の教育方針

安部磯雄の教育方針を思い起こしてみよう。明治三五年（一九〇二）七月に東京専門学校高等予科（現在の大学一～二年にあたる）の科長に就任した安部は、翌年三月の始業式で次のような訓辞をしている。「⑴高等予科は、専ら実用的外国語を練習」する、「⑵本校体育部は単に体育のみでなく徳育の涵養も努める仕組みで、本校の学風は体育部より発することを期す」（早稲田大学野球部ＨＰ、「野球部年表【明治期】」より引用。なお、早稲田高等予科長は大正四年（一九一五）四月就任）。つまり、高等予科では外国語の習得と体育を重視する。英会話に堪能で国際理解・

国際親善に寄与できる人間を育てる。身体を鍛えスポーツを通して人格・徳育の涵養に努めるのである。

そのための実践が明治三八年（一九〇五）に始まった野球部の外国遠征といえよう。かつてアメリカ、イギリス、ドイツに留学し、各国の大学のカリキュラムや運動会を見た体験をもとに、こうした教育方針を練り上げたものと思われる。

注目すべきは、安部の教育方針がインディアナ大学とよく似ていることだ。外国語の習得を除けば、先に引用したエドモンソン教授が語った教育方針と変わらない。安部は前年五月、ブルーミントンで試合をしたとき関係者と語り合ったのではないか。また、世界の大学がすでにそういう教育方針をとることで共通していたともいえるだろう。

そう思うのは大学同窓会の季刊誌（*Indiana University Alumni Quarterly*, 一九二二）のコピー記事がエドナ・コレクションにあるからだ。早稲田大学は一九二〇年（正しくは一九二一年）の春、「ジョーダン・フィールド」（Jordan Field, 野球場兼フットボール場。ジョーダン川のほとりにあった。冬は学生がスケートリンクに利用。現在はビドル・ホテルが建っている。以上、IUアーカイブによる。第七代学長ジョーダンにちなむ名称か）で試合をし、帰国後、来日するよう申し込み受諾されたとある。

安部は野球場で、また懇親会などでエドモンソン教授やレヴィス監督などと意見交換をしたのではないか。その後、手紙等でやりとりを続けて正式な日本招聘に至ったと考えられる。半年後、両者は合意し、安部磯雄から正式の招聘状（一一月一七日付け）が届いたというわけだろう。

練習不足と知りつつ早速来日した理由はやはり少々不明なところがある。おそらく、こういうことだろう。早稲田大学および安部磯雄と話し合ってみると、大学教育におけるスポーツの重要性、国際理解・国際親善の必要性などについて考えが大いに一致した。「それでは次回は私たちが日本へ参りましょう。できるだけ早く」とトントン拍子で事が進んだのではなかろうか。ブライアン学長が日本遠征を非常に喜んだ。学内新聞らしき切抜き記事にそう書いてある。また、すでに述べたが、出発が近づくとマクレイ州知事がキャンパスに来て選手たちを励ました。

エドナ夫人が四〇年前の「交流訪問」(the exchange visit)を回顧した手紙がある(エドナ・コレクション)。一部を紹介しよう。一九六一年一二月五日付け、クラインベンツ夫人に宛てた返事の下書きである。安部は野球以外の交流もしようとしたことがわかる。

エドナ夫人が日本に来て驚いたのは、約束していないのに、数多くの講演が組まれていることだった。児童福祉と親・教師の問題に関する講演が何回も予定されていた(I was booked for a number of lectures on child welfair and parents teacher subjects.)。安部が計画したのである。彼女が日ごろ取り組んでいる活動は、安部自身が日ごろ取り組んでいる活動と重なるところがある。自分の関心のあるテーマがアメリカではどうなのか、安部自身が知りたくて、また多くの日本人に知ってほしくて彼女に講演を頼んだにちがいない。

すでに述べたように、安部はインディアナ大学に招聘状を送ったときエドナ夫人の存在をまだ知らなかった。エドモンソン教授がエドナ夫人を同伴して来るというので初めて知った。そのあと彼女の専門と活動を調べて講演会を計画したのだろう。

結局、エドナ夫人は「初めての国への困難な旅であり、気候の違いがとてもつらいので、ついに辞退せざるを得なかった」(I finally had to beg off.)。日程や体力に余裕があったなら喜んで講演をしたと思われる。

⓬試合日程は来日後に

大阪・京都での試合は、どのように計画されたのだろうか。すでに述べたところだが、少し詳しく解説しておこう。四月一五日のインディアナの新聞(紙名不記)に、「東京と、おそらく大阪で一連の試合を行なう予定」(in

Tokyo and probably Osaka, 傍線筆者）とある。日本に到着した翌日、関西で行なう試合がまだ決まっていなかったのである。五月六〜九日、大阪・京都で三試合したが、これも来日してから組まれたらしい。もう一試合が組まれていたが、これは雨で中止となった。

シアトルを出航する前日の新聞（三月三一日。紙名不記）に、日本で一二試合を行なうが、対戦相手・日取りはまだ決まっていないと書いてある（The complete slate has not been made up.）。そして、早稲田大学とは少なくとも二試合を行なう、とあった（前述）。たった二試合である。しかし、前日の別の新聞には「早稲田大学と一一試合をするために日本に向かう」とある。一二試合、二試合、一一試合と一日違いで新聞報道が食い違っている。

試合日程・対戦チームが明確にならないまま来日したのではなかろうか。アメリカ側の資料（新聞記事およびラックルハウスの「旅日記」など）を調べると、慶応大学と試合をする話はまったく出てこない（「コラム2」を参照）。安部磯雄と早稲田大学側が慶応大学などと交渉して大まかな日程を組み、インディアナ大学のスケジュールに合わせて日取り・相手校・場所を決めたようだ。そのプロセスで明治大学と法政大学との試合は立ち消えになったらしい。

ふりかえれば、安部はレヴィス監督へ送った招聘状に、「横浜港に四月一〇日前に到着すれば一週間の練習期間がとれるので都合がよろしいかと思います」と述べていた。出発日を少し早めて、かつ海が荒れなくて一〇日前に到着していれば、日にちに余裕があるので明治・法政とも試合ができたのではなかろうか。

来日後の天候も影響した。四月三〇日(日)の早稲田戦は雨のため順延となり、翌日に行なわれた。五月七日(日)のダイアモンド倶楽部との試合は雨で中止となった。日本に到着してから日程が固まり、天候などに合わせながら試合をしたのである。

四月一〇日前に来日すれば一週間の練習期間がとれる。というのは旅の疲れがとれてから試合をしましょう、という配慮である。その間に歓迎会や見学ができる。昨秋来日したワシントン大学は一週間の休暇のあと試合を始めた。今年のインディアナ大学は四月一四日（金）午後二時に横浜港に着いた。税関の手続きが済んで上陸したのが夕方の六時。安部が提案した到着日より四～五日も遅れている。それが響いて試合数が減ったのかもしれない。しかし休暇はきちんと一週間とって二二日（土）から試合を始めている。

結論。全試合は以下の通り。早稲田大学の戸塚球場で早稲田・慶応と計八試合、大阪・西宮の鳴尾球場で大阪オールスターと一試合、京都第一中学校の球場で早稲田と一試合、鳴尾球場に戻って早稲田と一試合。計一一試合を行なった。最後の五月一〇日、ダイアモンド倶楽部との試合は雨で中止。これを入れれば最終的には一二試合のはずだった。

初戦は四月二二日（土）、最終戦が五月九日（火）。試合日数は計一八日間。二日に一回か、それ以下の割合である。日本滞在は三〇日間（四月一四日夕～五月一三日午後）、見学の日取りも充分にとってある。移動距離もさほどでなく、かなり余裕のある日程だ。

昨年の早稲田大学の第四回米国遠征とくらべてみよう。三月二七日に横浜を出航し、帰着したのが七月二九日、ほぼ四ヶ月の長旅であった。ハワイでは一五日間（四月九～二四日）に九チームと試合をした。それから海を渡り四月三〇日にサンフランシスコに上陸し、五月二日シカゴ行きの大陸横断の急行列車に乗った。五日にシカゴに到着してからが大変だった。一〇日シカゴ大学、一一日ノースウェスタン大学、一三日パデュー大学、一四日バットラー大学、一六日インディアナ大学、一八日シカゴ大学、二一日イリノイ大学、二二日サンガモ・チームと試合をした。

さらに転戦を続けて、シアトルに戻ってきて七月五～九日はワシントン大学と五試合、一〇～一一日は邦人チームの「シヤトル朝日」と「美香登倶楽部」（MIKADO Baseball Club）とそれぞれ一試合。九四日間に三八試合である。「優に二日間に一回強の試合」、「汽車から、汽車に送らる丶」まさに強行軍であった。インディアナ大学の日本遠征より、ずっと厳しい。戦績は一五勝二三敗。（以上『米國野球遠征』よる。ただし一八九～一九二ページの試合一覧表によれば一六勝二二敗である)。

どれほど強行軍であったか、監督の飛田忠順が『五十年史』にこう書いている。「出來るだけの努力を拂つて、見學やら、招待に應じ、ひたすら米國の事情に通ぜんとした。選手一行には全く寧日と云うものがなかつた。若しも平素運動に依つて鍛錬されたる青年にあらざれば、到底望み得ない多忙さであつた。（中略）中西部に於いても、東部にあつても、殆んど連日の試合が私共を待つていた。特に甚だしかつたのは、シャトルに於けるワシントン大學の日割であつた。七月五日から十日迄の六日間に、七回のゲームを強要されたのであるから、選手僅かに十二人の負擔《（ママ）》としては餘りに、重過ぎたと云わ《（ママ）》なければならぬ」。試合・見学等の日程はすべてアメリカの相手校が決め、早稲田チームはただ従うほかなかった。しかも三人の投手のうち松本終吉と有田富士夫が病気になって投げられなかった。

「これは決して米國諸大學チームに對する、本邦大學チームの劣勢を裏書するものではない事を、斷つて置かねばならない。敗因の重《（ママ）》なるものは、頭腦や技術の上ではなくして、試合を行う迄に到る條件に於いて、大なる不利を招いたからであつた。最も影響したものは試合日割である」。弱いから負けたのではない、強行軍が影響した。それを割り引けば決して悪い戦績ではない。

たしかにそのとおりだ。そして勝つことに価値があると考えている。当然のことだし、理解できる。時折、早稲田ナインは「武者修業」と書いている。まだレベルに差がある野球の本場に乗り込んで「武者修行」をする。どんなにつらくとも、なんとか五分の戦いをしなければ意味がない。そう思うのはやむを得ない。

インディアナ大学も日本に来てほぼ二日に一試合をした。しかし日程にずっと余裕がある。試合数が少ないし、見学・観光の時間が充分に確保されている。安部の配慮だろう。昨年の早稲田の米国遠征とだいぶ違う。飛田のいう「武者修行」はいかにも日本的であり、インディアナ大学チームにはそれがまったく感じられない。純粋にスポーツである。

インディアナ大学チームは勝敗にあまりこだわっていない。ラックルハウスの「旅日記」のどこにも早稲田に勝たねばならぬ、どうすれば勝てるか、というような意気込みやその種の言葉は見られない。たしかに右投手のカーブを打つために左バッターを増やした。だが早稲田の左腕の名投手、谷口の前ではかえって逆効果になるだろうと心配している（前述）。この作戦はやはり効果をあげなかった。

そもそもアメリカの強さを見せよう、なんて思っていなかった。列車のなかではチームメイトと談話やカードゲームに興じ、船のなかでは船客と親しくなり、愉快に語り合い、食事を共にし、誕生会のパーティを開き、カードゲームをし、シャッフルゲームなどに興じた。日本に着いてホテルのなかでも変わらない。談笑、カード、玉突きなどで過ごした。ラックルハウスの「旅日記」に、負けて悔しい、といった言葉は見いだせない。ただひとつ、五月八日（月）京都第一中学校球場の早稲田戦（三対四）に「塁審のミスにより勝利を奪われた」（The umpire robbed us of the game.）と書いている。しかし悔しいとか怒りなどは書いていない。負けた日も、今日は良い試合をした、と書いている。

総じてその印象は、『野球界』六月号の匿名記事の言う通りである。「インディアナの選手は、頗る温厚で、人格は從來きた外國チーム中第一であつたと云ふ事である。彼れらは、頗《すこぶ》る無邪氣で、日本に來てから、碁や将棋を覚えて、夕食後は切《しき》りに、碁盤を持ち出したさうだ。ヴィクターマン（ウィッチャーマン）は、ダンスが上手で、絶えず、舞踏室を賑《にぎ》はしたさうだ。玉突きは、一行の中一人として、突けないものはなく、毎晩十一時頃迄ホテルの玉突場を賑はしたさうだ」（「投書歓迎球界噂の聞き書き」）。

インディアナ大学は、昨年五月の雪辱を果たすべくやって来た。しかし絶対に勝とうと思って、また圧倒的な点差で勝つつもりで来たわけではない。エドモンソン教授は横浜に着いたとき、このチームは新人が多く、練習時間が十分にとれなかったけれど俊足を活かして良い試合をお見せしますよ、と述べている。勝つのが難しいことを知っている。スポーツだから勝利を目指すのはもちろんだが、選手の「人格養成」と「国際親善」を大きな目的と考えて来日したと見たほうがよさそうである。

ブルーミントンを発つ前夜、エドモンソン教授が選手に語ったのはこのことだった。国際的な意義のある交流であることを忘れるな、と教えたのであった。地元の新聞も、日本の青年たちとの相互理解と親善を維持するために出発すると報道していた。

⑬帰国の船に乗る

帰国の日程についても簡単にふれておこう。チームが最終戦を終えて関西から東京に戻り、横浜港から帰国の途に就いたのは五月一三日(土)の夕方である。往路と同じく大型蒸気船キーストーン・ステート号に乗船した。その日の午後、例のごとく岡本米藏が横浜のレストランにチーム一行を招待してくれて、みんなで遅い昼食をとった。港には大勢の人々が集まった。バンドの演奏が鳴り響き、五色の紙テープが乱舞し、船が埠頭を離れても大きな声が聞こえてきた。別れを惜しむ石井順一の声である。エドナ夫人は、いつまでも、いつまでも聞こえてきたと「日本野球旅行」に書いている。

石井は昨年ブルーミントンの試合に三塁手として出場した。かれは出迎えのときも横浜港に来てくれた。安部磯雄、岡田猛熊、磯部房信と一緒であった。石井は英会話が得意でインディアナ大学のチームメイトとよく話をした。別れがよほどつらかったと見える。

ラックルハウスの「アルバム」に、ポーズをとった石井の顔写真が貼ってある(写真㊵)。「Jun Ishi, Waseda」と写真の上に石井がサインをしている。両チームから「ジュン」とよばれていた。友情の印《しるし》にあげたのだろう。

石井の日本野球界に尽した功績は大きい。この春、早稲田大学を卒業し、家業のスポーツ具店を継ぎ、その一方、母校・早稲田実業の監督を務めている。後年、圧縮バットを考案したことでも知られている。ホームランを量産した王選手の愛用のバットもそうであった。現在、野球殿堂博物館に展示されている。

日本へ行くときは海が荒れたが帰りは穏やかであった。五月二三日（火）シアトル港に着いた。二四日（水）と二五日（木）、ワシントン大学と二連戦をした。出航前夜フライホテルで歓送会をしてくれたので、その返礼と遠征の報告を込めて試合をしたのだろう。そのあと列車に乗り、交通の要所モノン駅を経由して五月二八日(日)の朝八時三〇分、ブルーミントンの駅に着いた。やはり三泊四日の列車の旅であった。行くときと同様、盛大な歓迎を受けたと地元の新聞が伝えている。大学の後援会から全学生に、七時四五分までに集合するようにと連絡が入っていたのである。後援会会長は第七代学長を務めたジョン・マール・コレクター（John Merle Coulecter, 一八五一〜一九二八）であった。到着時刻を八時三五分と記すものもある。

残念ながら、ラックルハウスの「旅日記」はシアトル港に着く前日の五月二二日（火）で終わっている。上陸後ワシントン大学と二連戦をしたことは確認できない。

石井順一。ラックルハウスに贈った友情の写真。かれも日本野球界に大きな功績を遺した。映りがよくないが石井のサインがある。㋫（写真㊵）

以上、行きも帰りも当初の予定どおりにいかなかった。シアトルを出航する前日の三月三一日（金）の新聞（地元紙「インディアナポリス・スター」か）に往路・帰路の予定が書いてある。四月一二日（水）横浜着、一週間の練習期間をおいて試合開始、五月一一日（木）帰国の船に乗る、と。実際は時化《しけ》により二日遅れて一四日に横浜に着き、帰りも二日遅れて五月一三日横浜を出港し、やはり二日遅れてシアトルに戻った。当時の船旅はこのようなものであったろう。

V　エドナ夫人とエドモンソン教授

❶ エドナ夫人の経歴

エドナ・コレクションを遺したエドナ夫人は、どういう生涯を送ったのだろうか。野球チームに随行した本当の理由は何であろうか。

エドナ夫人は一八八六年一月五日、インディアナ州ペリー郡マグネットに近いハットフィールド家の農場で生まれた（写真㊶㊷）。生い立ちはあとで詳しく述べる。最初にＩＵアーカイブ室の資料その他により入学後の経歴を記す。

一九〇七年、インディアナ大学に入学（二一歳）、一九一一年に卒業。修士課程に進学し社会学を専攻。一九一三年に結婚するも勉学に励んで翌年修士号を取得。続いて博士課程に進学し、一九一七年、博士号（社会学）を取得。インディアナ大学の最初の女性博士となった。学位論文は"Juvenile Delinquency and Adult Crime. Certain associations of juvenile delinquency and adult crime in Gary, Ind., with special reference to the immigrant population."（少年非行と成人の犯罪――インディアナ州ゲーリーにおける少年非行と成人犯罪のある種の関連性について、とりわけ移民集団に注目して）。この論文は後に『インディアナ大学　研究論集』第八号（一九二一年六月）に掲載された（*Indiana University Studies*, Vol. Ⅷ, June, 1921）。

二年後の一九一九年、インディアナ大学の「Extension Division」の専任講師（an instructor with a focus on child welfare work in Indiana）となり、インディアナ州の児童福祉にかかわる仕事を担当した。この部局は、「広報普及センター」と訳せばよいだろうか。学生を入学させて専門教育を施し卒業生を送り出す学部（a faculty）と性格が異なる。主

皇居前広場。左から、カイト（遊撃手）、エドナ夫人、コールマン夫人、ウォーカー（投手）。ともに4月15日（土）。コールマン夫人はチームの来日早々、案内して歩いたことがわかる。㊓（写真㊶）

エドナ夫人の育った家。2匹の犬のそばにいるのがエドナ（7歳）。父ウィリアム・J・ハットフィールド（1856~1893、37歳）の没後、1893年に撮影された。前列左は母エマ。衣服の模様がエドナと同じ。後ろのイスに座るのは弟フランク、中央に立つのは姉クララと兄シドニーと思われる。エドナ夫人は晩年、クララと同居した。男性6人、女性9人が写っている。自邸の前庭だろう。インディア州ペリー郡、現在のマグネット市の近くにハットフィールド家の農場と自邸があった。ニックさん提供。（写真㊷）

に社会人や留学生を受け入れて夏期講座や公開講座を開き、単位履修を行なっている。また州や市と協力して社会事業に取り組み、講義・教育・研究も行なう。外国大学との交流はこの部局が担当したらしい。エドナ夫人は二年後、アシスタント・プロフェッサー（准教授に次ぐ教授職）に就任した。

地元紙「インディアナポリス・スター」（一九三五年二月一一日）に彼女の講義内容が紹介されている。そのひとつは「ペアレント・エデュケーション」（Parent Education）である。この用語は現在の日本の大学でも使われている。子どものために親は何を知り、何をすべきかを研究・教授する専門分野である。

火曜の午後一時三〇分〜三時は思春期の特質・成長・発達をテーマに講義をしている。幸福・満足を心に感じつつ円滑に社会・集団生活ができる人間へと育てたい。そのために親は何をすべきか、子どもとの間にどのような関係を構築すべきかなどを講義している。

また、子どもの感情、個性の発達、思春期特有の性への興味（性教育）や職業や宗教への関心について講義をしている。同じく火曜の午後五時四五分〜八時は社会学入門コース。テーマは社会福祉の問題点とその背景・変化など。学生と市民を対象とする講義だろう。

これらは四九歳のときの担当科目である。週に一日、午後二コマ。余裕のある勤務だ。もちろん、これらの講義以外に大学の外に出て実践活動をしていた。彼女は五六歳まで勤め、一九四二年、病気の夫を扶けるため退職した。在職二一年。

地元の新聞「インディアナポリス・スター」（一九四二年五月一八日）に、一緒に退職する二人の教授とともに業績が紹介されている。二人とくらべて遜色がない。要約する。

彼女は大学の仕事と併行し、社会的な活動にも精励した。大学を卒業した一九一一年夏、インディアナポリスの病気の子どもたちを救う組織の指導監督者（superintendent of the Summer Mission）に選ばれた。一九一三年三月、大洪水に見舞われたオハイオ州デイトン（Dayton）に赴き、赤十字社の救援活動に参加した。一九一七年から一九一八年まで、ブルーミントンの赤十字社家庭サービス部門の幹事（secretary of Red Cross Home Service Section）を務め、一九一八年、インディアナ州国防評議会（Indiana State Council of Defense）の児童福祉部門の幹事（secretary）に選ばれた。そして、先に述べたように翌年からインディアナ大学に専任講師の職を得たのである。

彼女の社会活動の輪はさらに広がった。インディアナ州父母教師会の会長（president of Indiana Parent-Teacher Association）を務め、退任後は事務局長をした。同州慈善協議会の副会長（vice-president of Indiana State Conference of Charities and Association）、同州保健評議会の会長（president of the Indiana Health Council）も務めた。そして、公共福祉に関する論文・著書も世に出した。

彼女はＰＴＡ活動に大きな功績を遺したのである。現場に行って人々の話を聞き、調査をし、行動する。支援活動も熱心だった。実践家（field worker）と紹介した資料もある。彼女の研究スタイルである。右の文中に「病気の子どもたち」とあるのは、精神疾患をもつ子どもや非行に走る未成年者も含んでいる。

彼女が来日したのは三六歳、アシスタント・プロフェサーに就任し、張り切っていたころだ。野球への関心よりも、児童福祉学の立場から日本の子どもの現状を見たかった、知りたかった。それが本心であったようだ。

◎特派員として

日本遠征の話はインディアナ大学の隅々に広まっていた。エドナ夫人は大学派遣の特派員（official reporter）という肩書きをもらって随行することになった。広報普及センター長エリオット（Frank R. Elliot, Director of Publicity at Indiana University）が日本に関心をもっている彼女を見て特派員にしてくれたのだろうか。夫のエドモンソンから遠征の話を聞いて「自分も参加させてほしい」と名乗り出たような気がする。レヴィス監督のヘレン夫人（Helen Parkinson Levis）が誘ってくれたのかもしれない。ヘレン夫人はエドナ夫人の知り合いではなかろうか。

日本へ行ける人々をみんなが羨ましいと思った。ラックルハウスの「アルバム」に、写真や新聞記事がたくさん貼られている。そのなかに遠征一行の集合写真があり、ラックルハウスが一人ひとりの名前を記し、そのわきに「幸運な付添人」（The Fortunate Escorts）と書きつけ、次の五人をあげている。

真っ先にエドナ夫人、次にヘレン夫人、そしてなぜかエドモンソン教授、レヴィス監督、アシスタントコーチのミントンをあげている。選手以外はみな「幸運な付添人」というわけだ。エドナ夫人は、自分のことを一行の「お飾り」（by way of decoration）だと「日本野球旅行」に書いている。彼女は当初、安部磯雄が招待したメンバーに入っていなかった。インディアナ大学があとで加えたのである。

野球に縁遠い女性たちを「幸運な付添人」というのは理解できる。しかし、引率責任者の教授、チームの監督、アシスタントコーチ（助監督）がなぜ、そうなのか。よく読むと、ラックルハウスは「主将を含む一二名の選手たち。これに監督と夫人、男子学生部長の教授とその夫人、アシスタントコーチが加わって日本へ行く」と書いている。遠征は選手が主体なのであって、それ以外はみな「付添人」と見なしている。

エドナ夫人はどう書いているだろうか。先のエリオット宛の手紙に「一三名の選手、監督とその妻、私の夫と妻の私」と書いている。選手は一二名なのに、アシスタントコーチのミントンを入れて一三名としている。

エドナ夫人は、四〇年後の手紙のなかでもミントンを入れて「一三名の選手たち」とふりかえっている。これはなぜだろうか。

ミントンとラックルハウスは仲が良かった（写真㊸）。列車のなかでも船のなかでも、そしてホテルでも一緒に過ごした。「アルバム」に「僕らは似たもの同士、同室者、カウとラック」（Two of Kind, Bunkmates, "Cow & Ruck"）と書いている。「牛《カウ》」はミントンの愛称。ファーストネーム「Roscoe」の「coe」から付いたのだろう。「ラック」

精養軒ホテルの前で。人力車を楽しむ外国人が多かった。乗るのはラックルハウス、引くのはミントン。二人は親友。㋑（写真㊸）

は競馬の後続集団を意味する。〈二人は歩みの遅い牛と馬〉のつもりだろうか。

ミントンは野球チームのほかにフットボール・チームでもラックルハウスの一年先輩であり主将であった。ラックルハウスは、かれのあとを受けてチームの主将になった。そういうわけで、ミントンはアシスタントコーチ（助監督）ではあるけれど、ラックルハウスをはじめ選手たちといつも一緒にいた。エドナ夫人はそれを見てミントンを選手と思い込んだようだ。

エドナ夫人は大急ぎで野球の勉強をした。その甲斐あって、試合の度に試合経過や打撃成績などを詳しく手紙に書いてエリオットに報告した。

特派員の最初の仕事は、それよりも前、シアトルへ向かう列車のなかだった。地元紙「インディアナポリス・スター」に次のような報告記事を載せた。鉄道会社のシアトル代表であるウエブスター氏が途中から列車に乗って、私たちと一緒にシアトルへ行くこと、シアトルに着いたらパスポートの手続きが円滑に進むように便宜を図ってくれること、スポケーン（ワシントン州）の商工会議所代表団（インディアナ大学の卒業生）が私たちに敬意を表するべくスポケーンの駅で待っていること、そして特産物のリンゴを差し入れてくれることなどを通報し、翌日の新聞に掲載されたのである。

インディアナ大学チームは、ブルーミントン、モノン、ミルウォーキー、セントポール、シアトルと鉄道沿線の街々で大いに関心を集め、注目されたのである。

◎初めて見る日本、人々との出会い

エドナ夫人は花を愛する人だった。日本に着いた翌朝の「東京朝日新聞」（五月一五日）に、横浜港に出迎えた安部磯雄らと一緒の写真があり、「一行中の二人の夫人は共に美人で日本の櫻に憧れて來たと云ふが早大から贈つた櫻花のマークを胸につけて『櫻の花の満開は未だ過ぎはしませんか』とそれ許り氣にして美しい眉を動かして居た」とある。隣に写っているのはレヴィス監督の妻ヘレン夫人である。

車窓から見た風景。田畑が整然と区割りされ、さまざまな作物が植えられているのに感動した。㋑（写真㊹）

帰国後、エドナ夫人は、女性たちによる国際的友愛団体（PI BETA PHI）の機関誌 *THE ARROW*（月刊）に三回にわたって「日本野球旅行」（Baseball Trip to Japan）を発表した。内容は多岐にわたる（本書巻末に全訳掲載）。日本は美しい季節で、行く先々にさまざまな花が咲き、すばらしかったと述べている。少し紹介しよう。

東京の芝公園に行ったのは、インディアナ大学の日本人同窓生が催した歓迎会のときだった（四月一六日夕）。自動車を降りて芝公園を歩いて会場の日本茶屋「紅葉館」へ向かった。現在は、東京タワーの真下で「とうふ屋うかい」という料亭になっている。行く途中、白、ピンク、赤、オレンジ、紫の躑躅《つつじ》が咲き誇っていた。鮮やかな色合いに感嘆の声をあげた。ある日は亀戸公園の藤棚を見て、故郷インディアナ州のブドウ園の情景を思い浮かべた。

京都から東京へ戻る途中、車窓から田園風景を見ると小さな畑がモザイクのように続いていた（写真㊹）。小麦、大麦、蕎麦《そば》、タマネギ、ジャガイモなどが細かく植え分けられて、とても美しい。田植えをする人々を初めて見た。家は萱《かや》・藁《わら》で葺かれている。瓦葺きの低い軒が並ぶ都会とまるで違う。農家は小山を背にして建っており、家の前に日当たりの良い農地を広くとる工夫がされている。

日本の風景に感動したのである。そしてエドナ夫人はさまざまな人に会った。新聞記者、大学教授、学生、会社員、クラブの女性、公務員、社会奉仕の活動家、スポーツ・ディレクター、宣教師のホレス・コールマン夫人（後述）などと会って話をした。さらにインタビューの新聞・雑誌の記者、安部磯雄などの大学教授、早稲田・慶応の野球選手、英会話の練習を兼ねて芝公園などを案内してくれた慶応大学の学生たち、「農商務省蚕業試験場」に勤務する人々、日本茶屋「紅葉館」の仲居たち、日本の大学の野球チームの監督、児童養護施設を運営する大森安仁子（Annie Shepley Omori）等々。

普通の観光客なら知り得ないことを体験をし、さまざまな人々と出会い、さまざまなことを語り合ったと述べている。出会いの媒《なかだち》をしてくれたのは安部磯雄教授とコールマン夫人であった。二人にはとりわけ感謝すると書いている。

◎なにゆえ日本へ

エドナ夫人の「日本野球旅行」を読むと、彼女がなぜ日本へ行きたいと思ったのか、その心がよくわかる。特に野球に関心があって来たわけではなさそうだ。野球の試合は初めのほうに少し書いてあるにすぎない。主要な話題は、何を見たか、何を考えたか、日本のどこを旅行したか、だれと会って何を考え、何を話したか、である。

とりわけ紙数を割いているのは、安部磯雄の案内で京都や奈良を見て歩いたこと、日本の社会状況を解説してもらって議論（discussion）したことだ。エドナ夫人は特に後者の日本の現実問題に強い関心を抱いてやって来たことがわかる。子どもたちがどんなふうに育てられているか。教育環境、家族構成、兄弟姉妹の数、両親の職業と収入、日本人の暮らしぶりに関心があった。また、日本の産児制限・麻薬問題などについて安部と議論した。彼女の専門分野である社会学・児童福祉学の立場から、日本の現状を視察し議論したのである。こうした見聞・体験を雑誌に書くことも特派員の任務と考えていた。

　エドナ夫人が紙数を割いたもうひとつの話題は、コールマン夫人（一八七七～？ Elizabeth Horace E. Coleman）の案内で大森安仁子《あにこ》（一八五六～一九四一。Annie Shepley Omori, Annie Barrows Shepley）の運営する児童養護施設「有隣園」を訪問したことだ。エドナ夫人の希望を聞いて安部磯雄がコールマン夫人を紹介したのである。

「有隣園」は、明治四四年（一九一一）、大森安仁子・大森兵蔵（一八七六～一九一三）夫妻が私費を投じて西新宿八丁目に開設した福祉施設《セツルメント》である（写真㊺㊻）。当初は子どもの遊び場から始まり、託児所・幼稚園・授産施設・図書室などを増設した。関東大震災では被災者の宿泊所にして救援活動を行なった（ネット「カフェ『道みち』」）。エドナ夫人が訪問したとき夫の兵蔵はすでに亡くなっていた。九年前のことだった。

「有隣園」（The Hous of the Friendly Neighbor）という名称は、セツルメントの原義である「隣人指導の形に於ける奉仕」（service in the neighborhood leadership）という意味を込めたと思われる（参照・大林宗嗣『セッツルメントの研究』慧文社 二〇〇八年三月。大正一四年刊行の復刻）。近くに住む隣人がリーダーとなって支える、ということだ。隣人愛である。エドナ夫人は、インディアナ州の恵まれない子どもや青少年のために奉仕活動をしている。日本の児童環境にも関心があり、自分の目で確認したかったと考えられる。

　もちろん、日本の風景、急激に近代化しつつある都会のようすも興味をもって観察している。和服で生活する女たちを見て洋服のほうが便利ではないかと考え、人力車・自転車・自動車・電車が交差し混雑する都会に驚いた。同時に、自然の美しさ、風格のある古い神社・仏閣に感動した。どんな植物を見たか、どんな花が咲いていたか、ということまで細やかに綴っている。

　インディアナ大学を卒業した日本人同窓生たちとの親交も心に残る良い思い出となった。岡田猛熊、磯部房信、佐藤三郎が東京・芝の「紅葉館」で歓迎会を開いてくれた（Ⅶ同窓生、早稲田大学、歓迎会を催す）。なかでも磯部房信（太陽曹達《ソーダ》株式会社専務取締。一八四四〜？）は、夫のエドモンソン教授と投手のギルバート（磯部と同じ化学を専攻した後輩）とともに神戸市熊内《くもち》町の和洋折衷の邸宅に招待してくれた（写真㊼）。ピアニストの愛妻トヨ子の演奏に耳を傾け、日本式にアレンジされた西洋料理でもてなされた。彼女から日本の着物を贈られアメリカに持ち帰った。丘の上の磯部邸の玄関に立ち、工場のはきだす煤煙で黒く霞む神戸の市街をながめた（写真㊽）。

水の都大阪では「今橋ホテル」の窓から、自動車の行き交う近代的な鉄橋を荷車を引いて牛が渡っていくのを

「有隣園」。木造の教室、エプロン姿の児童5人、年配の女性2人。ほかに人影が見える。手前の女性もスタッフか。「有隣園」の写真は非常に珍しい。㋓（写真㊺）

大森安仁子宅の庭園で（Omori's garden）。左から大森安仁子（顔に映像の乱れがある）、コールマン夫人、レヴィス監督夫人。㋓（写真㊻）

煤煙に霞む神戸市街。近代化50年の姿。㊁（写真㊽）

磯部房信。神戸市熊内の自邸で。㊁（写真㊼）

見た。また運河に電飾をほどこした屋形船が浮かぶのをながめた。

文明開化から五〇年、新旧混然たる激動の日本を見たのである。

インディアナ大学は野球の試合をするために来日した。それが第一の目的であった。しかし、その観点からのみ見てしまうと早稲田大学が、大隈重信が、そして安部磯雄らが何を考えてアメリカの大学と野球交流を企てたのか、全体があまりに小さく見えてしまう。

安部は日本の社会問題についてエドナ夫人に解説し、子どもたちの置かれている状況なども真剣に語り合った。実現こそしなかったが、エドナ夫人にいくつも講演を依頼したのは、アメリカの児童福祉と彼女の社会活動を日本の人々に紹介したいと思ったからだろう。さらにエドナ夫人はセツルメントの実態を見た。それらも野球交流の一環であったといえよう。野球だけでないところに早稲田大学や安部磯雄の狙いと工夫があったというべきである。

❷ エドモンソン教授の経歴

エドモンソンの経歴は、学内紙「インディアナ・ディリー・スチューデント」の「教員の活動」(Faculty acts, 一九三二年一一月二九日)に詳しい。この新聞は学生が主幹となって編集・発行しているもので、現在も月曜と木曜、約一二〇〇〇部、学内の人々と市民に無料で配布されているという。

記事は学生記者に二人が語ったことをまとめている。エドモンソンの先祖、幼年期・高校・大学時代、インディアナ大学の教員になるまでの苦労、エドナ夫人との出会い、結婚生活、日本人から贈られた着物や美術品など。記事を読むと、野球チームを率いて遠征した理由がよくわかる。長いけれど訳してみよう。( )は筆者が書き入れた解説である。

学生部長エドモンソン教授は、男子学生の指導・規律をつかさどる役職にあり、男子学生の尊敬を集めている。(「Dean of men」は日本の学部長と異なる。女子学生のための学生部長は「Dean of Wemen」という。ともに学生関係の事務・生活支援・サービス「student affair, student support, student service」を行なう責任者)。

学生・家族・友人たちは教授を「パット」(Pat)とよぶ。このニックネームは、先祖がスコッチ・アイルランド(アイルランド系アメリカ人。プロテスタント)であることを想起させる(パットは、アイルランド人にパトリックという名前が多いことによるアイルランド人をさす呼び名。エドナ夫人はアルバムの夫の写真に「Pat」とか「P」と記す。普段そう呼んでいたと思われる)。

先祖はアイルランドから大西洋岸のカロライナ(もとイギリスの植民地)に移り住み、テネシー州、ケンタッキー州を経由してインディアナ州にやって来た。初代大統領ジョージ・ワシントン(Colonel George

Washington)の参謀(staff)であった。

というわけで、エドモンソン教授の生命《いのち》の根っこは、この地域の土中深いところに伸びている。エドモンソンはモンロー郡(インディアナ州の南部)に生まれ、ブルーミントンに四〇年以上も住んでいる。曾祖父は一八一八年、モンロー郡の北西部に家族を連れてやって来た最初の白人だった。かれは七代大統領アンドリュー・ジャクソン(Andrew Jackson, 一七六七〜一八四五)から土地を購入し、農場を切り開いた。曾孫のエドモンソンは約五〇年後の一八八三年(四月九日)に生まれるが、あたかもかれのために土地を購入したようなものであった。

父はインディアナ大学に長いこと勤め、一九一五年に亡くなるまで事務の補佐(assistant)をしていた。息子のエドモンソンは一九一二年、インディアナ大学の教員に採用された(二九歳)。一九一九年、衛生学の教授となり、男子学生部長(Dean of Men)に任じられて今日に至っている(IUアーカイブ資料と照合すると、経歴・着任・就任等の年号が違っている。この新聞記事のほうが詳しく具体的であるので、これに従う)。

子どもの頃、かれは本を読むのが大好きだった。最初に熱中したのはジェイムス・クーパー(James Fenimore Cooper, 一七八九〜一八五一)の歴史冒険小説『レザーストッキング物語』(一八二三〜一八四一)である。読書は少年期の心に強い影響を与え、冒険へと駆り立てた。成長して大きな仕事をするようになってからも、あの頃の記憶がよみがえってきては心を駆り立てた。

冒険のひとつは七歳のとき、たった一人でブルーミントンからエレッツビル(西北へ約一二キロメートル離れている)へ行く列車に乗り込んで旅をしたことだ。エレッツビルに着くと、かれは何もわからなくて迷子になった。車掌、機関士、助手が額を寄せ、遠くまで運ばれて来たこの子をどうしたらよいか、話し合った。このまま列車に乗せて線路を後戻りして帰すか、別の列車に乗せて北へ連れて行き、そこから南へ下って帰すか……。線路がたくさんあって列車で旅をするのが便利な時代なのに、無謀な子どもの一人旅にみんな困り果てた。

エドモンソンはブルーミントン高等学校に入学すると、あらゆるスポーツに興味をもった。野球チームではピッチャーをした。腕さえも投げてしまうほど投げに投げた（アメリカ式の表現。腕も折れんばかりに懸命に投げた、の意）。高校を卒業して最初の仕事は、ブルーミントンの西方にある水道工事関係の専門学校で教えることだった。冬の間はそこで教師をし、春から夏の間はインディアナ大学に通い、卒業まで続けた。大学を卒業すると、クローフォーズビル（インディアナポリス西北の小さな都市）の高校で生物学を教え、バスケットボールチームの監督をした。そして、インディアナ大学の医学部に通って衛生学を修め、一九一四年に博士号を取得した（三一歳）。

エドナ夫人と出会ったのはその頃である。彼女はインディアナポリスに住んでいた。インディアナ大学に通う学生で、「Pi《パイ》 Beta《ベータ》 Phi《ファイ》」（友愛・奉仕・名誉を尊ぶ女子学生のクラブ。ソロリティ（sorority）。同様の趣旨をもつ男子学生のフラタニティ（fraternity）もある）の会員だった。

二人は出会って四年後に結婚した。現在のかれは昔をふりかえり、「私は二〇年間、男女共学の教育システムを尊重してきました。そうでなければ、どうして彼女と結婚できたでしょう」と語る（当時、インディアナ大学は男女共学を推進していた。それゆえに出会った、の意）。

二人は大学の勤務から解放されたとき、また休暇のときは、読書と研究に打ち込み、そして一緒に趣味を楽しむ。趣味のひとつは、古いカーキ色の服を着て、くるぶしまで覆う革の靴を履いて、田舎をトレッキングすることだ。毎週、ルーウェリン・セッター犬を車に乗せて町を離れ、車を駐めて五キロ～一〇キロと歩く。これを長年続けている。二人は狩の季節は狩を楽しみ、釣りの季節は釣りを楽しむ。

二人がとりわけ楽しみにしているのは、毎年夏に行なう「放浪の旅」だ。テント、台所用品、簡易ベッド、毛布、釣り道具、そして二人の間だけで言う例の「ひどく評判のわるい服」を車に積み込んで、北方の森、コロラド州の山々へ出かけて行く。この六年間は南西のはるか彼方へ行ったが、旅に出る準備はいつも整っている。

二人は、車を使わないほうがよい場合や、車の運転ができないところは、列車や船を利用する。そういう旅で最も興味深かったのは、一〇年前、インディアナ大学の野球チームを率いて日本へ行ったことだ。東京の早稲田大学と一連の試合をするためだった。

ほかにも特記すべき旅がある。昨年（一九三一年）の夏のハワイ旅行だ。二人は口を揃えて、「とても素敵な旅だった」と語る。エドモンソンは、「マーク・トウェインとロバート・ルイス・スティーブンソンの物語るハワイはあまりに美しいので、本当かなと少し疑っていました。しかし実際に行ってみて氷解しました。やっぱり世界で最も美しい場所は、マーク・トウェインの言うようにハワイのホノルル、カリフォルニアのタホ湖ですね」。

（マーク・トウェイン Mark Twain, 一八三五〜一九一〇。ミズーリ州出身の作家。『ハックルベリー・フィンの冒険』『トム・ソーヤの冒険』が特に有名。ハワイについては紀行文『ハワイ通信』〈*Letters from hawaii*, 一八六六〉がある）。

（ロバート・ルイス・スティーブンソン Robert Louis Stevenson, 一八五〇〜一八九四。スコットランド出身の作家。『宝島』（一八八三）、『ジーキル博士とハイド氏の不思議な事件』（一八八六）が特に有名。ハワイを舞台にした短編小説『壜の小鬼』〈*The Bottle Imp*, 一八九一〉、『声たちの島』〈*The Island of Voices*, 一八九三〉がある）

エドモンソンの自宅の書斎は、博物館に展示されているような品々であふれている。それはこのような旅行趣味によるものだ。インドの敷物、絵画、写真、メキシコの手吹きのガラス器、陶器、イス用のカギ編みクッション、ハワイのビーズ、ありとあらゆる品がある。価値のあるものも無いものも、すべて旅に行って買い求めたものである。

古い「Kakamona」（掛物。正しくは「Kakemono」。軸装の絵）は日本の絵画で、とても高価だ。日本の正式な衣裳「Kimono」（着物）もとても高価だ。日本へ行ったとき、「ミセス・F・イソベ」（インディアナ大学の卒業生・磯部房信の愛妻トヨ子。後述）がプレゼントしてくれたものである。エドモンソン教授は日本で四〇〇〇枚以上の写真を撮った（持参したコダックカメラで撮影した写真。日本で購入した大量の葉書大・白黒の「横浜写真」を含めた数かもしれない）。それらを収めたアルバムのKodak booksもある。

インディアナ大学の教職員は、エドモンソン学生部長がビリアードが得意なことを知っている。かれはラジオで美しい音楽を聴き、バスケットボールとフットボールを好む。また、自分の専門分野に関するものなら、現代小説、最近のノンフィクション、新聞・雑誌であれ、何でも入手して読む。書斎にいるときは、主にマーク・トウェインのユーモアと哲学を楽しむ。

エドナ夫人はユーモアをこめてこう語る。「かれのキャンプ料理は何でも上手ですよ。普通レベルのコックとして雇ってもらえるほどです。実は、おいしいコーヒーを淹れるのに熱中することが多いんですけれどね。それは褒めないことにしているわ。料理がお上手ね、と励ますほうが私には都合がいいわけですからね」。

かれの生き方は、精神衛生学の原理を学んで身につけた知識の影響を受けている。かれは長年、怒りを見せたことがない。不安や心配があるときは、「ほかのことを考える」という。そして、決して急がない。かれの信条、と言うべきものがあるとすれば、とてもシンプルなことだ。「黄金律」すなわち「あなたがしてほしいと思うことを人に施せ」（『マタイによる福音書』七章一二節）ということである。

エドモンソン学生部長は、三十二階級のメイソン（Mason, 博愛・自由・平等をめざす世界的団体。最高位は三十三階級）である。アメリカ科学振興協会(the American Association for the Advancement of Science)、インディアナ科学アカデミー（Indiana Academy of Science）の会員であり、「Phi《ファイ》 Beta《ベータ》 kappat《カッパ》」（一八九一年に創立された優秀な男子学生を育成するための友愛・慈善の団体）、「Sigma《シグマ》 Xi《ジー》」（科学と工学の優れた研究者たちの友愛と協力をめざす協会）、「Delta《デルタ》 tau《タウ》 Delta《デルタ》」（学生の友愛をめざす協会）、「Nu《ニュー》 Sigma《シグマ》 Nu《ニュー》」（医学生の育成と友愛をめざす国際的な協会）の会員である。そして今年（一九三二年。四九歳）は、全国男子学生部長協会の会長（president of the national association of Dean of Men）に就任した。

エドモンソン教授は、男子学生のモラルを高め、人間的成長を促すさまざまな活動を行なう男子のための学生部長（Dean of Men）である。「Dean」は「学部長」とも訳せるが、日本の大学の学部長と任務内容がかなり異なるので本書では「学生部長」を用いる。

高校時代はピッチャーであった。インディアナ大学には働きながら通い、苦労の末に博士号を取得した。一九一二年から同大に勤務し、一九一九年から教授職に就いた。バスケットボール、フットボールも得意なスポーツマンである。ビリアードの腕前は大学のだれもが知っている。

それは今も語り草になっている。ビリアードの名人として知られたチャールズ・C・ピーターソンとインディアナ大学の同窓会ホールで対決した写真が大学のＨＰにあげられている。大勢の観客が二人の向き合う台を見つめている。ピーターソンは全米の大学をまわって普及活動をしており、「ビリヤードの宣教使」とよばれていた。学生たちと戦ったあとにエドモンソン教授が出てきて対決したのではなかろうか。一九四〇年二月六〜七日とある。惜しいことに勝敗は記されていない。

このような経歴から、エドモンソンは学生たちに人気があって、かれらの心がよくわかる面倒見のいい教授であったと思われる。男子学生部長という役職もさることながら、そもそも人格者なのである。一二人の選手と監督・コーチらを率いて来日した理由がこれでわかった。

シアトル港から船が出ると、インディアナ大学の四人の学生が密航を企て乗っていた（Ⅵ「四人の密航者――アーニー・パイルほか」）。一人はのちにピューリッツァー賞を受賞する従軍記者のアーニー・パイルである。子どものいないエドモンソン・エドナ夫妻は、不幸な生い立ちのかれを自分の子どものように可愛がったという。ニックさんがそう教えてくれた。

エドモンソンの先祖は、初代大統領ワシントンの側近である。曾祖父は七代大統領ジャクソンから土地を購入し、農場を切り開いた。かれはそこで生まれた。幼少のころから冒険小説を読みふけって感化されたのか、子どものころ一人で列車に乗って旅をしたという。父親はインディアナ大学の事務職員をしていた。冒険・旅行はエドモンソンの生来の気質であった。エドナ夫人と車を運転して遠くへ出かけ、山野でキャンプをするのが大好きであること、料理が得意であること、また、野球チームを率いて日本へ行ったこと、最近では二人でハワイへ船旅をしたことが最高に楽しい思い出であると語っている。

エドモンソン教授が教えていた専門分野を紹介しよう。かれは一九一二年からインディアナ大学に勤務し(IUアーカイブのネット資料には一九一三年から)、人体生理学と社会(公衆)衛生学を教えていた。人体生理学は、分子・細胞の微少なレベルから、それらを統合している人体のレベルまで、あらゆる段階の生命現象を研究する生物学の分野である。一方、社会衛生学は、子ども・少年を含めて人々の健康・衛生がいかに保たれているか、疎外するものがあるならば何が原因か、といった社会的・現実的な問題を扱う。社会と人間のあるべき関係を考える実学である。こちらが本当の専門だろう。

なお、エドモンソンの経歴は、IUアーカイブのネット資料のほかに大学のHPにも記されている。それによれば一八八三年四月九日、インディアナ州エレッツビルで、ジョン・ユーイングとナンシー・フローレンス(バザード)の子として生まれた。一九〇六年にインディアナ大学を卒業し、一九一一年に修士号を取得した云々とあり、その後の経歴を記すが、右の新聞記載と異なるところがある。正確な経歴はさらに検討を要する。

◎エドナ夫人との出会い

エドモンソンとエドナ夫人の研究分野は、関心の向きどころが重なっている。二人が出会ったのは一九〇九年ころである。彼女は大学三年生、かれは博士課程一年生のころだった。四年ほど交際して結婚した。

エドナ夫人はソロリティ（女性だけの友愛団体）の会員であった。エドモンソンもフリーメイソン（男性の友愛団体）の会員である。教員の多くが会員であった。二人は学内の社会奉仕・友愛などを尊ぶ男女のグループ活動をとおして親しくなった。キャンパスの学生会館で行なわれていた両グループの合同活動で出会ったのだろう。当時はまだ男女差別が強かったが、一八九四年シカゴの教育長に女性が選ばれた。少しずつ女性の社会進出が進みつつあった（本城精二「［研究ノート］アメリカにおける女子教育のはじまりと発展」*Mukogawa literary review* 第四七号 二〇一一年三月）。インディアナ大学も積極的に男女共学を推進していた。そのため彼女に出会えたとエドモンソンは語っているのである。結婚は三〇歳、エドナ二七歳であった。

来日したのはそれから一二年後、三九歳である。IUアーカイブ資料によれば、帰国して三年後の一九二五年に男子学生部長に選出されたという。しかし地元紙「インディアナポリス・スター」に一九一九年からとあり、教授会の代表者（the faculty representative on the trip）として日本へ行ったとあるから、すでに来日前から男子学生部長であったと見られる。

エドモンソン教授は晩年、健康を害して満足に大学に通えなかったようだ。身分は教授のまま一九四三年、エドナ夫人とカリフォルニア州サウスパサデナに移住した。翌年の秋に退職し、まもなく死亡した（一二月一五日）。在職三一年、享年六一。

『五十年史』は、エドモンソンを「副校長」とし「チームの監督」と紹介している。「Dean of Men」の訳語として「副校長」はある意味で適切といえるだろう。「東京朝日新聞」（大正一一年五月一五日）は「監督」と記すが、これは違う。早稲田大学の初代野球部長である安部磯雄に似た責任者の立場であって、野球チームの監督ではない。

❸ハットフィールド家の歴史

ここではエドナ夫人の生い立ちを述べよう。彼女は一八六六年一月五日、インディアナ州マグネット郡にあるハットフィールド家の農場で生まれた。

ハットフィールド家の歴史は古く、先祖は一六二一年、一族とともにアイルランドから渡ってきた。エドモンソンの先祖も同じであり、この事実が二人の仲を深めたようだ。最初はヴァージニア州に住み、ケンタッキー州に来て定住し、それからインディアナ州へやって来た。

エドナ夫人の祖父ジェイムス・デービス（James Davis, 一八三六年～?）を説明しよう。かれの妻、すなわちエドナ夫人の祖母キャサリン・スティス（Catherine Stith）はケンタッキーから嫁いで来て、エドナ（Edona）、エマ（Emma）、ウィリアム（William）の三人の子どもを儲《もう》けた。そのうちエドナ（エドナ夫人ではない）は独身を通し、エマは一〇世ウィリアム・J・ハットフィールド（William J. Hatffield, 一八五六～一八九三）と結婚した。そして、シドニー（Sidney, 男）、クララ（Clara, 女）、エドナ（Edona, エドナ夫人）、フランク（Frank, 男）の四人を儲けた。一〇世の末弟はアリス・アレン（Alice Allen）と結婚し、六人の子どもを儲けた（名前は省略）。

エドナ夫人の父一〇世ウイリアムは向学心に富み大学に進んだが、中退して農場経営に専心した。そのころペリー郡はまだ貧しい地域で苦労が多かった。残念なことに、父は三七歳の若さで亡くなった。エドナ夫人はまだ七歳だった。農場の経営は妻が引き継ぎ、弁護士の弟がさまざまな面から支援した。

エドナ夫人の向学心は父の影響が大きい。学資は弁護士の弟が支えたと思われる。ニックさんの話によれば、エドナ夫人は一族のなかで飛びきり聡明で優秀であった。父母がいつもそう語っていたという。

エドナ夫人の兄一一世シドニー（Sidney J. Hatffield）は、農場で収穫した産物を船に積んで近くを流れるオハイオ川を下ってミシシッピ川に出て、周辺の町々を販売してまわった。帰りは船を売るなりして陸路を通って戻ってきたという。妻キャサリン・ペキンポー（Katherine Peckinpaugh）は材木を引いた板を売る会社の娘であった。

一二世ニコラス（Nichoras W. Hatfield）も農場経営に勤しみ、木材加工の会社を立ち上げ利益を増やした。母キャサリンが材木加工会社の娘であったので、材木会社を起業するのに大きな力となったであろう。妻のヴィヴィアン・ニューボーン（Vivian Newbornt）はインディアナポリスの病院の看護師をしていた。ハットフィールド家はこのころからインディアナポリスに住むようになったと思われる。こうして一三世のニックさんの代になって建設会社を創設し、社長業に邁進することになったのだった。

そこで、あらためてエドナ夫人とその子孫であるニックさんとの関係に目を向けてみよう。エドナ夫人には子どもがいなかった。夫のエドモンソンはすでに死亡している。彼女のコレクションは、どういう経緯でニックさんに伝えられたのだろうか。

◎エドナ夫人の晩年

エドナ夫人は一九四二年七月、五六歳でインディアナ大学を依願退職し、翌年、夫とロサンゼルスに近いサウスパサデナに移住した。夫はまだ在職中であったが健康を害していたようだ。大学にはあまり行っていなかったと思われる。エドナ夫人は夫の看病を理由に退職を決意し、一緒に移住したらしい。温暖な南カリフォルニアで夫を静養させたのだろう。夫は一九四四年秋、大学を正式に退職し、冬（一二月一五日）に亡くなった。

現在、ブルーミントンに「エドモンソン・ホール」と名づけられたインディアナ大学の男子学生寮がある。学生部長の功績を記念して在職中の一九四〇年に命名されている。

というわけで、エドナ夫人は夫の死後、五八歳から八七歳で世を去るまでの約三〇年間、寡婦として過ごした。その間、七三歳のとき（一九五九年）独身を通した姉クララ（Clala）とサウスパサデナから少し離れたドゥアルテの、ロイヤル・オーク通りにある退職者用の住宅で共同生活を始めた。長老派教会の運営する養老施設である。費用はかなり高いが安全が保証されているので快適な生活ができる。かつて「インディアナ州親と教師の会」（PTA）の顧問として活動していたことを問い合わせてきたクラインベンツ夫人に手紙でそう答えている（一九六一年一二月五日付）。

その手紙によれば、彼女は晩年も社会活動を続けている。そして、サウスパサデナの古い友人とも、ドゥアルテの新しい友人とも楽しく交際している。最後まで社交的な、そして活動的な女性であった。

夫婦に子どもはいなかったことは前に述べた。兄の一一世シドニー、姉クララ、弟フランクも生きていればみな相当な高齢になっている。かれらがエドナ夫人の遺品を相続するにはすでに高齢過ぎる。よってエドナ・コレクションは弟フランクの子息ジャックが引き取り、そして一三世のニックさんのもとへ伝えられたのである（P53参照）。

それが今、ニックさんから日本の私に送られて目の前にあるというわけだ。

◎エドナ・コレクションが筆者の手元にある理由

日本に帰ってきて一ヶ月ほどしたころ筆者の自宅にエドナ・コレクションが送られてきた。本書の誕生はそこから始まる。事の次第を述べることにしよう。

すでに述べたが、ニックさんのお宅を訪問したとき、エドナ・コレクションと名づけることになる大量の写真と資料を見せてもらった。野球チームに随行したエドナ夫人とエドモンソン教授が持参したコダック・カメラで撮した旅行の写真と、日本で買い集めた絵葉書大の「横浜写真」である。さらに雑誌の切抜き記事やペンで書いた自筆の書類などもあった。

一通り見終わってお礼を述べると、ニックさんが「あげるから、日本に持って帰ってください」と言った。筆者は手を振って「要《い》りません」の意思表示をした。娘が通訳してくれた。「興味深いけれど、大切にしてくれる人を探した方がいいですよ」と。

秋晴れのある日、大きな段ボールが届いた。私は直感した。開けるとやはりエドナ・コレクションだ。すぐさま送り返そうと思った。しかし、送り返せばニックさんがひどく傷つくだろう。時折、新聞などで見るように戦争の遺品を戻すような気持ちが込められているかもしれない。私に送れば、どこかの施設に保管してもらえるのではないか。研究資料として役に立つかもしれない。そんなふうに考えて送ってよこしたのではないか。私に対する敬意と期待が込められている。

「スキャンが終ったから、あげますよ」ということかもしれない。たとえそうだとしても送り返すのは失礼だと思われた。貴重な資料を見せてもらって、たしかなことを何一つ言えなくて送り返すのであれば、専門違いとはいえ、研究者の名に恥じることになる。

これは返すわけにはいかない。まず受け入れてくれる施設を見つけよう。そう考えてエドナ夫人が感謝を述べている安部磯雄に関連のある施設、古写真を収蔵する日本文化の施設などに、写真をCDにスキャンして詳しい解説を添えて相談してみた。結果は、安部磯雄と関係がない、ピンボケの写真だ、価値なし、と一言で断られてしまった。

これじゃ、どうにもならない。私は追い詰められた。撮影・購入した年月のわかる古写真が八〇〇枚以上まとまって出現することは滅多にあるまい。そのうちの数百枚が新出の写真にまちがいない。安部磯雄に関する興味深い情報がいくつも含まれている。担当者はよく見ないで、よく読まないで返事をよこしたのではないか。

しかたがない、自分で明らかにするほかない。手元に置いたまま沈黙すればニックさんをもっと傷つける。私はこう考えて専門違いの世界へ旅立つことにした。

締切りはいつか。ニックさんも私も老齢だ。元気なうちに本を書き上げ、ニックさんが元気なうちにお見せしたい。娘夫婦が英語に訳しながら説明してくれるだろう。

あれからたちまち八年が過ぎたが、締切りに間に合った。まずは校正刷りをＰＤＦにして娘に送ってみた。娘がパソコンでページをくりながら説明してあげた。インディアナ大学の一行とエドナ夫人がどのような旅をしたのか、とてもよくわかったと、たいそう喜んでくれた。

だれと交したわけではないが、私は果たさなければならない約束を果たすことができた。この秋に一冊の本がニックさんのもとに届く。大量の古写真は本書の姉妹編として、やはり文学通信から刊行することを計画している。

こういうわけで筆者の手元にエドナ・コレクションがある——。

VI　列車の旅と船の旅、出会った人々

この章では、ブルーミントンからシアトルまでの列車の旅、シアトル港から横浜港までの船旅を日を追って紹介する。資料は主にラックルハウスの遺品である手書きの「旅日記」と紺色の表紙の「アルバム」である。エドナ夫人が帰国後に雑誌に発表した「日本野球旅行」なども参照する。

一行は船のなかでユニークな人物と出会った。その一人、岡本米藏は選手たちと親しくなり、東京の街を案内し、関西へ同行し、帰国の際は横浜港に来て見送った。実は岡本は詐欺まがいの不動産業者として日本でもアメリカでも悪名高き人物である。どうして仲良くなったのか、そのかれがどのような役割を果したのか、これも詳しく考察しよう。

そのほか世界的に有名なバイオリニストのジンバリスト、パナマ運河・シベリア鉄道の開発・経営に尽した技術者スティーブンス、電気会社の日本支社長プルースマンなどとも乗り合わせた。また、インディアナ大学の学生四人がひそかに船に乗り込んでいた。密航者である。のちにピューリッツァー賞を受賞した従軍記者のアーニー・パイル（Ernest Taylor "Ernie" Pyle）もその一人であった。これも詳しく説明しなければならない。

上陸後のことを簡単に述べておこう。日本に到着すると早速、インディアナ大学の日本人同窓生三人による歓迎会（四月一六日）、続いて早稲田大学による歓迎会（四月一八日）が開かれた。前者はラックルハウスの「旅日記」とエドナ夫人の「日本野球旅行」に詳しい。後者はエドナ夫人がインディアナ大学の広報普及センター長エリオット（Frank R. Elliott）に宛てた報告書を兼ねた手紙に詳しい（IUアーカイブ。大量の手紙が保存されている）。

エドナ夫人の手紙のなかに、エドモンソン教授が同窓会と早稲田大学の歓迎会で述べたふたつの挨拶が記録されている。また、早稲田大学の歓迎会では鹽澤昌貞学長ら三人の挨拶が記録されている。どれも真摯で熱い思い

が溢れている。ぜひとも紹介したい。これは章を改めることにしよう（Ⅶ同窓生、早稲田大学、歓迎会を催す）。

❶列車の旅

ラックルハウス（外野手。日本では三塁手）の手書きの「旅日記」がＩＵアーカイブ室に保管されている。子孫が寄贈したのである。かれはとても几帳面で、何でも記録し、何でも収集した。おかげで旅のようすが手に取るようにわかる。

ＩＵアーカイブ室には、かれの遺した「アルバム」も保管されている。日本に来て撮った風景や人物の写真、インディアナの新聞や学内新聞の切抜き記事がたくさん貼ってある。写真の裏や台紙にペンでメモを記している。また、乗船者名簿、乗船者に配布された「日刊ラジオニュース」（Daly Radio News）、船のレストランで供された料理のメニュー、日本の新聞の切抜き、日本の実業人からもらった名刺などが貼られている。それればかりではない。船のなかで両親に書いた手紙も丁寧に保存されている。

「旅日記」は縦長の革張り、罫線の入ったやや大型の黒い手帳である。表紙には何も記さず、一ページを開くと「INDIANA UNIVERSITY VARSITY BASEBALL TEAM」（インディアナ大学・代表野球チーム）と印刷された菱形のワッペンを貼っている。ワッペンのなかに自分の字で「Off to Japan, March 28 1922 Leonard Ruckelshaus, 838 Brordway Indianapolis Ind.」云々と記す。列車に乗って出発した日と実家の住所である。

グーグル・マップで検索すると、この住所に百年前の家はすでにない。しかし、あたりを見渡すと、一八〇〇年代後半に建てられた立派な住宅がまだ残っている。インディアナポリスの中心部である。大学はブルーミントンだから実家を出て大学に近い学生寮かアパートに住んでいたのだろう。実家には両親と弟のアンドリュウ（Andrew, 愛称Dandy）が住んでいた。

「旅日記」の最初の二ページは白紙、三ページは「The Party」と記し、自分を除く一行一六人のサインが四ページにわたって列記されている。キャプテンのウォーカー（投手）以下一二人の選手、レヴィス監督、ヘレン夫人、エドモンソン教授、エドナ夫人のサインがやや順不同に並んでいる。少しページが進むとドン・ヒートンの名刺が貼ってある。シニアハイスクール時代の友人だ。シアトルの会社に勤めている。整髪料・シャンプーなどの有名メーカー「F.W.Fich Company」だ。恋人と会いに来てくれたのである（写真P165）。

そのあとに岡本米藏、ジャニュアリー艦長、船客のグラスゴー、ネルソン、ペチャリッチ、スティーブンス、プルースマンのサインが並び、少しあとのページにアーニー・パイルたちのサインが並ぶ。一人ひとりに書いてもらったのである。

本文は五ページから始まる。全九九ページ。内容は四つに分かれる。ブルーミントンからシアトルへ向かう列車の旅（三月二八〜三一日。四日間）、シアトルから横浜への船の旅（四月一〜一四日。一四日間）、日本滞在（四月一四〜五月一三日。三〇日間）の見聞と出来事、そして横浜から帰りの船の旅（五月一三〜二三日。一一日間）である。

帰りの日記は、起床・三食・就寝の時刻のみを記した簡略な日が多い。しかもシアトル港に到着する前日の五月二二日（月）で終わっている。そのあとのブルーミントンへ帰って来る列車の旅は記されていない。

以下、本文と（　）のなかに注解を加えながら、列車の旅を紹介していく。

三月二八日（火）、ブルーミントンの「モノン鉄道駅」に集まり、午前一一時三九分（三〇分と記す資料も多い）の列車に乗った（写真㊾）。インディアナ大学の大勢の学生・教職員と地元の人々がお祭り騒ぎで送り出したことはすでに述べた（Ⅳ）。しばらく走ってモノン町の駅に着いて食堂車・寝台車付きの特別列車に乗り換えた。ここから鉄道会社が替わる。ミルウォーキー鉄道が一九一九年に導入した電気機関車（10252・EP2）である（写真㊿）。

列車のなかで、レヴィス監督夫妻とミントン（アシスタントコーチ）とブリッジ（カードゲーム）をした。午後六

3月28日、ブルーミントンの駅で。下列中央の山高帽子はブライアン学長。デッキの左端の山高帽子はエドモンソン教授。学生・町民3000人が集まる。㋶（写真㊾）

時二〇分シカゴ着。街に出て「ステート・レストラン」で夕食をとった。午後一〇時一五分出発。車中泊。

日本へ行く喜びが溢れている。二八日は「すべてが順調で、ぼくは素晴らしい時間（a graet time）を過ごしている」。二九日は「すべてが順調で、ぼくの人生のなかで最も素晴らしい時間（the graetest time of my life）を過ごしている」、「この旅行には嫌《いや》なこと退屈なことなど（a bittiresome）なにもない。すばらしい配慮と真のサービスを受けている」。三〇日にも「順調、幸福」とある。うれしくて、楽しくて、しあわせ、なのである。

二九日（水）、午前一〇時四〇分、セントポール（ミネソタ州）着。一一時三〇分、ミネアポリス（同）着。一五分の停車時間に地元の新聞を読んだ。僕たち一行の写真と記事が載っている。出発。窓の外のハリエット湖（同）は氷で鎖《とざ》されている（写真㊿）。周辺の湖沼群も氷っている。午後三時三〇分、モンテビデオ（同）着。

一五分間の停車中に何枚か写真を撮り、メインストリートを散歩した。とても寒い。八時四〇分、アバディーン着（サウスダコタ州）。人口三五〇〇〇人（旧市街か。一九二〇年代は人口一四五三七人）、この州で最も通りの長い街だ。一〇時までレヴィス監督夫妻とミントンとブリッジをした。ミントンはラックルハウスの二年先輩。卒業して今年、大学院（法学専攻）に進んだ。学部時代は名捕手だったが、フットボールも得意でキャプテンをしていた。車中泊（写真51～54）。

三〇日（木）、午前七時、起床。七時三〇分、朝食。一日中シェル川（モンタナ州）に沿って走った。デニー、ギルバート、キッド、カイト、エドモンソン教授とラックルハウスの六人でカードゲームをした。かれらはこのあと「ブラック・ニッケル・クラブ」というグループを作って熱中した。アメリカの硬貨はニッケルだ。少額のお金(ニッケル)を掛けて興じていたのだろうか(遊戯史研究家、江橋崇氏の教示を参考にした)。

一二時、とてもおいしい昼食。二時五〇分、ハーバータウン(場所不明)で二度目の電気機関車の交替。遠くの山々は雪を戴いて美しい。四時、エドナ夫人が「お茶の時間ですよ」と呼びかけたのでカードゲームを中断。牧場が見える。牛、羊が群がっている。とても美しい風景だ。車中泊。

三一日(金)、七時起床。八時三〇分、朝食。左の車窓からロッキー山脈が見える。広大な風景だ。見渡す限り松に覆われた山々が続く。谷間をどこまでも走っていく。峡谷に架けられた高い鉄橋をいくつも渡った。

3月30日か、モンタナ州フォーサイスの近く。イエローストーン川の鉄橋、岸辺に流氷が押し寄せる。㊓(写真㊿)

午前一〇時、ワシントン州スポケーンに入った。駅で商工会議所の人々が出迎えてくれた。差し入れがあった。名産のりんごの箱詰め三箱だ。午後、ロッキー山脈とカスケード山脈の谷間を越えた。一〇〇フィート(約三〇メートル)の滝が眼下に落ちて行く。コロンビア川が赤い水と緑の水が溶け合わぬまま二筋に流れて行く。すばらしい眺めだ。一二時に軽い昼食。

ビバリーからエレンズバーグまで、カイト、ギルバートと機関車に乗せてもらった(「アルバム」に写真がある)。機関士の名前を教えてもらった。機関助士のイスに座った。すばらしい風景だ。サドル山脈の頂上は雪を被っている。大きな金鶏(キジの一種。Chinese Pheasant)がいた。

コロンビア川地区の平原を行く。遠くはロッキー山脈か。㊓（写真52）

シカゴへ行く途中で。寝台付き特別列車に乗る。車掌のマクマレン氏。シカゴ・ミルウォーキー・セントポール鉄道。㊓（写真51）

川のほとりを走る。西部劇映画で見るような森林が続く。㊓（写真53）

3月30日、モンタナ州セルカークの山並。㊓（写真54）

体は美しい黄色で頭が赤いキジも見た。

午後五時三〇分、デンバー（ワシントン州）通過。カスケード山脈の雪の山がとても美しい。高く真っ直ぐに伸びた松の木々を見た。

午後九時、ようやく目的地のシアトルに着いた。すぐ税関の手続きをしてパスポートを受け取り、フライホテル（今も実在）へ直行した。ワシントン大学の学生ハンター・マイルズとカール・ジャンバーリンが待っていてくれた。気持ちのいい連中だ。午後一〇時三〇分、ホテルの七一二号室に入った。ギルバートと同室だ。部屋にいるとヒートンから呼び出しがあった。例のシニアハイスクール時代の友人だ。今は化粧品・香水などの製造会社に勤めている。四～五年会っていない。ガールフレンドを連れている。僕の知っている友人も連れてきた。懐かしい。嬉しい。一二時、就寝。

四月一日（土）、七時起床。着替えをして八時にホテルのレストランで朝食。ハンターとジャンバーリンも一緒に食事をした。とっても良い奴。二人はワシントン大学野球チームでプレーしている。ハンターから日本についてさまざまなことを教えてもらった。

午前九時、ホテルの前で一緒に写真を撮った。一〇時、同じくワシントン大学のジュリアと会った。素敵な女性だ。僕たちを車に乗せてシアトル港へ連れて行ってくれた。

このように書いているが、ハンターとジャンバーリンは昨年九月に来日したワシントン大学野球チームに入っていない。また、その年の七月五～九日、シアトルに遠征した早稲田大学との試合（早稲田の二勝三敗）に出場したか不明である。かれらは先輩から聞いた早稲田大学チームのことや日本の話をしたのだろうか。

シアトルまで三泊四日の列車の旅であった。さぞかし日本に行って野球をする話で盛り上がったであろうと思うのだが、まったく書かれていない。また、ワシントン大学の野球選手と会って食事をしたときも、日本の話をしてくれるのを聞いたけれど、野球の話をさほどしたようには見えない。ひたすら日本へ行く旅を楽しんでいる。

意識して野球の話を書かなかったわけではあるまい。

日本の情報を語ってくれたハンターは、安部磯雄の依頼で野球部を指導した「ハーバート・H・ハンター」(『五十年史』二〇九ページ)を想起させるが、この人物ではない。

なお、三月三一日の新聞記事(学内紙か)に、ワシントン大学の選手たちが四月一日のフライホテルでの朝食会に参加し、そのあと車でシアトル市街を案内するとある。車のなかで、日本で試合をした選手が日本の生活風習などについて語るだろう、と書いてある。野球の話はこの程度しか出てこないのである。

以上、シアトルまでの列車の旅を要約してみた。百年前の自筆日記はインクが薄くなって読みにくいところがある。なんとか読んでみた。

❷船の旅

四月一日(土)、午前一〇時三五分、大型蒸気船キーストーン・ステート号(SS Keystone State)に乗船。ワシントン大学の男性合唱団《カルテット》が埠頭に来て、別れの歌をうたってくれた。僕たちはすばらしい時間を過ごしている(We had a great time.)。いま紙吹雪が舞う。ジャズ楽団が演奏している。午前一一時出航。一二時三〇分、最初の食事をした。

船について述べておく(写真㊺)。シアトルの船会社「アドミラル・ライン」所属の大型蒸気船である。寄港するのはビクトリア(カナダ)、シアトル、横浜、神戸、上海、香港、マニラ。全長五三五・六フィート(一六三・一メートル)、総トン数一四一二四トン。二年前の五月に進水したまだ新しい船である。明野進氏(日本郵船(株)歴史博物館・氷川丸グループ、館長代理)が教えてくださった。なお、この船会社は六艘体制で隔週土曜日に運行した。

そこで、エドナ・コレクションとラックルハウスの「アルバム」の写真を見る。甲板に「THE ADOMIRAL

㋓（写真56）

シアトル港。出発前のキーストーン・ステート号。㋑（写真55）

LINE P.S.S.CO」と描かれた大きな浮輪が飾られている。ネットで「535型」を検索すると、「1922/6/9　プレジデント・マッキンリーと改名」されたとあり、豪華な船室の写真が紹介されている。二五代大統領の名前に変更されたのである。エドナ夫人も「日本野球旅行」に書き留めている。

インディアナ大学の一行は、帰りも同じ船で五月二三日（火）にシアトル港に戻ってきた。それから二週間と数日して船名が改められた。次の運航はかなり先になる。一行はキーストーン・ステート号の最後の乗客となったのである。

ラックルハウスの「アルバム」に、一等船室の往路・復路の乗客名簿（Souvenir Passenger List）が貼られている。往路の乗客は四四人。夫婦連れ四組、幼児一名、未婚女性二人。住んでいる都市は記されているが、降りる港は記されていない。四月一五日の新聞（紙名不明）を見ると、二等（普通）船室八三人とある。乗客のほか日本向けの郵便物一〇七六二袋、横浜向けの一般貨物二五〇〇トン、合計五六〇〇トンを積んでいた。

エドナ・コレクションの写真を見ると、甲板で三等船室の幼児二人が遊んでいる（写真56）（Two little steerage passengers Keystone State）。三等船室（steerage）もあったのだ。一等船室（first cabin）の日本人は、岡本米蔵とイナミ・ヤイチロウ（詳細不明）の二人だけである。

この船は横浜のあと、神戸、上海、香港、マニラに寄港し、同じコースで横浜に戻り、五月一三日(土)インディアナ大学の一行を乗せてビクトリア、シアトルへ向かうことになる。先の新聞を見ると、復路の一等船室は乗客一七〇人とある。ビクトリア行き一三人、シアトル行き一五〇人。残りの七人はどの港で降りるのだろうか。そこで「アルバム」に貼られた復路の名簿で数えると、一等船室は一四四人である。差引き二六人は乗る前に解約して乗船しなかったのだろうか。それとも途中の港から乗船するのだろうか。日本人らしい人名は見当たらない。

インディアナ大学一行は、どのような船旅をしたのだろうか。

四月一日(土)午前一一時、シアトル港を出航した。午後四時、ビクトリア港着。一時間停泊。船を降りて近くを歩いた。夕方五時ごろ出航した。七時三〇分、夕食。八時三〇分、トレーニング・ルールのことで協議。甲板とかトレーニングルームでキャッチ・ボールなどをするときの注意を確認したのだろう。一行は練習不足を船内の施設や甲板で補おうとしていた。午後九時ごろ太平洋へ出た。一一時ごろベッドに就いた。船が少し揺れる。

四月二日(日)、八時起床。旅をしてすでに五泊。ミントンと同室だ。船が揺れて気分がよくないが、船酔いしているわけではない。九時に朝食。食欲がない。甲板に出てイスに腰を下ろした。それからキャッチボールをしたが揺れがひどいのでまた腰を下ろした。

クレイ、レヴイス監督と夫人、エドナ夫人、スロート、カイトは乗船以来ずっと船酔いが続いている。船酔いしたカイトは、「たとえイギリス大使になっても二度と船に乗らない」と言っている。僕はトレーニングルームに行ったがうまくできなかった。それで甲板に出ると、アバディーン(ワシントン州)から来たミルドレッド・ネルソン嬢とロングビーチ(カリフォルニア州)から来たエスター・グラスゴー嬢がいた。二人とも素敵な女性だ(fine girls)(写真㊼)。ネルソン嬢はマニラの婚約者のもとへ六年ぶりに会いに行く。グラスゴー嬢は宣教師秘書として上海へ行く。朝の三時まで甲板で話をした。疲れてめまいがするのでベッドに戻って就寝。翌朝まで目が覚めなかった。

一等船室四四人のうち女性は六人。未婚の女性はこの二人だけである。一人は婚約中。年齢が近いので選手たちとすぐ打ち解けた。毎日のように歓談し、カードゲームをしたり食事をした。ビリアードに熱中することもあった。

四月三日（月）、窓から大きな波が見える。突然ミントンと僕はシャワーを浴びた。窓から海水が入ったのだ。二人はベッドに腰掛けていた。同時に同じことを思った。ミントンは私が水をかけたと思い、私はミントンが水をかけたと思った。窓のガラスが下がっていた。閉めていなかったので、海水が飛び込んできて僕たちにかかったのだ。最初、何が起こったのかわからなかった（写真㊽）。

ラックルハウスは、少し船酔いしたみたいだが平気だ、と書いている。朝食のあと甲板に出てグラスゴー嬢と話をした。昼食のあとギルバート、ネルソン嬢、カイトと僕の四人でブリッジをした。ネルソン嬢と僕（ラックルハウス）が勝った。四時、お茶とかビールが欲しくなったのでブリッジを中断した。そのあとキッド、ネルソン嬢、グラスゴー嬢とブリッジをし、グラスゴー嬢と僕（ラックルハウス）が勝った。七時、夕食。そのあとも甲板に出て九時までカードゲームをした。一一時三〇分、部屋に戻って就寝（写真㊾）。

ネルソンか、グラスゴーか。二人の女性がチーム・メイトと親しくなった。㋑（写真㊼）

四月四日（火）、八時起床、九時朝食。甲板に出てシャッフルボードをした。このスポーツは「細長いコートの上でディスク（円盤）を押し出し、「ダイアグラム」と呼ばれる得点盤上に到達させてその得点を競う」（ウィキペディア）もので、甲板で行なう競技として広まったという。

こうしているうちに大嵐に襲われた。前に書いたように、クレイ、レヴィス監督とヘレン夫人、スロート、カイト、エドナ夫人は出航以来ずっと船酔いが続いている。ヘレン夫人とグラ

キーストーン・ステート号。㋓(写真58)

実に楽しそうだ。オーバー・コートを着ていないのは帰りの船か。左より一人置いてラックルハウス、次はウオーカー。㋑(写真59)

スゴー嬢が床にへたり込んでいる。我々は大嵐の真っ只中だ。

一行のほとんどが船酔いに苦しんだ。特にエドナ夫人がひどい。が、まったく船酔いしない人がいた。エドモンソン教授とリンチ(Harold Lynch, 右翼手)だ。エドモンソン教授は日本でのインタビューに、自分以外は「皆初航海でしたからね」(『野球界』六月号)と述べている。かれは船に乗り馴れていたのである。

◎ジンバリスト

この日(四月四日)、ラックルハウスは甲板でエフレム・ジンバリスト(Efrem Zimbalist, 一八八九〜一九八八)と話をした(写真60)。「特別な乗客だ。世界的に有名なバイオリニスト。日本へ演奏に行くのだ。奥さんはソプラノ歌手のアルマ・グルック(Alma Gluck, 一八八四〜一九三八)。興味深い人物だ(a interesting man)。じっくり話をした」と書いている。エドモンソン教授も、来日後の雑誌インタビューに、「あの有名なヂンバリストも同船して居《ゐ》まして、懇意になりました」と答えている。同船していたことは英字新聞にも紹介されている。

かれはピアノ伴奏者を連れていた。ラックルハウスの「アルバム」に、伴奏者のグレゴリー・アッシュマン(Gregory Ashman, 生没年未詳)と甲板に並んで立つ写真がある。胸のポケットに白いハンカチ、おしゃれである。ネットで『歴史写真』（一〇八号　大正一一年七月）に掲載された、千駄ヶ谷の三島子爵邸の庭園で撮した写真を見た。やはり背広の左胸に白いハンカチ、アッシュマンはモーニング姿。演奏会のあとの写真だろう（写真⑥1）。

アッシュマンは一等船室の名簿に見いだせない。二等船室に乗ったらしい。ちなみに、ジンバリストの息子は有名な映画俳優だ。オードリー・ヘップバーンと「暗くなるまで待って」（一九六七）で共演している。孫娘も女優として知られている。

甲板で。左より、アッシュマン（アシュムランは誤記。ピアノ伴奏者）、ジンバリスト。台紙に「二人の高名な乗客」「世界的に有名なバイオリニスト」などと記す。㋶（写真⑥0）

千駄ヶ谷の三島子爵邸にて。『歴史写真』108号（大正11年7月）より転載。左より「小野夫人、ヂムバリスト氏、三島章道夫人、アシュマン氏、土方與志夫人等」と記す。小野夫人はロシア生まれのバイオリニスト、ジンバリストと同門。本名、アンナ・ディ・ミトリエヴナ・ブブノワ。日本人留学生の小野俊一と結婚、のち武蔵野音楽大学教授。（写真⑥1）

❸岡本米藏の貢献

四月四日、ジンバリストのほかに岡本米藏と出会った。乗船したときから見知っていて、この日にまとめて書いたようだ。「かれは日本の大富豪だ（Japanese Millionaire）。とても魅力的で、頭が切れて、社交的で、ウイットに富んでいる（very interesting, cleaner, sociable and witty)」。さらに「場を盛り上げる人気者だ（a life of party)。ニョーヨークと京都に五つの邸宅（a fine home）がある。日本社会に大きな影響力をもっている（a very influentist man in Japan)」と驚きを隠さない。

実は「旅日記」の一五ページは、岡本米藏のサインがひとつ書いてあるだけだ。革表紙をめくると、まず罫線（横書き）のない白紙になっており、「Property of《所有物》／Lenard C.Ruckelshaus／838 Broadway Indianapolis／Ind.」と四段に記している。ここまでは普通のことだが、その下に日本語で「レナード　コンラッド／ラックルハウス／八百三十八番地／ヴロウドウヱイ／インディアナアポリス／インディアナア」と書かれている。ラックルハウスの実家の住所である。岡本の筆跡だ。「アルバム」に、この住所に宛てた岡本の封筒が貼ってある（便箋はない）。住所交換をしたのである。次の白紙にも岡本の字で「インディアナ大學」と書き込んでいる。二人は親しくなったことがわかる。

サインをした一〇人（選手を除く）のなかで、岡本米藏だけが自慢そうに住所を書いている。「On Board SS Keystone State. Yonezo Okamoto, Colonial Heights Tuckahoe. N.Y.」と記し、さらに漢字で「岡本米藏」を縦書きに書いている。なんのことはない、「私はニューヨークの高級住宅地に住んでいるんだよ」と自慢話をしたのである。そのとおりだった。

ニューヨークの中心部から三〇分ほど北へ電車で行くとタッカホーというところがあり、富豪たちの住むコロニアル・ハイツという有名な高級住宅地がある。岡本はここに洒落た豪邸を構えて、妻の品子《しなこ》、二人の子息と暮らしていた（村上由見子『百年の夢――岡本ファミリーのアメリカ』新潮社　一九八九年六月）。邸宅は東京の上渋谷にも京都にもあり全部で五つ所有していた。これもみずから語ったのである。大富豪で日本のカーネギーと称され、自分もそのつもりでいた。

岡本米藏は、インディアナ大学野球チームの日本遠征を考えるとき、とても重要な人物だ。岡本をとりあげないで語ることはできない。船旅の紹介を一旦中断することになるけれど、詳しく述べてみようと思う。

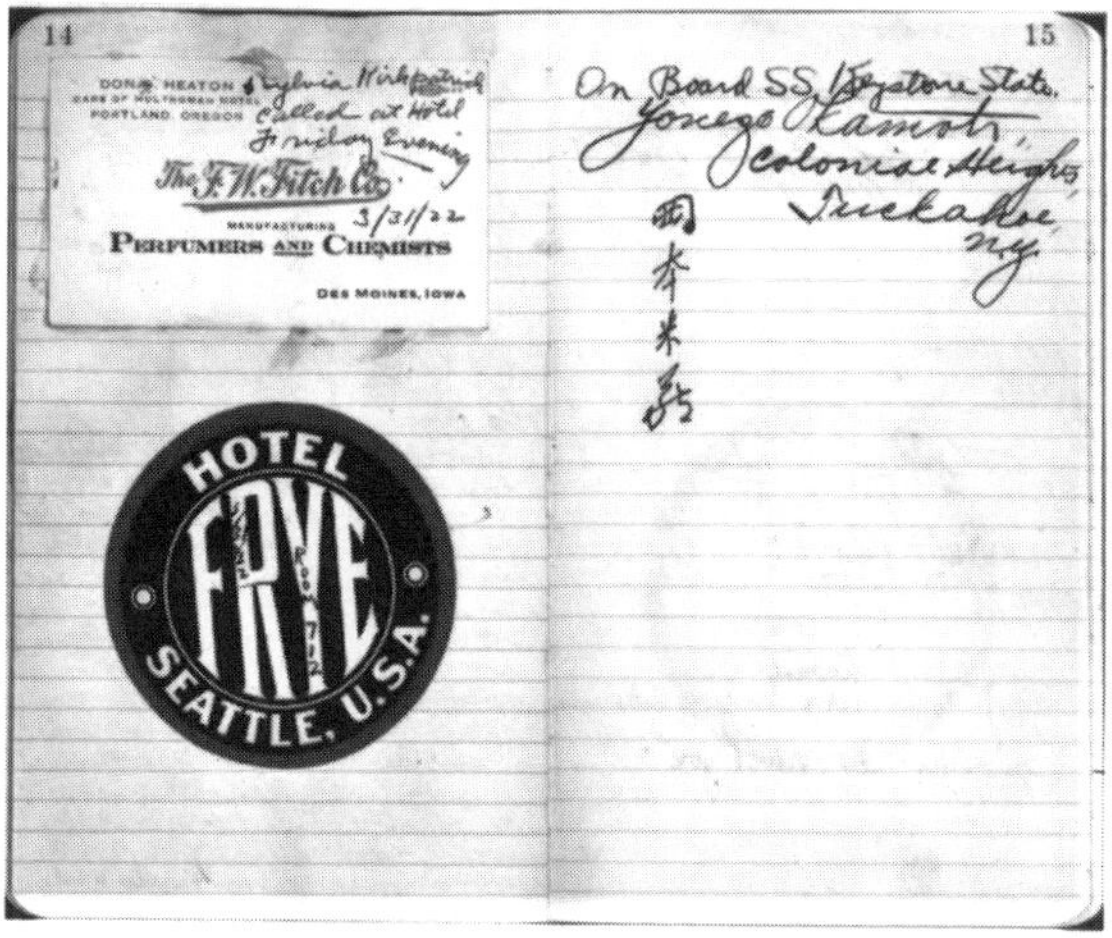

ラックルハウスの自筆日記「旅日記」（Off to Japan）。岡本米藏のサインがある。左ページはシニアハイスクール時代の友人ドン・キートンの名刺を貼る。フライ・ホテルは現在も営業。

岡本を褒め讃える論文・資料はまず見当たらない。非難するものばかりだといってよい。巨万の富を築いたが、詐欺まがいの悪徳不動産業者として国内外に名を馳せたからだ。

選手たちは、どうして親しくなったのか。「旅日記」を調べると、右に紹介した四月四日を初めとして帰国する五月一三日まで、なんと九回も登場する。これほど登場する人物はほかにいない。乗船者のなかには、一緒に写真を撮り、歓談し、カードゲームに興じ、食事をし、パーティで親しくなった人が多い。ネルソン嬢とグラスゴー嬢は選手たちとすぐ打ち解けたのだった。男性ではジンバリスト（バイオリニスト）、スティーブンス（技術者）、プルースマン（会社社長）、ビゲロウ（不明）などがいたが、それぞれ一回しか出てこない。岡本のように親しくならなかったのである。

ジョン・スティーブンス。かれも世界史に名を残す著名人。㋓(写真62)

◎スティーブンス、プルースマン、ビゲロウ

スティーブンス(John Frank Stevens, 一八五三～一九四三)(写真62)は第一次世界大戦後、満州鉄道の利用に関する重要会議「技術委員会」を率いた。日本を経由して満州の本部に行くところであった。ラックルハウスは、両親と弟に宛てた手紙に「今日、僕は世界的に有名な人と話をした。ジョン・スティーブンスという人で六〇歳くらいだ。かつてパナマ運河建設の技師長を務め、今はシベリア鉄道の利用に関する重要な仕事をしている。とても興味深い人で、学識がある(very interesting & learned man)。かれも僕たちに関心をもっている」(手紙の日付は四月一一日)と書いている。このとき六九歳であった。

四月九日(日)はエドモンソン教授の三九歳の誕生日だった。午前一一時、船内の教会で式が行なわれた。「とてもおもしろかった。約四〇人が集まった」。パーティには大きなバースデイ・ケーキが飾られ、一等船室四四名のほとんどが出席した。ラックルハウスがスティーブンスと話をしたのはこのときである。エドナ・コレクションに、甲板に立つスティーブンスの写真がある。堂々たる風貌だ。かれは選手たちと会話はしたが、それ以上親しくならなかった。

もう一人、そういう人物がいる。誕生会のあった四月九日は強風で船が揺れた。高波が甲板を襲った。この日、ラックルハウスは、日本ゼネラル・エレクトリック株式会社代表取締オットー・プルースマン(Otto Pruessman, head of the General Electric Co. of Japan, 生没年未詳)と話をした。かれも「旅日記」に一度しか登場しない。やはり会話をする以上に親しくならなかった。ただし、記された役職が正しいかどうか確証が見いだせない。のちに東芝の前身である東京電気株式会社の「副社長」になったのは事実である（西村成弘「電気機械産業におけるグローバルな知識移転の組織化」 中央大学『商学論纂』第六二巻第五・六号 二〇二一年三月）。

ビゲロウはどうであろうか。職業・年齢などはわからない。かれも「旅日記」に一回しか登場しないが、スティーブンス、プルースマンと違って、インディアナ大学一行と仲良くなった。四月三〇日は早稲田大学と三回目の試合をする日だった。朝八時起床、九時朝食。午前中ショッピングに行き、ホテルに戻って一二時に昼食。雨が降り出して試合は中止になったが、ますますひどく降ってくる。「昼ビゲロウさんが来てくれた。午後、一緒にビリヤードをし、夕食をともにした。そのあとエドモンソン教授、レヴィス監督、ビゲロウさんがビリヤードをした。僕は見ていた。一〇時に就寝」と書いてある。ビゲロウはホテルまで来てくれて夜遅くまで過ごしたのである。来日後も一行と楽しく交際していたことがわかる。

甲板で。左よりビゲロー、レヴィス監督、同夫人、岡本米藏、エドナ夫人、エドモンソン教授、プルースマン。㊁（写真㊸）

エドナ・コレクションに、甲板で撮したビゲロウの写真がある。レヴィス監督、ヘレン夫人、岡本、エドモンソン教授、エドナ夫人、プルースマンと並んでいる（写真㊸）。蝶ネクタイを締め、比較的若い。上陸後も親しくしたのだが、岡本のように親密にならなかった。

さて、岡本は一行とどのような付き合いをしたのだろうか。四月四日のことはすでに紹介した。翌五日を見よう。ラックルハウスは八時に起床、やや船酔い気味だけどよくなってきた。ぐっすり眠った。八時半に朝食をとり、ブリッジをした、とある。そのあと「岡本さんと話をした。

最近出版した著書をみんな（each one of us）にプレゼントしたいと言った。そして、これまでのかれの人生について興味深い話をしてくれた」。

多分こういう話をしたのだろう。二四歳で単身ニューヨークへ渡り、苦労を重ねて不動産業で成功した。プレゼントする本にアメリカで学んだことを書いてあるよ、と。

ＩＵアーカイブ室に、ウォーカー（投手、主将）に贈った自筆サイン入りの『薔薇香《ばらのかをり》』（岡本洋行出版部　大正九年三月）がある。布張りの美麗な本だ（もとはアメリカ国旗に桜花をあしらった外函《そとばこ》に入っていた）。ウォーカーの子孫が寄贈したのである。奥付を見ると、大正一〇年二月の一四版である。

岡本の書いた本は一〇冊を超えるが、どれもベストセラーになった。『牛《うし》』（博文館　大正四年六月）は出版部数は不明だが、一二月に早くも四版を数え、大正九年（一九二〇）八月には一一五版に達した。『薔薇香』も四年目で一四版である。見返しの遊紙に「To Mr. James Walker with complements of the auther, Yonezo Okamoto Apr. 22nd. 1922」とペンで書いてある。「ジェイムス・ウォーカー様、私のサインを添えてお贈りします。一九二二年四月二二日」。早稲田大学と最初の試合をした日だ。早稲田球場に応援に駆けつけてプレゼントしたのである。

ラックルハウスの「アルバム」に、この日、長ベンチにインディアナ大学の人々と座っている写真がある（写真㉜）。エドナ・コレクションにも同様の写真があり、一塁側スタンドの前に置かれている。インディアナ・チームのダッグアウトとして使われている。後ろのスタンドは学生服の人々で満員だ。一塁側（インディアナ大学）には大きな星条旗、三塁側（早稲田大学）には大きな校旗が高く掲げられ、空に羽ばたいている（写真㉛）。

背もたれのない長ベンチに、前学長スウェインとその夫人、エドナ夫人、ヘレン夫人、岡本、レヴィス監督、デニー（三塁手）、ゴース（投手）が座っている。そばにミントン（アシスタントコーチ）とキッド（捕手）が写っている（Ⅳ）。後ろのベンチに、アメリカから来た旅行客が五〜六人。この写真はインディアナ大学の学内紙（六月五日）にも掲載され、ベンチに座っている人々の名前が一人ひとり記されている（写真㉜）。

エドナ・コレクションに同じ場面を別の角度から撮した二枚がある。やはり前列中央に岡本が写っている。エドナ夫人は裏に「Waseda ground April 21-22」と書いているが、二一日は間違いだ。二一日は「七時三〇分起床、八時朝食、軽い練習。午後はホテルでビリヤードをする者、街へ買い物に行く者がいた。六時夕食。そのあとホテル周辺を散歩。九時三〇分ベッドに入った」とある。グラウンドに行かなかったし、そもそも試合がなかった。岡本は初戦の四月二二日（土）球場に行って応援し、選手たちに著書を配ったのである。

デニー（一塁手）はユニフォームを着ているが試合に出なかった。結局、初戦は0×4で早稲田に敗れた。不思議なのは、関係者でもない岡本がインディアナ大学の関係者のごとくふるまっていることだ。岡本は不動産業に翳りが見え始め、出版業そして貿易業に手を伸ばしたころだ。富豪ぶりは相変わらずだが、孤独感が忍び寄っていたらしい。

「旅日記」についてもう少し語ろう。次に岡本が登場するのは四月一一日（火）である。「夕食のあと、僕たちに日本のさまざまなことについて教えてくれた」とある。この日はラックルハウスの二一歳の誕生日であった。岡本の話を聞いたあとキッド（捕手）、ミントン、カイト（遊撃手）とささやかなパーティをした。甲板に出ると天気晴朗、風はないが肌寒い。海原は鏡のように滑らかだ。月の光が照っている。美しい。翌日、両親に手紙を書いた。「四人で誕生パーティをした。楽しかった」。感謝の思いをしたため、弟にも旅のようすを知らせた。

「アルバム」に、この日、昼に撮った写真がある。甲板の手すりにもたれて、クレイ（捕手）、ラックルハウス（三塁手）、ウォーカー（投手）、岡本、ミントンが並んでいる。岡本以外は手にグラブをもっている。ミントンはキャッチャー・ミットだ。かれは学生時代、名捕手だった。四人は甲板で練習をしていたのである。岡本は見ていたのだろう。

四月一九日（水）は昼食後、岡本の案内で東京の街へショッピングに行った。そのあとアメリカ大使館に行き、ウォーレン大使（Charles Beecher Warren, 一八七〇〜一九三六）と夫人に会った。岡本は面会に同行したと思われる。

次に岡本が登場するのは五月一日（月）。午前中ホテルに迎えに来て、東京の街を案内しショッピングを手伝った。四日は午前中、小石川の帝国植物園（Imperial Botanical Garden）を案内した。「岡本さんのおかげで」（Okamoto's influence）とあるから、かれが顔を利かせたので入園できたのだろう。「とても美しいところだ。美しい花がたくさん咲いている。皇族のお使いになる家があって、僕たちはそのうちの一軒に上がってお茶を飲んだ。別のパーティーが通りかかったが、かれらはこの家に近寄れなかった」とある。

このあと上渋谷の邸宅に招いてくれた。広くて美しい邸宅だと感心した。家族が日本に帰ると岡本はここで過ごしている。そして、みんなに万年筆をプレゼントした。選手たちはそれからホテルに戻り、ユニホームに着替えて早稲田球場へ向かった。

なお岡本は、翌年の大正一二年（一九二三）夏、妻と二人の息子を連れて日本に帰ってきた。「新居として用意していた上野公園近くの家でようやく旅装を解」（前掲・村上氏著書）いたという。上渋谷の家は処分して行ったらしい。

あとで紹介するが、品子《しなこ》は *Sex in Life* の翻訳を大正九年（一九二〇）三月二一日、上渋谷の家で脱稿した。「米國へ出帆の前日」とある。それからしばらくアメリカで過ごしていた。一方、岡本は単身でインディアナ大学の一行と乗り合わせて帰国したのである。そしてまたアメリカへ戻り、翌年の夏に妻子を連れて帰国したことになる。ほぼ毎年、帰米帰国をくりかえし、不動産その他の仕事をしていた。

五月五日（金）、一行は東京から大阪へ列車で移動した。岡本は一等車に乗り、選手たちは二等車に乗った。かれは食事がまずいから二等車には乗らないのだという。エドモンソン教授、エドナ夫人たちも二等車だろうか。選手の何人かは岡本の車両に乗り込んで朝を迎え、午前も午後も一緒に過ごした。岡本は日本の鉄道はアメリカを手本にしたが車体がとても小さいと言った。ラックルハウスは「僕は二等車で夕食を食べた。やはりひどく粗末だ（very poor）。夕方の五時に大阪駅に着いた。車に乗って今橋ホテルへ行った。途中、街をながめた。三試合をする予定だ」と書いている。
かれは車窓から見た風景を次のように書いている。興味深いので引用しよう。

ホテルを朝の八時四五分に出た。九時一六分、東京駅を出発。雨が降っていた。大阪は約三五〇マイル離れている。窓から見る風景はとても美しい（very beatiful）。地面は隅々まで耕作されている。それは、この三〇年間で人口が倍に増えたことに起因している。すべてが緑で、きれいだ。山ばかり続いている。茶畑や田んぼが見える。どこもここも灌漑されている。膝まで水に浸かって田んぼで働く農民たち。肌寒いのによく我慢できるものだ。

夜八時、大阪駅に到着、今橋ホテルに行った。車のなかから街を見た。とてもよい印象を受けた。大阪は人口一八〇万、工業都市（manufacturing town）。日本のシカゴ、ピッツバーグといわれている。日本のベニスとよばれることもある。運河で縦横に結ばれているからだ。八〇八の橋が架かっている。
東京より近代的だ。ビルが高いのは大阪では地震が起きていないからだろう。今橋ホテルはとても高級だ（very fine）。アメリカふうである。築地精養軒ホテルよりすばらしい（better）。ホテルに着くとすぐベッドに入った。

かれはインディアナに生まれ育った。トウモロコシ畑が地平線へ広がる大平原である。日本の「山ばかりが続く」風景を見て驚いたろう。土地が細かく区切られ、隅々まで耕され、水路が通り、お茶や米が植えられている（写真㊹）。エドナ夫人も感動して「日本野球旅行」に綴っている。
意外なことにラックルハウスは大阪の街に詳しい。人口、工業、運河など大阪の特色を正確につかんでいる。

大阪の街。運河が流れる。電飾の屋形船。ビルの壁に「健脳丸」の看板、便秘薬、精神安定剤にも使われたという。㊤（写真64）

牛車が鉄橋を渡る。大阪の街。東京でも普通に見られた。㊤（写真65）

この三〇年で日本は豊かになったともいう。岡本から教わったにちがいない。大阪は工業が盛んでシカゴ、ピッツバーグと似ている、水の都ベニスと似ている、というのはアメリカ人の考えつくことではない。大阪を説明するとき日本人のいう決まり文句だ。東京より近代的だとは、関西生まれ（兵庫県）の身びいきだろう。東京にくらべて地震がないとは、当時そう信じられていたのかもしれない（写真64 65）。

五月八日（月）は早稲田大学と試合（第六戦）があった。一〇時三八分、大阪駅を出発し、一一時四〇分、京都駅に着くと車が待っていた。街をながめて東本願寺へ行った。次に亀岡へ行き、しばし散策してから保津川のほとりの公園で、今橋ホテルが用意してくれた昼の弁当を食べた後、平底船に乗って保津川下りをした。それから嵐山を見て車に乗って京都府立第一中学校（左京区吉田近衛町）のグラウンドへ行った。午後四時一〇分、早稲田大学と試合をし、3×4で敗れた。

岡本は、この日の日記に出てこない。同行しなかった。案内したのは安部磯雄である。安部は翌日の九日（火）、エドモンソン教授、エドナ夫人、レヴィス監督夫人の三人を奈良へ案内した。エドナ・コレクションに奈良公園で撮った写真がある。

というわけで岡本は二日後の一〇日、今度は自分の出番と思ったのか、選手たちを連れて東本願寺へ行ったのである。是非とも見せたい理由があった。安部たちのいないときに選手たちを誘っているように見える。

一一日（木）は朝八時二九分の列車で大阪を発ち、夜の七時半に東京の精養軒ホテルへ戻ってきた。途中、富士山が雪をかむって非常に美しかった。一二日の午後は、いよいよ明日が帰国なので荷造りをした。それが終わると夕食をかねた「さよなら会」（a farewell banquet）が催された。「安部教授が挨拶し、エドモンソン教授と主将ウォーカーが短くお礼を述べた。安部教授から記念品が贈られた。僕はその後、葉書を何枚か書いて就寝した」とある。岡本は部外者だから「さよなら会」には参加できない。顔を出してよいときに選手たちの前にあらわれ、観光案内をしているように見える。

少し前に戻って詳しく見よう。五月八日（月）は京都で早稲田大学と試合をし、夜の八時に大阪へ戻った。翌九日は、西宮の鳴尾球場で早稲田大学と最終戦をした。先発は堀田正であったが、次にマウンドにあがった名投手、谷口五郎をこの日は打ち崩して7×4で勝利した。早稲田と七回戦って勝ったのはこのときだけである（一勝五敗一引分け）。

午後一〇時、大学の先輩ジョン・サンプル（John Sample）に連れられて列車で神戸へ行き、一泊した。とても楽しかった。そして一〇日の朝、朝八時の列車で京都へ向かったのだった。「ホテルに着くと岡本がすでに待って

岡本米藏。42歳。和服姿で観光案内をする。京都の街。マフラーは何色だろうか。草履はかなりの厚底。隣りは無二の親友となったラックルハウス。㋑（写真66）

おり、日本で最も大きな寺院である東本願寺へ案内してくれた」とある。もちろん車（タクシー）で連れて行った。古いタイプのフォードに乗ることもあった。かくして選手たちは二度目の東本願寺訪問をしたのである（写真66）。

一行は、法主《ほっす》の大谷光演（第二三代。一八七五〜一九四三）から『常葉帖《ときわちょう》』（大正四年四月、非売品）をプレゼントされた。東本願寺が所蔵する天皇宸筆の歌書や建物などの写真をコロタイプ印刷した横長の豪華本（並製も作られた）である。ＩＵアーカイブ室に、主将ウォーカーがもらった一冊が保管されている。本を開くと「To J. B. Walker, May 10th 1922 Koen Otani（Living Buddha of Japan）」とサインがある。

ラックルハウスも一〇日の日記に、「生き仏が僕らに本をくれた」（Living Buddha gave us a book.）と書いている。インクが薄れて読み取りにくい。そのほか光演の描いた絵の本をもらったかもしれない。それにしても「日本の生き仏」とは恐れ入る。「法主」の英訳だろう。法主にのみ許されていた訳語だろうか。

大谷光演は「句仏」と号する俳人であり、画人であった。岡本は信仰上かれと親しくしており、句仏の俳句を厳選して『句仏上人百詠』（培風館　大正七年八月）を出版している。それゆえ選手たちを連れて行ったのである。

東本願寺の次は、午後一時、有名な茶屋に連れて行った。祇園だろう。日本料理をご馳走し、芸妓《げいこ》・舞妓《まいこ》の都踊り（Cherry Dance）を見せ、アメリカ風のカフェに連れて行った。夜九時三〇分ころ京都を発ち、一〇時半に大阪着。ラックルハウスは「へとへとになった」と書いている。

すべて岡本の奢《おご》りである。至れり尽くせりの親切だ。次に登場するのは、すでに述べたが五月一三日（土）帰国の日である（写真67）。七時半起床、八時朝食、東京を発ち一〇時ごろ横浜に着いた。人力車に乗って埠頭に着くと、なんと岡本が待っており、「岡本さんが僕たちを贅沢な食事に連れて行ってくれた。とても楽しい時間を過ごした（I had a real time with him.）。そして午後三時出航、七時夕食。船内を歩き、それから就寝」とある。

岡本はだれかに頼まれて親切をしたわけではない。同じ船に乗り合わせ、親しくなっただけだ。その程度なのに、日本の文化や都市の説明をし、東京・京都を連れて歩いた。試合のある日もギリギリの時間まで観光案内をした。著書をプレゼントし、自宅に招いて万年筆を配り、自慢話をたっぷり披露し、驚くばかりの親切をした。

横浜港のキーストーン・ステート号。帰国する5月13日か。人力車、自動車が見える。㋓（写真67）

商売・事業上のもくろみがあったのだろうか。岡本は不動産業に行き詰まり、出版業に乗り出したがなかなかうまく行かず、貿易業に乗り出している。最新のアメリカの文化製品、レコード・蓄音機などの輸入・販売に力を注いでいたころだ。アメリカに設立した新会社のために働いてくれる若い人材を探していたのだろうか。

そんな魂胆はまるでなくて、アメリカの若者がただ大好きで、観光案内をしてあげて、ともに楽しい時間を過ごした。自分はアメリカで大いに学んだ。お返しに日本のことを教えてあげよう。そういうことではなかったろうか。とすれば実に献身的である。

特にラックルハウスと気が合った。前に述べたが、かれの「アルバム」に甲板で岡本と腕を組む写真が一枚ならずある。台紙に「"RUCK"& "DAMN HOLE"OKAMOTO. A REAL FELLOW」とメモがある。「ダム・ホール」は「桁外《けたはず》れのすごい人」という意味だろうか。「リアル・フェロー」は「本当の友人」。すっかり親しくなったのである。岡本四二歳、ラックルハウス二一歳であった。親子に近い年齢である。

岡本の顔姿が写っている写真が一一枚ほど見いだせる。エドナ・コレクションに四枚、ラックルハウスの「アルバム」に三枚、もう一冊の「アルバム」（IUアーカイブ室。ウォーカーの遺品か）に四枚ある。甲板に一人立つ写真、一行と一緒の写真、東京の街で背広姿、和服姿で腕にカメラを抱えた写真もある。和服姿の写真はラックルハウスと並んで立っている。どの写真も背筋をピンと伸ばし、明るく笑っている。押しの強い性格のようだ。あるときは厚底の草履をはき三センチほど高く見せている（写真66）。背の高いアメリカの青年を意識したのだろうか。一メートル六〇センチに足りない小柄な体躯であった（前掲・村上氏著書）。

たった一ヶ月半の選手たちとの付き合いであったが、毀誉褒貶の嵐のなかを生きた岡本の生涯において、これほど幸せで楽しい時間は二度と訪れなかったであろう。心は快活さに満ち、安らかであったろう。写真の笑顔がそれを物語っているように思われる。

しかしエドモンソン教授やエドナ夫人はいくぶん距離をおいて岡本を見ていたようだ。安部磯雄もそうだったろう。村上氏の著書によると、大正五年（一九一六）二月以降、岡本の名前こそ出さないが、あきらかに岡本を非難・攻撃する特大の記事が「進歩派の牙城といわれた『大阪朝日新聞』」に掲載されるようになった。曰く、誇大な宣伝をして「左《さ》も大金儲けが大道に転がつて居るやうに吹聴」し、何もわからぬ日本の地方に住む教員などをだましている、と。同様の記事は「東京朝日新聞」にも掲載されるようになった。

日本やアメリカだけでなくブラジルの日本人たちの間でも評判になっていた。ネットで検索した「伯剌西爾《ブラジル》時報」（一九一七年九月一四日〈金〉第參號）の記事をあげよう。

◎岡本米藏の鍍金《メッキ》がはげたか。

紐育土地建物會社と結託して紐育市より百三十哩《マイル》も隔つる湿地で不健康地で到底近き將來には人の入り

込む見込のない場所を紐育中央公園あたりに（の）廣漠たる原野でもあるかの如く書き立て、盛んに故国の内地を勧誘し廻つた岡本米藏のキングスランドなる者は近頃日本の辨護士、福島、柳の二法學史の調査に依つて其真相が顕はれ是れまで大金を投じて買つた金持連は兎も角も十年も二十年も懸《か》つてヤツト二百円か三百円を貯めた學校の先生連の失望は洵《まこと》に気の毒な者（ママ）だとは近頃日本から米國《にうようく》を経て來聖した観光客の話

日本の新聞記事を要領よくまとめている。こんなふうに暴き立てられたら普通の人間は逃げ出すだろう。だが、平気の平左であった。

ニューヨーク郊外の沼地のような土地を一〇年後二〇年後には莫大な利益を生む「金脈」だと宣伝し、今こそ買っておくべきだと言葉巧みに投資を募る。だが、買ったところで自分の土地となるわけでなく、共有の管理地となり、投資した金は岡本の個人口座に入る。理屈が通っているようだが、岡本だけが収入を増やす仕組みになっていた。

投資した人々は、日本人の住むべき土地を海外に獲得するという国家の未来を憂える心意気に感動した。岡本がいうには日本は一平方キロに四二九人が住んでおり、一年に一八〇万人が生まれる。死ぬ子どもも多いがこの調子で増えていけば、日本には住むべき土地がなくなる。今のうちに食糧の豊かな、文明の進んだアメリカに広大な土地を確保しておかなければならない、というのである。

怪しげな学説だ。世界の情勢と経済が刻々と変化していくことを計算に入れず、人口だけがただ増えていくと考えている。だが、こうしたマルサスの『人口論』（一七九八）は、移民推進の理論的根拠として世界的に信用されていたのである。無理もないが岡本も例に漏れずその一人であったわけだ。

岡本は大正一一年（一九二二）春、インディアナ大学の一行と日本に帰ってくると、陸軍中将（待命）吉江《よしえ》石之《いしの》助《すけ》（一八六六〜一九三五）の依頼で、静岡県の教会で数時間にわたる講演を行なった。そのときも右の「国家的事業」

を熱心に説いている。講演は一冊の本となり『岡本米藏君講演　米國事情』（紐育土地建物會社静岡出張所　大正一一年一二月）として上梓された。出版したのは岡本の経営する会社の支社である。

注目すべきは、正反対の立場にいるはずの安部磯雄もマルサスの人口理論をもとに日本人のアメリカ移住を妥当なことだと考えていることだ（Ⅷ「安部磯雄のハワイ移民論」）。知識人の多くが共通の認識をもっていたのである。

ところが、岡本はそう語る一方で、ニューヨークでは「母子健康手帳」のような制度がすでに施行されており、妻の例を出して、妊娠する前から市の保健課が懇切丁寧に健康管理の指導をしてくれたという報告をしている。また息子の通う小学校を例に出して、学校が子どもの歯の検診を行ない、その結果を保護者に連絡し、悪い歯があれば直ちに治療してくれると述べている。児童の健康・育成において日本がいかに遅れているかを指摘し、アメリカを模範に改善すべきだと提案したのである。

教育に関する発言も注目に値する。岡本の子どもが通う小学校はニューヨークでも上流階級が住む地域にある。かれは学校を参看して、賛美歌と祈りに始まる清純な生活を見て感動した。そして、日本の学校でも音楽と宗教が必要だと提案している。

岡本は三曲の唱歌を世に出した。歌詞はいずれも岡本の原案によるもので、「海外雄飛」（湯浅半月作歌・米野鹿之助作曲）、「ほゝ笑めほゝえめ」（桑田春風作歌・田村虎藏作曲）、「母の聲」（同右。大正九年四月段階も「検定出願中」）の三曲である。前の二曲は「文部省検定済」とあり、「母の聲」は「検定出願中」（大正七年現在）である。これは前年六月に出版した自著『箪笥《たんす》』（培風館）に掲載している。一〜二番の歌詞は音楽の霊妙な力を説き、三〜五番は「母の声」に「なさけのいつくしみ」を思うというもの。子を思う母の愛情を讃えている。もちろん父の剛健さを讃えることを忘れていない。広告文に「請ふ小學校、中學校、師範學校、女學校は勿論一般家庭に於て愛誦せられむことを」とある。ほかの二曲と同様、国民唱歌として広まることを目指して作ったのである。

岡本はアメリカに学んで日本をより良き国にしようと提案しているのである。一方、エドナ夫人は児童福祉の専門家で、児童をめぐる日本の教育環境に強い関心をもっていた。それを視察・研究するべく野球チームに随行して来たといって過言ではない。一方、安部磯雄はアメリカに留学した経験をもち、アメリカとの比較の観点から日本の社会的現実を解説し、エドナ夫人と議論を交している（Ⅷ「エドナ夫人と安部磯雄の出会い」）。そして岡本も、二人に負けないほどの国際的な視野と見識をもち、アメリカに学んで日本をより良き国にするための提案をしている。耳を傾けるに値する提案をしたといってよいだろう。

岡本は悪徳不動産業者である。しかし、アメリカと日本を対等に比較できる文明評論家でもあった。そう言ってよいところをたしかに持ち合わせている。もしも岡本がエドナ夫人や安部と直に会って語り合ったならば、話がはずんだであろう。船のうえで、また日本に着いてから、そういう機会が実際にあったかもしれない。

それで推測がつく。大胆な推測になってしまうが、あれほど熱心に岡本が選手たちの観光案内を買って出たのは、エドナ夫人や安部磯雄と考え方が共通する、つまりわかり合うところ、共感するところがあったからではなかろうか。エドモンソン教授を加えてもよい。日本とアメリカを知っている岡本は、「それじゃ私が、選手たちのために何かしてあげましょう。観光案内ならしてあげられますよ」と張り切ったのかもしれない。そうすれば、日米関係の未来をあずかるアメリカの青年たちが少しでも日本に好感情をもつことができるように、と。まさかとは思うが、そういう想像をしてみたくなるような一面がないわけではない。

エドモンソン教授とエドナ夫人は、岡本に対する批判や芳しくない評判を聞いたのだろうか、選手たちを連れ歩くことを喜んでいた事実は確認できない。しかし、付いて行くなとか制止した事実も確認できない。選手たちは喜んで岡本に付いて行った。レヴィス監督夫妻も一緒に出かけたことがあった（帝国植物園）。ということは、安部、エドモンソン教授、エドナ夫人も、それなりに岡本に感謝していたのではなかろうか。

さて話を前に戻そう。村上氏は著書のなかで、岡本の投資を誘う言葉に「詐欺を働こうという狡猾な意図はうかがえない」（『百年の夢』）という。しかし、「詐欺」といわずになんといえばよいのか、とも書いている。大金を借りて投資したが、それきり連絡が来ないといった苦情が増えて、ニューヨークの日本大使館が乗り出す騒ぎになっていた。社会問題に厳しい安部磯雄が一連の「詐欺」疑惑を知らないわけがない。選手たちを連れ歩くのを好ましいと見ていたとは思えない。表向きは黙認し、内心では心配し、仕方なく見ているほかなかったのではないか。

エドナ・コレクションに持参のコダック・カメラで撮った二一三枚の写真がある。そのなかに岡本の姿を撮った写真は甲板に立つ三枚があるが、東京に着いてからは一枚しかない。エドモンソン教授とエドナ夫人は、岡本と同行する機会はほとんどもたなかったようなのだ。一緒に撮ったがあとで破棄したわけではあるまい。

前に述べたが、四月四日（火）小石川帝国植物園での集合写真を見ると、前列中央に岡本がいて、レヴィス監督と妻のヘレン、そして選手全員が囲んでいる。しかしエドモンソン教授とエドナ夫人はいない。やはり別行動をしたのである。これは気にかかる。

四月一八日（火）、二軒の真珠宝石店（two Jewelry stores）へ行った。銀座の御木本真珠店と有楽町の植田商店だろう。英会話の得意な石井順一が案内した。レヴィス監督、ヘレン夫人、エドモンソン教授、エドナ夫人、ミントン（アシスタントコーチ）、キッド（捕手）、カイト（遊撃手）、ラックルハウス（三塁手）である。岡本は同行していない。一行はこのあと「早稲田クラブ」で催された早稲田大学の歓迎会に行った。岡本が近づけない日であった。

なお、この日ウェールズ王子エドワード（のちの八世）が真珠宝石店にやって来た。エドナ・コレクションに、王子が乗ったオープンカー（auto）を真後ろから撮った写真が二枚ある（その一枚が写真(68)。ほかに関連の(69)(70)）。道路に出て撮したらしい。このときラックルハウスはビーズ・ブローチを複数買った。母親と恋人へのおみやげだろう。

エドモンソン教授は来日後の雑誌インタビューに、先ほど述べたように、船のなかで世界的に有名なバイオリニストのジンバリストと「懇意」になりました、と嬉しそうに述べている。しかし、あれほど親しくなった岡本のことは一言も口にしていない。エドナ夫人も「日本野球旅行」にまったくふれていない。やはり距離をおいて見ていたようなのだ。

選手たちはインディアナから出たことがない。外国旅行は初めてだ。日本人は珍しい。岡本は英語がうまくて親切で底抜けに明るい。すっかり心奪われ、親しくなったのである。

ニューヨークにおける岡本の不動産事業は、大正八年(一九一九)ころには絶頂期を過ぎて破綻へ向かいつつあった。第一次世界大戦後、不況が襲いかかり環境が一変した。その後の岡本と家族を襲った数奇な運命を、村上由見子の労作が余すところなく描き出している。長男の陽一(一九一五〜一九四五)は著名な写真家となり、ジョンソン大統領の専属カメラマンとして活躍したが、最後はみずから死を選んだ。弟の王堂《おうどう》(一九二〇〜一九七四)は

ウェールズ王子の乗るオープンカー。銀座の真珠・宝石店へ行く(Prince of Walles in his auto, in front of Pearl shop)。㊓(写真㊿68)

賑やかな銀座の街角。王子を迎えるのだろうか。信号は「進」(GO)と「止」(STOP)のみ。直角に組み、支柱を手で回して示したか。赤青黄の「自動交通信号機」は昭和6年(1931)に設置された。それより10年ほど早い。㊓(写真69)

ウェールズ王子を待つ子どもたち（School children waiting along street for Prince）。王子は4月12日に軍艦レナウン号で横浜港に着き、手厚い歓迎を受けた。よく見ると子どもたちはお出かけ用の服装を着ているらしい。銀座か。㊄（写真⑰）

精神を患い、比較的若くして世を去った。アメリカ人であり、同時に日本人であることの裂け目が大きくなって縫合できなくなっていたのかもしれない。

岡本の生涯を簡単にまとめておこう。岡本がニューヨークに渡ったのは明治三七年（一九〇四）秋、二四歳のときだった。やがて「紐育土地建物株式会社」を設立し、郊外の沼地・湿地帯のような土地を買いあさり、遠く離れた日本の教員などに呼びかけて投機をもちかけた。かれらの退職金に目を付けて資金を集め、無辜《むこ》の人々に大損をさせ、不幸に陥れたのだった。人々は土地を見ることなどあり得ず、岡本の宣伝文に乗せられ、夢を描いて持ち金を投入した。

岡本が事業を展開し破綻へ向かう過程は、小川功「邦人向〝海外不動産投資ファンド〟の創始者のリスク選好――紐育土地建物社長・岡本米蔵の前半生――」（『彦根論叢』第三五七号　二〇〇六年一月）と一連の論考に詳しい。岡本の人格と商売は「毀誉褒貶が定まらない側面があった」が「不動産界の先駆者にも多大な影響を与え」、「評価の是非は別として少なくとも不動産史上には欠かせない人物であった」。時代を先取りして新しい分野を切り開いたが、たちまち時代の流れに呑まれて破綻したような印象を受ける。

兵庫県の山奥の寒村に生まれ、養子に出され、アルバイトをしながら神戸商業学校に学んだ。夏・冬の休暇を利用して全国を行商して歩き、利益を学費に当てた。さらに日本を越えて清国まで足を伸ばし、各地で見たり体験したことを日記に書き綴った。人々は理想の青年と褒め讃えた。『修學行商日記』（東京印刷株式会社　明治三三年七月。一二月に早くも改訂再版）は文部大臣の樺山資紀、前文部大臣の尾崎行雄、東京商業会議所会頭の澁澤榮一の題辞（推薦文）、神戸商業学校長の川崎芳太郎の序文を掲げて出版され、驚くほど売れた。政府高官や有力政治家にうまく取り入る弁舌をもっていた。

まさに富国強兵、海外雄飛、立身出世といった当時の社会気運をそのまま生きたような人物だった。立志伝中の人である。頭が切れて、愛想がよくて、人を惹きつける。実はうさんくさいところがあって近寄るには危険を伴う。そういうかれをちっとも怪しまず、珍しさと魅力を感じて親近したのは、事情を知らない異国の青年たちだからであろう。

悪徳不動産業者と異国の青年たち。岡本はまだまだ大富豪の生活を続けていた。アンバランスで不思議な蜜月関係は一ヶ月半に及ぶチームとの同行中ずっと続いた。アメリカに帰ってからも続いたことはあきらかで、岡本の手紙がラックルハウスの「アルバム」に貼られている。もしも村上由見子氏が、岡本と選手たちの不思議な蜜月関係を知ったならば、著書のなかにもう一章が書き加えられたのではなかろうか。

くりかえすが、選手たちはとても喜んだ。ラックルハウスの「旅日記」に、迷惑とか嫌だといった言葉はどこにもない。岡本はアメリカと比較して日本の文化や大阪の特色を説明してくれた。観光案内、ショッピング、ご馳走、プレゼント。最初の試合は球場に来て著書を配った。帰国のときは横浜の港にやって来て昼食に連れて行った。レヴィス監督夫妻、エドモンソン教授夫妻、安部磯雄、石井順一もいた。かれらも岡本の誘いに乗って一緒に行ったのではないか。その場にいたとしたら誘いを拒否したとは思えない。

岡本の思想も簡単にまとめておこう。著書をもらった選手は日本語が読めない。岡本が英語で説明したであろう。アメリカへ渡って自分は何を学んだのか、アメリカはいかにすばらしい国であるか。『薔薇香』はその観点から書いたエッセイ集である。女性尊重の社会を讃えるエッセイがいくつも見られる。「母の愛に如《し》かじ」と題するエッセイを要約してみる。

米国の禁酒運動は「婦人の努力」によって世論が動き、憲法が改正され、実現した。また、婦人が力を合わせて出征兵士に物資を届け、戦地の窮民を助けた。アメリカは「婦人の意見を参酌」する社会である。それにくらべて日本は、「兒童の保護、養育、衣食住の改良、救濟、感化、風教の改善を始め、社會の、婦人に待つ處益々多く、而して婦人の、社會に奉ず可き機會漸く多からんとす」という未発達の状態にあり、アメリカに遠く及ばないと批判する。

その一方、我が国の古代に目を向ければ、光明皇后などの女帝が存在し、女性の力で国作りがなされたところがある。日本の歴史を知り、その継承を心懸け、国のために努力すべきである。大切なのは「社會を顧みざる婦人は、社會を亡ぼし／婦人を慮《おも》はざる男子は、國家を滅ぼす」ということだ。このエッセイを男女協力をうながす警句で閉じている。

アメリカを賛美し、同じ熱量で日本を批判する。そこに岡本の特徴がある。『薔薇香』の刊行とアメリカにおける事業や講演は大きな評判をよび、前大統領ウィルソンから「『世界平和に貢献せる名著日本親愛最善の連鎖』として、深甚なる感謝と稱賛とを表せられ」た。また、人々から「米國の國友岡本米藏君」と讃えられた。

そう記すのは、岡本を講演に招いた陸軍中将（待命）の吉江石之助（一八六六～一九三五）である。先にあげた『岡本米藏君講演　米國事情』の序文にそう書いてある。

岡本はそのときの講演で次のようなことを語った。アメリカ人は日本が大好きでやって来る。しかし、日本を大嫌いになって帰っていく。日本人はアメリカ人と見れば売り物の値段を高くふっかける。中国人を遠慮なく「チャンコロ」と軽蔑する。なのに排日運動をけしからんといい、アメリカ人・カナダ人は許せないと怒る。排日運動の原因は日本人にもある。日本側が改善しなければ日米関係は築けない。改めるべきことが実に多いのだと日本を批判する。

岡本が書名に選んだ〈薔薇の香り〉とは文明の進んだアメリカの社会・文化をさす。著書の『薔薇香』（内題は「ばらのかをり」と記す）を包む外函《そとばこ》に星条旗がデザインされ、その上に桜の枝を描いている。日本（桜）は香り高きアメリカの文明・文化を学び取るべしという観点から、アメリカを讃え、日本を批判したのである。それと同時に、日本には同等の、そして、それ以上のものがある。自信をもって日本の古い歴史を継承し国を発展させていくべきだと叱り、励ますのである。

岡本の思想上の特徴をさらにあげると、社会に果たす女性の役割の重要性、母性のもつ根源的な力を強調していることだ。母性を尊重する国を理想と考えている。

アメリカで生活して、女性が尊重される社会を体験したのである。女性はそもそも「産みだす性」だから、母体の健康を守らなければならない。そのために産児制限（避妊を含む）が必要となる。子どもの数が多すぎると、女性の肉体的負担が大きくなり、健康が阻害される。家庭生活が壊れ、女性は身体を壊しやすくなり、社会進出が阻《はば》まれてしまう。よって若者に本当の恋愛を教えなければならない。男女は心から尊敬し合い、結婚して子どもを産み、扶け合って良き家庭を築き、子どもを立派な社会人に育て上げる。この大切さを理解させなければならない。そのために若い人々に正しい性教育をする必要がある。

岡本が妻・品子を助けて『蕾時代の皆様へ』（培風館　大正九年六月。秋田県立図書館蔵。縦一八・五×横一二・六センチ。本文一〇六ページ）を刊行したのは、そういう思想にもとづいている。これは、一九一六年（大正五年）一月に「米国社会衛生学会」（The American Social Hygiene Association）から刊行されたドナルド・B・アームストロングとその妻の著書『人生における性――少年少女のために』*Sex in Life: For boys and girls* を翻訳したものである。副題を「蕾時代の皆様へ」と訳して日本版の書名とした（写真⑪⑫）。

インディアナに住む娘がアメリカの古書店を探して買い求め、送ってくれた。ただし、入手したのは原本でなく複製本である（縦一五・三×横一一・一センチの冊子、本文四三ページ、売価二五セント）。ネットで見る原本の表紙は、書名を三行に分けて「SEX／IN／LIFE」と記し、その下に少女の横顔を黒いシェルエットに図案化して印刷してある。ところが複製本は、表紙に「Sex in Life」とだけ印刷されており、副題の「For boys and girls」もシェルエットも印刷されていない。複製本が刊行されたのは相当に売れたからだろう。

品子は、副題・シェルエットの入った原本と同じ装丁の再版本（一九一九年）を用いて翻訳した。翌年の三月に完了し、すぐ刊行許可をとり、六月一八日に発売された。二日後には再版が刊行されている。発行部数はわからないがよく売れたらしい。

本書は一二歳から一六歳の少年少女を対象とした学校の教科書および副読本である。両親に読まれることも期待している。簡単に紹介すると、私たちは成長とともに身体が変化する。それに合わせて身体を鍛えていかなければならない。そして、健全な精神をもち、真に愛する人を見いだし、結婚して子どもを産み、立派な社会人に育てることが求められている。それが人としての生き方であり、社会に対する国民の奉仕であり、良き家庭は国

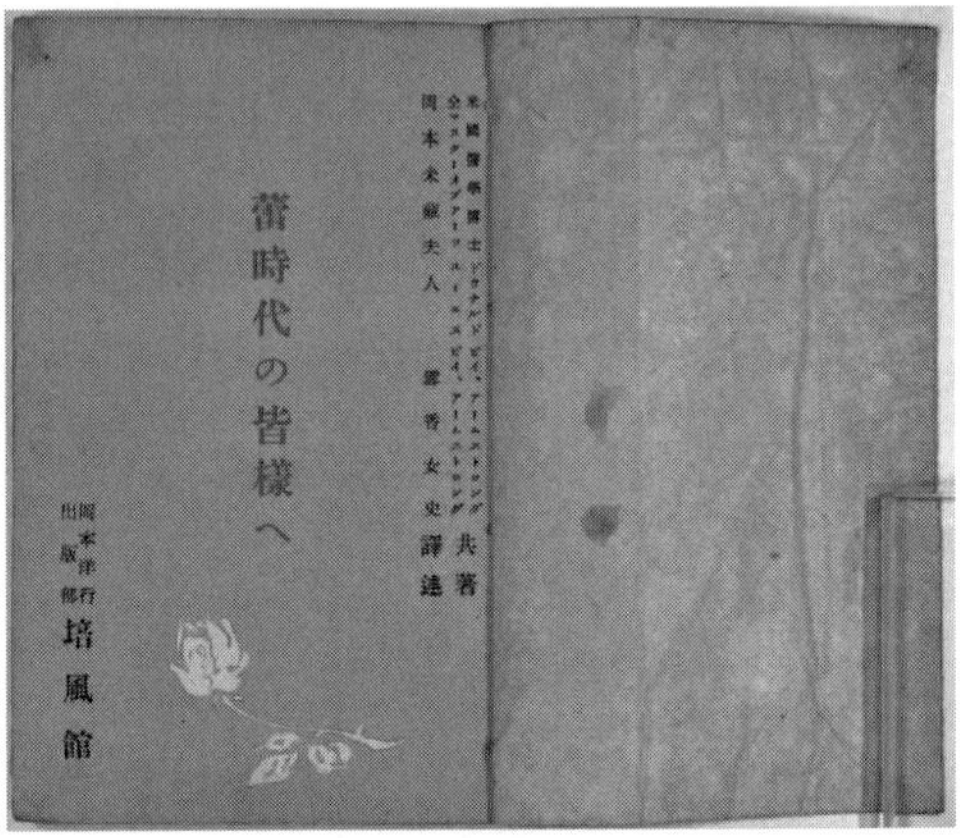

岡本雪香（品子）訳『蕾時代の皆様へ』。岡本の経営する出版社から刊行。秋田県立図書館蔵。所蔵図書館は全国にごくわずかしかない。（写真⑪）

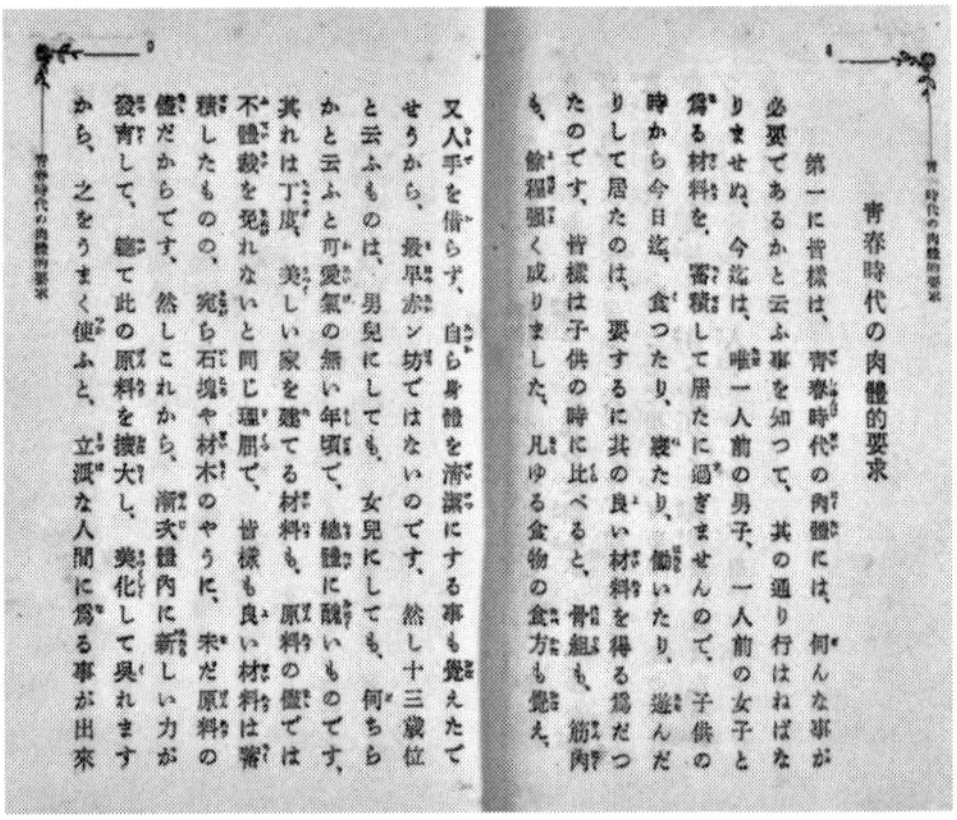
青春時代の肉體的要求

青春時代の肉體的要求

第一に皆様は、青春時代の肉體には、何んな事が必要であるかと云ふ事を知つて、其の通り行はねばなりませぬ、今迄は、唯一人前の男子、一人前の女子と爲る材料を、蓄積して居たに過ぎませんので、子供の時から今日迄、食つたり、寢たり、働いたり、遊んだりして居たのは、要するに其の良い材料を得る爲だつたのです、皆様は子供の時に比べると、骨組も、筋肉も、餘程强く成りました、凡ゆる食物の食方も覺え、又人手を借らず、自ら身體を淸潔にする事も覺えたでせうから、最早赤ン坊ではないのです、然し十三歳位と云ふものは、男兒にしても、女兒にしても、何ちらかと云ふと可愛氣の無い年頃で、總體に醜いものです、其れは丁度、美しい家を建てる材料も、原料の儘では不體裁を免れないと同じ理屈で、皆様も良い材料は蓄積したものの、宛ら石塊や材木のやうに、未だ原料の儘だからです、然しこれから、漸次體内に新しい力が發育して、總て此の原料を擴大し、美化して呉れますから、之をうまく使ふと、立派な人間に爲る事が出來

青春時代の肉體的要求

「生命の元始（はじまり）」「成人の準備」「青春時代の肉體的欲求」「新しき力」「成功の對價」「健康の心得」「生殖の器官」～、諄々と手短に説いていく。人はなぜ異性を愛し、子どもを育て、生きていくのかを説く。当時の恋愛・性教育の書。（写真⑫）

家の基礎となる。よって身体が大人に変わる年ごろに男女の身体の違いを知り、それはなぜなのか、正しい知識を身につけることから始めなければならない。男に生まれ女に生まれ、それぞれが心得るべきこと、自覚すべきこと、実際に行なうべきことをわかりやすく説いている。

結婚の意義、男女相愛、性教育を説く初歩編である。百年前、ニューヨークの「親の會」は少年少女の性教育に力を入れていた。

実は、エドナ夫人がインディアナ大学で講義している内容は、右に要約したのとかなり似ている。一部は重なっているように思われる（Ⅴ「エドナ夫人の経歴」）。さらに注目すべきは、安部磯雄の社会的関心と共通するところがあることだ。

安部は山本宣治《せんじ》、馬島僩《ゆたか》とともに産児制限運動の三人男といわれ（井口隆史『安部磯雄の生涯――質素之生活　高遠之理想』早稲田大学出版部　二〇一一年六月）、馬島とは共著『産児制限の理論と実際』（社会問題叢書・第五巻　文化学会　一九二五年五月）を刊行している。大正一一年三月、産児制限を唱えるサンガー夫人（Margaret Higgins Sanger, 一八七九〜一九六六）がアメリカから来日したとき、安部も山本も面会に行った（Ⅷ「エドナ夫人と安部磯雄の出会い」）。世界の進歩派知識人たちにとって、性教育と産児制限は共通の関心事であり、共通の活動テーマであった。

そして岡本も、右の講演においてサンガー夫人の来日をとりあげている。少し長くなるが紹介しよう。彼女は日本に来て次のように語ったという。「男女は廿五歳迄は精神的に、肉體的に發育する最中であるから、其の最中に婚禮をして發育を止めるなよ、不完全な人間となるなよ、先づ自ら完全な發育を期して然る後に自活を營み得る迄、如何なる主張の下に於ても必らず婚禮をなすな」。すなわち、「親の厄介にもならず、兄弟の世話にもならず、親類に迷惑をも掛けず、自分の腕で自分の子供等を理想的に完全に、未來の國民の一人として養育教育し得るに非ざれば、必らず子供を生むな、生んだならば必らず完全なる未來の國民を擧げよ、その自分の力で完全なる未來の國民を擧げ得る範圍外に子供を生むな」（岡本『米國事情』）と述べたという。

すなわち、社会人として独立してから結婚し、子どもを産むべし、責任をもって子どもを育成すべし。サンダー夫人がそう説いたのは、「國家の将來に百年千年萬年の長計を、我國（＝日本）の爲に世界の爲に熱辨を揮《ふる》はんとした」からだ。自分も賛同するけれど、それは「表面」のことであって、「裏面」では「我國民に避妊法を教へんとした」のだという。その結果、日本はどうなるか。「我帝國の青年青女は、未だ以て性的研究に幼稚」だから、「避妊法を教へて貰つたらば大變」なことになる。「得たり賢《かしこ》し（＝しめた）、何よりの事を聴いたと云ふので、風紀が紊《みだ》れて取止めが付かぬ」状態になると心配している。

考えすぎの誤解だろう。サンダー夫人は、結婚し家庭をもった女性が子どもをたくさん産むと身体に負担がかかり、子育てに時間と体力がとられて健康を害し、社会進出が疎外されることを危惧している。そういう状況を打開するために避妊法を説き、家族構成の適正化を提唱したのである。そもそも彼女は真摯な恋愛・結婚を説いており、岡本の想像する「風紀の紊乱」とは関係がない。むしろ性道徳を高めようとしている。

岡本は、アメリカの行き過ぎた自由恋愛を実際に見て知っている。それゆえ「遺憾」な状況が日本に広まったら大変だと考えたのである。避妊具の安易な使用・流通を危惧したらしい。そこで岡本は、サンガー夫人に日本の現状と将来の心配を説明すれば、避妊法の普及は日本の現状に合わないことを理解してもらえるだろう、と述べている。産児制限には賛同するが、彼女の説く避妊法を日本の青年男女にそのまま勧めるわけにはいかない。当時そういう心配をする人が多かったのではないか。

産児制限を説くサンガー夫人の来日は一種ブームのような活況を呈した。その背後に、日本の急激な人口増加率があった。すでに述べたが日本は食糧・資源を外国に依存しており、このまま人口が増加していけば、住む場所が狭くなり、食糧が足りなくなり、やがて限界に達する。だから人口を抑制する必要があると考えられ、産児制限が叫ばれるようになった。岡本もそう考えた。よってアメリカに広大な土地を確保すべきであり、投資を募り土地を買い集める事業を興した、というわけだ。「国家的大事業」のつもりなのである。

岡本の構想と事業を荒っぽく整理すれば、以上のようにいえるだろう。詐欺まがいの不動産業者の岡本が、安部磯雄やエドナ夫人などと同じ問題で、矛盾をはらみながらも自分なりの見解を主張している。そのなかに安部の産児制限と意見の一致するところがある。かくも不思議な符合があったのである。

インディアナ大学一行の二週間にわたる船旅と一ヶ月ほどの日本滞在において、岡本は選手たちに自分の人生や考えを雄弁に語った。同じように、エドモンソン教授やエドナ夫人にも語ることがあったのではないか。「私はもう二年ほど前になりますが、妻と協力してアームストロングの新著 *Sex in Life* を翻訳・刊行しました」などと。時代の先端を走っているという誇らしい表情で。

アームストロングの著書はサンガー夫人の主張と響き合う。アメリカで評判をとったこの本を児童福祉学のエドナ夫人、公衆衛生学のエドモンソン教授が知らないはずがない。安部磯雄ももちろん知っていたであろう。とすれば、岡本をまじえて話題にすることがあったのではないかと推測してしまうのである。

それにしても、稀代の詐欺師たる不動産業大富豪の岡本米藏と、インディアナ州から外の世界に出たことのない、野球の試合は弱いがこれまでの外来チームには見られない、温順で紳士的なプレイをしたインディアナ大学の選手たちとの、不思議な、不思議な結び付き。実に対照的な組み合わせは、なにゆえに成立したのか。解きほぐしてみるべきだろう。

岡本は、なぜあんなに親切に、しかも熱心に、選手たちのために観光案内に精を出したのか。ここで思い起こすのは、出発前夜のエドモンソン教授の訓話である（Ⅳ「国際親善・戦争回避」）。曰く、早稲田大学は野球だけを目的に私たちを招聘したのではない。日本を理解し、友情を深め、親善関係を保とうと考えているのだ。このことを心において行動してほしい、と語った。また、エドモンソン教授の前に早稲田大学を卒業した留学生の杉山修一郎が次のような趣旨のスピーチをした。〈アメリカの大学チームに来てもらい、日本をよく見てもらえば、日本に対する「敵対的な感情」が自然と消えるでしょう。そのために招聘するのです。つまり戦争回避ということです。アメリカの知識層から対日感情を改善したいと早稲田大学の人々は考えているのです〉と語った。

結論が見えてくるのではなかろうか。岡本の観光案内は、安部磯雄らの考える対日感情の改善という願いを、知ってのことなのか、知らずしてそうなのかはよくわからないが、結果として援助するような働きをしている。同時に、安部の提案に賛同したインディアナ大学の、日本を理解し親善関係を維持する、という目的に貢献するものになっている。

岡本はだれかに頼まれたのではない。みずから進んで重要な役割を担った。選手たちは岡本と出会って日本に関する知識を得、一緒に行動して日本の現状を観察し、何ほどか理解したのである。

引率・案内した日本人を思い出してみよう。早稲田OBの石井順一は、四月一八日（火）にレヴイス監督夫妻、エドモンソン教授夫妻を宝石店に案内し、その後、「早稲田クラブ」で開かれた早稲田大学の歓迎会に連れて行った。ミントン、カイト、ラックルハウスが同行したのだった。

岡田猛熊（横浜商業会議所書記長）はインディアナ大学を卒業し、帰国後、東京専門学校（早稲田大学の前身）で英語を教えた。かれは五月二日(火)にエドモンソン教授夫妻をはじめ一七人全員を杉並区の「農商務省蚕業試験場」へ案内した。

安部磯雄は五月九日（火）にエドモンソン教授夫妻とレヴイス監督夫人を奈良へ案内した。翌日は学部・大学院の化学を出た同窓生の磯部房信（太陽曹達株式会社取締）が、エドモンソン教授夫妻とギルバート（投手）を神戸の舞子浜へ案内し、漁民総出の地引き網を見せた。そのあと自邸に招いて愛妻トヨ子の手料理（洋風の和食）でもてなし、ピアノ演奏を聴かせた。

ふりかえるとわかるのは、選手たちの観光案内はだれよりも岡本が担当していることだ。このことを評価しないわけにいかない。

❹四人の密航者――アーニー・パイルほか

以上、インディアナ大学の一行は船のなかでユニークな人物と出会った。それならば、インディアナ大学の四人の学生が密航していたことも紹介しなければならない。

そのなかに、エドモンソン教授夫妻が特に目をかけた教え子がいた。アーニー・パイル（Ernest Taylor "Ernie" Pyle, 一九〇〇~四五）である。大学ではさまざまなアドバイスを与えていたが、家が貧しくて学費が続かず、ついに大学を卒業できなかった。エドモンソン教授の勧めで地元の新聞社に勤め、その後ワシントンDCの「ワシントン・デイリー・ニュース」紙の記者になった。第二次世界大戦が始まると従軍記者となり、ヨーロッパ戦線からアジア戦線まで駆け巡り、その報道によってピューリッツアー賞に輝いた。

エドモンソン教授・エドナ夫妻には子どもがいなかったので、我が子のように可愛がった。ニックさんがそう語ってくれた。これまでだれにも知られていなかった事実である。

パイルは友人三人と示し合わせ、シアトル港に停泊中のキーストーン・ステート号に忍び込み、石炭の詰まったボイラー室か三等船室に隠れて、日本へ行く計画を立てていた。出航してからみんなの前にあらわれて事後承諾をしてもらおうと考えたのだろう。

この無謀な計画は、シアトルを出港する四月一日より前に、すでに学内の人々に知られていた。学内新聞だろう、このように書かれている。「アーネスト・T・パイル（インディアナ州ダナ出身）は、昨秋、大学のフットボール・チームに付いて行って（followed）ハーバード大学へ行き、一ドル以下の費用で帰ってきた。また、ハロルド・カイザー（Harold Kaiser, インディアナ州ケンダルビル出身）は、野球の遠征チームに入ろうと選考会（トライアウト）に挑戦したが選ばれなかったので、みんなと一緒に船に乗れることを期待してシアトルに向かっている。ボイラー室か三等船室に忍び込むつもりらしい」（ラックルハウスの「アルバム」に貼られた新聞の切抜き。紙名不記、学内紙か）。

一行がブルーミントンの大学を出発したのは三月二八日の昼前だった。翌日の新聞に書かれているのだから、学内ではそれ以前にすっかり知られていたのである。

エドモンソン教授、エドナ夫人も知っていたのではないか。四人の学生はチームと同じ列車か、その前後の列車に乗ってシアトルへ向かった。パイルにはもともと脱出願望があったらしい。昨秋フットボール・チームに紛れ込んでハーバード大学へ行ったのは、体育科目のフットボール（秋シーズン）を履修していたからかもしれないが、もちろん選手ではない。正当な理由はなかった。のちに従軍記者となって世界中を飛び回ったのは、そもそも胸の底に現実脱出の願望をもっていたのではないか。

カイザー（Harold George Kaiser）は、遠征チームに選ばれなかったことがよほど残念であったようだ。パイルと同様、乗船すれば日本へ連れて行ってもらえると考えたらしい。

新聞はほかの二人について何も書いていない。四人は乗船してすぐ見つかり、船長（January）の特別のはからいで船客相手のボーイを命じられて旅をした。船賃の代わりである。寝泊まりは三等船室だろう。しかし、念願の横浜上陸は許してもらえず、そのまま上海・マニラまで行ってシアトルへ戻って行った（写真㉔）。

無謀な試みだった。パイルは戦争末期、沖縄県伊江島で車で移動中、日本軍の銃弾を背中に受けて四五歳で命を落とした。最後の上陸地が日本だったとは皮肉な運命だ。一方、カイザーはチームが帰国すると、みんなと一緒に記念写真に収まっている。前列右端にユニホーム姿で座っている。写真の顔からだれであるかを特定するのはむずかしいが、名前が一致するので一応、同一人と見ておこう。選手たちはわだかまりなく許していたようだ。

ＩＵアーカイブ室の「アルバム」（もしかしたらウォーカーの遺品かもしれない）に、横浜港に停泊するキーストーン・ステート号の写真が貼ってある（写真55）。船の近くに六～七台の人力車が並んでいる。写真に付けた紙片に、「一九二二年四月、シアトルから横浜へ行ったキーストーン・ステート号。アーニー・パイルとインディアナ大学の三人の学生がこの船で仕事をもらって僕たちと一緒に行った。横浜で一緒に降りようとしたが船長が許さなかった」と紙片にペンで書いてある。パイルの名前だけを出しているところから、かれが首謀者でほかの三人に声をかけたと思われる。

船内で大きな話題になった。エドナ・コレクションに、ボーイ姿をした四人の写真がある（写真73）。「甲板上の四人の不法者」（The four "tramps" on board（Cooper, Benham, Kaiser, Pyle））と裏に記されている。「tramps」は「不逞《ふてい》の輩《やから》」「いたずらっ子」という意味がある。一行はこう呼びながらも受け入れていたのである。四人とも白い上着に蝶ネクタイを締め、ボーイ姿をしている。パイルだけやや下に目を落とし、はにかんでいる。繊細な気質を感

ボーイ姿の不法者。左から、クーパー、ベンハム、カイザー、パイル。㋓（写真73）

甲板で。レヴィス監督夫妻とジャニュアリー艦長（capt. G. T. January）。艦長はアーニー・パイルらに乗船を許したが、横浜上陸は認めなかった。㋓（写真74）

じさせる。若き日のパイルの写真は珍しいのではないか（写真74）。

ラックルハウスの「旅日記」に四人のサインが記されている。大嵐の翌日、四月五日にサインをしている。それぞれ用いたペンが違う。一人ひとりに書いてもらったのである。引用しよう。

インディアナ大学の四人の学生、宿無し放浪者（Four I.U. "Bums"）

1 ジョエル・N・ベンハム。バーテンダー見習い（Assist Bartender）

2 アーニー・パイル。ボーイ主任（Chief Bell Boy）

3 ウォーレン・G・クーパー。客室係見習い（Assist Deck Steward）

4 ハロルド・G・カイザー。ボーイ（Bell Boy）

四人はそれぞれ任務を与えられたのである。客室の整理・整頓・掃除をし、テーブルに飲み物・料理を運び、荷物を運んだり連絡係などをして、密航の「不法」を許してもらい、その代りボーイとなって働いたのである。パイルだけ「主任」なのは、かれが四人の中心人物であるからだろう。

帰国後の集合写真について述べよう。インディアナ大学の学生会が前年（一九二一年）に出版した『年鑑』（*the 1921 Arbutus Yearbook*）に、野球チームの三三名（名前不記の年配の人物を入れると三四名）が写っている。今年の『年鑑』には二七名が写っており、同じ写真がラックルハウスの「アルバム」に貼ってある。新聞を切抜いたのである。

見出しに「歓迎　野球団　帰国」（"KANGEI! YAKYU-DAN KIKOSU"〔WELCOME HOME, BASEBALL TEAM〕Levismen Will Arrive Today）とある。「KIKOSU」は日本語の「帰国」（KIKOKU）のつもりだろう。ブルーミントンに戻った五月二八日から数日後に撮影したと思われる。監督・コーチと選手一一人が写っているが、ゴース（Harry Gause, 投手・右翼手）の姿が見えない。かれがシヤッターを押したのだろうか。日本に行った一三人（選手一二人とアシスタントコーチのミントン）と日本に行かなかった一四名が記念写真を撮ったのである。密航したカイザーが入っているのは、だれも仲間はずれにしなかった証拠である。もしも同一人であるとすれば、そういえるだろう。

少し補足しておく。四人の密航者の顔姿は甲板で撮った写真で確認できる。それを見ると、カイザーはパイルより背が低い。パイルは一メートル七〇センチほどだった。しかし記念写真のカイザーは大柄で体格がよい。『年鑑』の人物と同一人と見るには無理がある。しかしスペルが同じであるし、ほかにカイザーという人物はいないので、いまは同一人と考えて今後の究明に期待しよう。

ここまで調べて、いつものように娘を通じて、ＩＵアーカイブ室長のディナさん（Dina M. Kellams）に連絡し、もっとわかることがないか調べてもらった。卒業生の記録が残っていた。なかでもカイザーの死亡を伝える記事が目を引いた。一九七一年一二月に作成されたものだ。同窓会の会報だろう。九月二日、カリフォルニアのロングビーチで追悼式が行なわれたとある。かれはインディアナのケンダルビル出身。マクドネル・ダグラス航空（ボーイング社に合併吸収）に勤務し、カリフォルニアのハーメットで暮らしていた。財務担当だろう。退職後は地域の実業家として活躍したという。八月一一日（水）に七三歳で死亡。一八九八年の生まれである。

カイザーは一九一八年の入学。少し足踏みして一九二五に卒業（途中、軍隊などに行ったか）、学士号を取得した。商学専攻。経済学部卒というべきかもしれない。注目すべきは、アーニー・パイルのルームメイト（大学の寮で同室）で、一九二四年に野球チームと（with the Indiana Unversity baseball team）日本へ行った、と書かれていることだ。

しかし、間違いがある。日本遠征は一九二二年であり、パイルもカイザーもチームの一員ではない。かれらは勝手に密航した。すぐ発見され、給仕係を命じられて横浜までやって来た。上陸は許されず上海まで行ってシアトルへ戻されたのだった。

友人のパイルは家が貧しくて卒業できなかった。のちにピューリッツァー賞の受賞により名誉文学博士号を授与された。同窓会ではいつの間にかチームの一員として日本へ行ったことになったらしい。あの事件をふりかえると、一行を乗せた船がシアトルを出航したのは四月一日であった。ところが、すでに述べたように数日前の新聞（学内紙か）に、パイルたち四人が野球チームと同じ船で日本へ行くため、すでに列車に乗って出発した、と書かれている。機関室か三等船室に潜り込むつもりらしいとある。パイルたちの密航計画は早くからバレていたのである。知っている人は大勢いたのではないか。

そこで、記事に注目すると、カイザーは男子学生の友愛団体「シグマ・アルファ・エプシロン」（Sigma Alpha Epsilon）のメンバー、とあるのが気にかかる。この会の活動に学生時代から熱心なのがエドモンソン教授なのだ。いうまでもなく野球チームの引率責任者である。カイザーは選手を選ぶトライアウト（実技試験）に挑戦し、不合格になったのでチームに入れなかった。だが、日本へ行きたいという気持ちが抑えられない。それでパイルの誘いに乗って密航を企てたと思われる。

船に乗ってしまえば、エドモンソン教授は、カイザーとクーパー（Worren Geoge Cooper）の所属する経済学部の教授であるし、友愛団体で親しくしている先生だから、「仕方がない。一緒について来い」といってくれるのではないか。子どものいないエドモンソン教授とエドナ夫人は、不幸な生い立ちのパイルを我が子のように可愛がっている。そういうわけで仲間四人で密航を企てたのではなかろうか。エドモンソン教授は初めから密航計画を知っていたような気がする。知ってはいたが咎めなかったのではないか。大らかな時代を感じさせる。

さらに補足しておく。ベンハム（Joel Newton Benham）は一九二〇年九月一三日に入学し、一九二五年春学期まで在籍したが卒業しなかった。専攻やその後の生活はわからない。クーパーは一九一九年に入学し、一九二四年に卒業した。専攻は商業金融。自動車メーカーの「ジェネラル・モーターズ」に勤務し、デトロイトに住んでいた。財務関係の仕事をしたのだろう。

四人の密航は頓挫したが、遠征一行に冷たくあしらわれることはなかった。みんな笑って許したらしく、日本までの旅をした、ということになったようだ。エドナ夫人は写真の裏に「四人のいたずらっ子」と記した。「困った人たち」と思いつつ受け入れていたようだ。

❺ 船上の出来事

以上、乗り合わせた人々を紹介してきた。船旅のようすも紹介してきた。以下、横浜に到着する日までを出来事を中心に述べていこう。

四月四日（火）午後、事件が起きた。出航以来、波が荒く船酔いする人が続出したが、この日はとてつもない大嵐に襲われた。午後一時、昼食の間に甲板の前方正面で働いていた乗組員が死亡した。突然、大波に襲われて甲板に打ち付けられて命を落とした。午後四時、船は三回汽笛を鳴らして停止。水葬を営んだ。艦長が弔辞を述べた。「乗組員のだれもがかれを尊敬していた。不幸な出来事だとみんな悲しんでいる」と。

来日後、エドモンソン教授がインタビューで語っている。「大波がドシン〳〵ぶつかつて來て、甲板上の機械に打ちつけられ、筋骨を砕いて即死してしまつたんです。それは朝の十一時頃でしたが、その日の四時頃水葬を行ひました」（『野球界』六月号）。海が静かになったので船を止め、すべての旗を下ろし、遺体を棺に納めて錘《おもり》をつけ、「大海原の永久のベッドに葬」ったのである。ほかに重傷を負った者がいたが、さいわいチーム一行は無事だった。風速六〇メートルを超えていた。船は三〇度も傾いて、大抵の人はベッドから振り落とされた。しかし最後の二日間は波が穏やかで愉快な旅だった、と書いている。

船は太平洋に出たときから大きく揺れていたのである。エドモンソン教授のインタビューはほかの記録と少し違う。エドナ夫人は「日本野球旅行」に、乗組員が死亡した日を四月七日（金）と書いている。たしかに七日も立っていられないほど船が揺れたが、記憶違いである。彼女は日記をつけていなかったらしい。その代り、大学の広報普及センター長に詳しい報告をすべく手紙をたくさん書いた。

ラックルハウスは、昼間の事件はどこへやら、午後七時に夕食をとり、ブリッジをして一二時に就寝、と書いている。水葬が終わると船内は落ち着きを取り戻したのである。

もうしばらく日記を紹介しよう。

四月五日（水）、八時起床。ぐっすり眠った。八時三〇分、朝食。ブリッジをした。それから岡本さんと話をした。午後一時昼食。船酔い気味だけど食欲が戻った。写真を数枚撮った。とても幸福だ（great life）。晴天、今朝は太陽が顔を出した。少し揺れた。船に合わせて身体を揺らせばいいのだ。

今日の午後、中国人が死んだ。三等船室（a steerage passenger）の客だ。かれはシアトルからずっとゆで卵とコンデンスミルクで食いつないでいた。

ネルソン嬢とグラスゴー嬢は僕たちの一員になった。同じテーブルで食事をするようになった。僕たちにもよいことだ。午後三時四〇分、ミントンと一〇％ビールを飲んだ（「アルバム」に「Rainier Beer, 10% Alcohol」のシールが貼ってある）。午後七時夕食。そのあと雑誌を読んだ。一一時就寝。満足、幸せだ（well & happy）。

四月六日（木）、七時起床。八時朝食。午前中、シャッフルボードをした。ひどく天気が悪い。海が荒れている。一時一〇分昼食。午後、少しだけ「ブラック・ニッケル」（カードゲーム）をした。七時夕食。夜もカードゲームをした。海が荒れた。

四月七日（金）、船が揺れて眠れなかった。午前三時ベッドから転げて目が覚めた。怖かった。立っていられない。何もかも上へ下へ揺れる。午後一時昼食。何回かスコールが通り過ぎた。甲板室の窓から艦長と船に向かって波がうねって来るのを見た。すごい光景だ（wonderful sight）。とてもおもしろい（interest）。嵐を乗り越えると波は静かになった。

四月八日（土）、この日は日記をつけなかった。「だけど僕たちは日本へ行く旅が大好きなことは変わらない」とだけ書いている。九日（日）は、エドモンソン教授の三九歳の誕生日だった。船のなかの教会で式をし、乗客のほとんどがパーティに出席した（前述）。

一〇日（月）、八時起床。九時朝食。メディシン・ボール（健康・身体の訓練用ボール）で一五分ほど遊んだ（エドナ・コレクションにこのボールで遊んでいる写真がある）。それからアルコール度一〇パーセントのレーニア・ビール（Rainier Beer）を飲んだ、と書いている。同室のミントンもいたはずだ。一時昼食。午後は何もすることがない。ブラブラ過ごした。天気は良い。きわめて波静か。単調な航海だ。七時夕食。ブリッジをした。月の光が波に返照して美しい。

一一日（火）はラックルハウスの誕生日。四人でパーティをした。岡本さんが日本のことを教えてくれた（前述）。一二日（水）、海は穏やかだ。午前中たくさん手紙を書いた。午後一時、昼食。四時、ティータイム。夜はブラブラ過ごした。ミントンと無線室に入ってメッセージの受信・送信作業を一時間ほど立って見ていた。とてもおもしろい。一一時三〇分、就寝。

❻横浜入港

最後の一日をラックルハウスはどう過ごしたであろうか。

一三日（木）、明日はいよいよ横浜だ。八時起床。午前中トレーニングをし、カード、シャッフルボードをした。午後一時、昼食。ずっと手紙を書いていた。四時、ティータイム。夕食までブラブラ船内を歩いた。七時、夕食。就寝までカードと読書で過ごした。天気は申し分ない。海は穏やかだ。

四月一四日（金）、遂に横浜に着いた。詳しく紹介しよう。（　）は筆者の注。

八時一五分、起床。九時、朝食。荷造りをして上陸の準備をした。八時四五分頃、陸地が見えた。僕たちの目に、はっきりと見えた。雨が降り出してとても寒く、嫌な天気だ。

近づくと昔ペリー提督が上陸した浦賀の港が見えた。記念碑が建っている（明治三四年〈一九〇一〉七月一四日、ペリー来航の日に浦賀市久里浜に建立。横浜湾に入るとき左側に見える。エドナ夫人も「日本野球旅行」に書いている）。山のあちこちに砦がある。海の上に古い要塞が浮かんでいるようだ。ウェールズ王子が乗って来た大きな灰色の戦艦「レナウン号」が湾内に停泊しているのが見えた。日本の駆逐艦と戦艦が護衛している。濃い灰色だが遠くでは黒く見えた。さまざまな船が集まっている。

午後二時に錨《いかり》を降ろした。早く上陸したいが五時まで待つほかない。退屈だ。寒いし、冷たい雨が降るし、不快な天気。五時に医療関係者（医師）が乗り込んで来て僕たちを二列に並べて人数を数えた。それだけだった。そのあと日本人の水先案内人が乗り込んで船を埠頭へ導いた。六時、接岸。反対側に姉妹船「ウェナチー号」が停泊している（同じく「アドミラル・ライン」所属の同型船。航路も同じ。他の船と毎週土曜に交互運行）。

横浜の埠頭で出迎えてくれたのは、安部教授、磯部さん（IU一九〇九年卒業）、岡田さん（同一八九〇年卒業。横浜商業会議所書記長）、石井さん（昨年の早稲田チームの三塁手）の四人だ。（ほかに横浜市や英字新聞社を含む報道機関の人々が出迎えた。翌一五日の「東京朝日新聞」に記事が載る）。安部教授から造花の桜の枝と小さな早稲田大学のペナントが贈られた。横浜商業会議所（横浜商工会議所の前身）の人が胸に記念のバッジを付けてくれた。

このあと税関を通るとき、アメリカ製のタバコをコートに隠して規定以上に持ち込むことに成功？した。茶目っ気である。それを見た石井順一が「ラッキー・ストライク（タバコの銘柄）じゃなくて、ラッキー・ヒットだね」と洒落を飛ばした。

こうして一行は無事に上陸した。以下、注解しながら要約する。一行は船から下りて初めて人力車（rikasha）を見た。電車の走る横浜駅まで乗った。人力車に乗るのを楽しみに日本に来る外国人が多かった。横浜の大通りは木造の家が続く。低い軒先に提灯が下がり、夕闇を照らしている。軒先に挿された桜の造花が人力車に触れる。高いビルディングはない。女の人はみな着物姿だ。驚きを込めて日記を書いている。

この風景をエドナ夫人も「日本野球旅行」に書いている。比較のため引用してみよう。（ ）は筆者の注。

入国管理局や税関の手続きを終え、東京に向かう準備が整ったころには、すっかり日が暮れていました。安部教授が港から電車の駅まで人力車（rikisha）を手配してくださいました。

私たちは初めて人力車（jinrikisha）に乗りました（日本ふうの言い方。外国人は一般に「rikisha」といった）。この感動は忘れられません。横浜は低い瓦屋根の建物が続き、道路は狭く、舗装がされていません。人力車、荷車、自転車が道路を埋め尽くし、私たちを追い越し、また追い越されて行きます。軒先に下げられている提灯《ちょうちん》が路面電車が進むための明かりのように続いている光景は、まるで美しい舞台を見ているようでした。最初の夜に体験した夢のような感覚は、日本滞在中ずっと続きました。

私たちは人力車を降りて電車に乗り換えました。約四〇マイルほど走り、築地精養軒ホテルに着きました。早稲田大学の鹽澤昌貞学長、教授陣、数多くの新聞社の人たちが迎えてくださいました。私たちは心から歓迎されたのです。夜はかなり遅くなっていたのですが、翌朝の新聞に載せる写真を撮るため、さらに遅くまで待たされました。

私たちは当初、帝国ホテルに泊まることになっていました。横浜港に着くと日本の戦艦に護衛された白く美しい戦艦「レナウン号」が錨《いかり》を下ろしていました。数時間前にイギリスのウェールズ王子が到着したというのです。（実は二日前の一二日に到着した。のちのエドワード八世）。というわけで、王子とその関係者が宮中で接待を受けている間、帝国ホテルの空き部屋は、きらびやかな随行者たちの宿舎としてすべて予約されてしまったのです。私たちは急遽、精養軒ホテルに泊まることになりました。しかし一日ほどで、ある程度の調整がつき、かなり快適に過ごすことができました。

ところが、到着の翌日（実際は二日後の一六日）は日曜日で、王子の関係者が街頭や園遊会や祭り（上野公園などの桜祭り）に出ているときに帝国ホテルが火事で焼けてしまい、泊まり客は荷物を全部なくしてしまいました。（エドナ・コレクションに焼失直後の現場を撮した写真がある）（写真㉟）。こうして私たちは、第一の危機である海上の嵐を切り抜け、続いて第二の危機、帝国ホテルの火災を免れたのです。

到着の翌朝は、もちろん早起きして街へ出ました。私たちは生まれて初めて強烈な好奇心の対象になっていることに気づきました。人々はどこへ行くにも、私たちのあとをついてまわります。ちょっとでも立ち止まるとすぐに、老若男女を問わず、熱心な群衆に囲まれました。私たちの顔、服装、動きなどに興味を示すのです。しかし、決して粗暴ではありませんし、不作法でも、不《ぶ》躾《しつけ》でもありません。私たちが微笑むと応えるように微笑んでくれますし、無理な要求をされたりしませんでした。私たちは、あるときはまったく気にせずに、あるときは友好的な気持ちで（with friendly indulgence）、こうした日本の人々の興味・関心（these manifestations of interest）を受け入れました。アメリカの家庭において小さな子どもの示す好奇心（the American small boy type of curiosity）を心広く受け入れるように。

横浜駅まで歩いたとしてもそれほど時間はかからない。人力車を使ったのは安部教授が一行を喜ばせようと手配したのである。エドナ夫人は夢のなかにいるような気分を味わった。ラックルハウスも同じだろう。宿舎は築地精養軒ホテル（もとは京橋区馬場先門にあったが焼失し、現在の銀座五丁目に再建された。本書では「精養軒ホテル」とも）に変更されたので火事に遭わずに済んだ。ホテルに着くと早稲田大学の学長をはじめ教職員が待っていた。報道陣もかけつけた。翌日の「東京朝日新聞」に、一行の写真と来日を伝える大きな記事が載っている。

一〇日後の四月二六日午前一〇時一五分、震度5の大地震（M6.8。神奈川県東部地震。浦賀水道地震とも）に遭った。一行のなかには外出中の人もいた。ラックルハウスは部屋にいた。友人でアメリカンフットボールの選手、フランク・ハニー（Frank Matthew “Duke” Hanny, 一八九七～一九四六）に絵はがきを書いていた。翌年シカゴ・ベアーズに入団し大活躍をする有名な選手である。ラックルハウスは野球の一軍選手であるが、同時に先輩ミントンの跡を継いでフットボール・チームのキャプテンを務めた。エドモンソン教授とエドナ夫人もホテルの部屋にいて荷物と一緒に右へ左へ転げ回った。

ところで、右に引用したエドナ夫人の文章を読むと、外国人に群がる日本人を下に見ていると思う人がいるのではなかろうか。百年前、外国人がまだ珍しかった時代である。大人たちまで外国人を取り囲んだ。エドナ夫人は、かれらの好奇心を「アメリカの小さな子どもの示す好奇心」(the American small boy type of curiosity)と同じレベルで捉えているように見える。

どういうことだろうか。彼女は児童福祉学の専門家である。母親にも似た感覚で日本人の好奇心を受け入れたのではなかろうか。「日本野球旅行記」をきちんと読むと日本人への敬愛の念がつらぬかれている。大学の広報普及センター長のエリオットにも手紙(四月一七日付)で、「私たちはたちまち群衆に囲まれました。男、女、子ども、少年、少女、みんな口を開けて、じっと見つめるのです(gaze at us)」と報告している。雑誌に発表した右の文章より生々しい表現になっている。だが失礼な態度はまったく見られないと付け加えている。

以上、ラツクルハウスの「旅日記」をもとに四泊五日の列車の旅、二週間の船の旅を見てきた。さぞかし試合に対する意気込みや作戦が満載されているだろうと読み始めたが、まったく書かれていない。船に乗る前、ワシントン大学の学生が日本のことを話してくれたとあるだけだ。話題にもしていない。それに甲板でキャッチボールをしたという程度である。

不思議といえば不思議だ。日本に着いた翌日の英字新聞(「ジャパン・アドバイザー」か)には、レヴィス監督とエドモンソン教授を「侵略請負人」(In Charge of Invasion)と書いている。アメリカ人記者が書いたのだろう。最初の試合ではインディアナ・チームのベンチを「GHQ」(連合国軍最高司令部)と煽っている。やはり物騒な見出しだ。

しかし実際の旅は、戦いに行く緊張がちっとも感じられない。日々歓談し、パーティをし、カードゲームやシャッフルボードに興じている。ラックルハウスはくりかえし日本へ行くのが楽しみだという。早稲田と戦って勝つ、負ける、どう戦うか、という話は書いていない。そういうことは忘れて旅を楽しんでいる。余裕たっぷりの旅である。

かくして二週間にわたる列車と船の旅は終り、横浜に上陸したのである。

VII 同窓生、早稲田大学、歓迎会を催す

❶同窓生の歓迎会

到着二日後の四月一六日（火）夕、日本人同窓生の三人が東京芝の日本茶屋「紅葉館」で盛大な歓迎会をしてくれた。前に述べた岡田猛熊、磯部房信、佐藤三郎である。のちに関西学院商学部教授や大丸の監査役を務める小寺敬一《こでらよしかず》は、都合が付かなかったようで参加していない。また、三月に早稲田大学を卒業し、家業のスポーツ具店を継いだ石井順一が参加した。安部磯雄と横浜港で出迎えた一人である。昨年ブルーミントンでの試合に三塁手として出場した。英会話が得意なので意思疎通は困らない。安部の指示を受けて早稲田側の関係者として、また選手たちの知り合いとして参加したと思われる。

二日後の四月一八日（火）夕、今度は早稲田大学が、新築間もない「早稲田クラブ」で西洋式の料理でもてなしてくれた。ラックルハウスは「旅日記」に何も書いていないが、広報普及センター長に宛てたエドナ夫人の手紙（四月一九日付）に詳しく書かれている。

さて、ラックルハウスの「旅日記」にもどる。日本到着の翌日、四月一五日（土）は七時三〇分起床。船から解放されて、ぐっすり眠った（a fine nights sleep）。八時三〇分、素敵な朝食だ（fairy good breakfast）。コーンフレーク、ハムエッグ、コーヒー等々、アメリカと変わらない。皇居前広場へ行った。ホテルから歩いて行った。高い石壁と堀に囲まれている。とても美しい（very beatiful）。レヴィス監督夫妻が人力車（rikasha）に乗った。快調に走った。このときはコールマン夫人も同行した。皇居前広場でカイト（遊撃手）、エドナ夫人、コールマン夫人、ウォーカー（投手）が並んでいる写真がある（写真㊶）。

一二時三〇分、昼食。タクシーで四五分間、混雑した道路を走った。スリリングだ。早稲田球場へ行き、早稲田大学と明治大学の試合を見た。道が狭くて小さな店が並んでいる。カーニバルのような賑わいだ。球場に入ると観衆七千人が待っていた。僕たちが席に着くと満員の観衆から大歓迎を受けた。延長一二回、明治が3×2で勝った。（死球等が出て少し荒れた試合。エドナ夫人の手紙に観衆六〜七千人、早稲田は谷口が投げたとある）。僕たちは球場を出るとき三千人の人々に囲まれ、じろじろ見られ、パチパチ写真を撮られた。ホテルへ戻り六時三〇分に夕食。その後、近くの街を歩いた。就寝。とても疲れた。

人力車の車夫は「ホイ、ホイ」（hoite）と声を出して走った。「危ないよー、道を開けて」という意味を込めている。このあと数行はスペルが読み取れず意味不明である。日本に来て初めての体験をし、「古き良きアメリカに戻ったようだ」（but give me the good old U.S.A.）という意味か。人力車その他に古いアメリカを感じたのかもしれない。

さて、同窓生が歓迎会を催した四月一六日（日）も朝から慌ただしかった。七時一五分起床、八時に朝食。すばらしい青空だ。朝食後ユニホームに着替えてホテルを出た。九時三〇分、昨日と同様、早稲田球場に行った。僕たちの練習を見に三千人が集まっている。ラックルハウスは何も書いていないが、エドナ夫人の手紙に早稲田球場と書いてある。

朝、みんなで写真を撮った。エドナ・コレクションに写真がある。練習を終えて精養軒ホテルに戻り、豪華な食事をした。磯部さん、石井さん、佐藤さんが待っていて、上野公園の「平和博覧会」（「平和記念東京博覧会」）へ案内してくれた。僕たちは東京市の招待客（guests）だ。すごい混雑。きらびやかな光景。僕たちはまず「日本館」へ行った。おいしいお茶（日本茶か）を飲み、ケーキを食べた（和菓子か）。それから日本の劇場に入った。とても不思議な演劇で、おもしろいけれども外国人の僕には不快な感じがした（「演藝館」で上演されていた歌舞伎を観たか）。さまざまな展示館をまわった。ＹＭＣＡでお茶（日本茶）を飲んだ。こんなにお茶を飲んだのは初めてだ。日本ではどこへ行ってもお茶を出される。

エドナ夫人の手紙（広報普及センター長宛の報告）も紹介しておこう。「午後いっぱい人混みをかき分け見学しました。私たちは迷子になる心配はありません。なぜなら背が高いので離れていてもわかるのです。劇場で日本の踊りを見ました。また、日本の生活、工業、産物に関するさまざまな展示物を見ました。博覧会の開催に五百万以上を要したそうです。一ドルは日本円では約二ドル相当です」云々。

ラックルハウスは、さらに次のように書いている。「博覧会は三月中旬から七月末まで開かれる（三月一〇日〜七月三一日）。全体の費用は五百万円以上、一日あたり二千円という。このあたり文字がかすれて読みにくい。エドナ夫人も磯部たちから聞いて書いたのだろう。それから僕たちは車に乗って「メイプル・ハウス」、すなわち「紅葉館」へ行った」云々。エドナ夫人は「午後六時」に着いたという。

上野の博覧会のあと、車に乗って芝の高級日本茶屋「紅葉館」へ案内されたのである。東京タワーのあるところだ。岡田猛熊が出迎えてくれた。いよいよ歓迎会が始まる。

僕たちは靴を脱いで靴下のまま小さな部屋に入った。家具など何もない。マット（畳）が敷いてある。平らな「枕」（pillows, 座布団）の上で、日本のお茶とお菓子を食べた。

次にディナー専用の広い部屋（宴会場）に入った。畳の上に半円状に「枕」が並べてある。その前に小さなテーブル（お膳）が並んでいて最初のコース料理が置いてあった。本格的な日本料理だ（a Real Japanese Dinner）。最初のコースは、小皿に生の魚のスライスが盛られている。そして、同じような皿にほんの少し料理が載っている云々。

「紅葉館」のようすは、エドナ夫人の「日本野球旅行」とほぼ同じである。料理の紹介は二人ともお膳に置かれた「献立表」を書き写したのだろう。エドナ夫人はさすがに女性らしく、詳しく書き留めている。

宴会のようすを引用しよう。（　）は筆者の注である。

最初のコースは、小さな深皿に盛り付けた数切れの生魚（さしみ）、別の小さな深皿にわさびと醬油があり、小さな皿に焼き魚、そして小さな蓋つきの汁物（お吸い物）がありました。食べる道具は箸だけです。

小皿が必要なのは、テーブル（お膳）が小さいし、料理を食べ終わり次の料理が運ばれてくる、というのではありませんから、容易に理解できます。そのため、食事が終わるころには、小さなテーブルにあった料理の皿が、畳の上に所狭しと置かれてしまいました。

二番目のコースは、蓋つきのシチューが出ました（野菜の煮物）。見たところ二～三枚の牛肉と三種類の野菜が入っていました。ポテト、キノコに似た珍しい野菜、小さなほうれん草の茎を束ねたような野菜です。

三番目のコースは、ご飯と香辛料を添えた芹のおひたし（rice and a bowl of cooked celery garnished with paprica）、四番目は魚の煮物、五番目は漆塗りのお櫃《ひつ》に入ったご飯が運ばれてきて、ご飯茶碗に盛られました。そして、たくわんとほかの漬物を盛り合わせた皿が出ました。最後の六番目は、バナナです。（エドナ夫人の手紙に、小さな皿に複数本とある）。

その間、歌と乾杯がありました。夫（エドモンソン教授）は、日本人同窓生の歓迎の言葉に応えて、靴下を履いた足で立ち上がり、挨拶を述べました。しかし、威厳（dignity）を失っているようには見えませんでした。歓迎会の終わるころ、日本のゲーム（ジャンケンなど）をし、メイプル・ダンス（「紅葉館」名物の「紅葉踊り」）を見、日本の音楽（琴・三味線などの演奏か）を聴きました。歓迎会は一一時近くまで続いてお開きとなり、私たちはホテルに（車で）送ってもらいました。

六コースの日本料理でもてなしたのである。エドナ夫人の手紙には、仲居の女性が日本の遊びを教えてくれたこと、下駄を履く練習をして日本庭園を歩いたことなどが書かれている。百年前の手書きの手紙は文字が薄くなって読み取れないところがある。料理はこの程度の紹介でとどめるほかない。

第二コースの料理が出たあと、年長の岡田が乾杯の音頭をとり、歓迎のスピーチをした。広報普及センター長に宛てたエドナ夫人の手紙に報告されている。速記のメモなので少し省略したところがあるらしい。少々補って訳してみる。

◎岡田猛熊のスピーチ

エドモンソン教授、チームの皆さん、歓迎の言葉を申し上げるチャンスをいただき、まことに幸運です。大きな喜びです。

私は、早稲田大学とインディアナ大学の両方を卒業したことを大変うれしく思っております。一八八六年、早稲田大学を卒業し、アメリカに渡ってインディアナ大学に入学しました。ダビッド・スター・ジョーダン博士（Dr.David Starr Jordan. 一八五一〜一九三一。第七代学長。自然史・魚類学。スタンフォード大学の創設者）が学長の時代でありまして、一八九一年に修士号を取得いたしました。

私は、インディアナ大学最初の日本人学生であったのです。ここにおられる皆さんは、私がインディアナ大学を去って五年後か一〇年後に生まれた方がほとんどです。私は皆さんのような男子・女子の学生仲間ととても楽しい青春時代を過ごしまして、日本へ帰るのが嫌になるほどでした。

母校には大変お世話になりました。何かしてあげたいと思うばかりです。

昨年、早稲田大学はアメリカを訪問しました。今年はインディアナ大学の皆さんが日本にいらっしゃいました。この訪問交流は、政治的に非常に有益（very beneficial）であり、世界の繁栄（welfare）に貢献するものです。

皆さんはアメリカの代表として、私は日本の代表として、今こうして国際的な友好の会に出席しているわけです。私は、IUすなわちインディアナ大学に三つのエールを送ります。ひとつは純粋にインディアナ大学に、ふたつはIUのU、つまりYOUである皆さんに、そしてIである私に、今後の発展を祈念してエールを送ろうと思います。私もインディアナ大学の一員なのですから。

留学の日々、アメリカの人々は、とても親切で、礼儀正しく、心温かくて、よく「自由にしていいよ。気楽にね」(make yourself at home)と言ってくれました。今度は私が皆さんに、「お家《うち》にいるつもりで、くつろいでね」(〃)と申します。心から歓迎いたします。どうぞ、今宵の宴《うたげ》をお楽しみください。

皆さんの日本滞在が楽しく幸せなものであり、最高の思い出となりますよう心から願っております。

さあ、インディアナ大学に乾杯しましょう。

◎エドモンソン教授のスピーチ

やがてエドモンソン教授が立ち上がり御礼のスピーチを述べた。アメリカでは靴を脱いで立ち上がり挨拶を述べることはありえない。それでもエドナ夫人には、靴下の足を見せて挨拶する夫の姿が「威厳」を失っているようには見えなかった、と手紙にも「日本野球旅行」にも書いている。

チームの支援者であり仲間の岡田さん、磯部さん、佐藤さん、そして石井さん、本日はとても楽しい時間を過ごさせていただきました。日本に着いてからずっとそうしていただいているわけで、この場を借りてお礼を申し上げます。

今日の歓迎会は、私たちの胸にいつまでも良き思い出として残ると思います。日本に来る前、私たちは「おとぎの国」「この上なく美しい国」(a fairy land)へ行くんだね、と言われました。来てみると、まさにその通りでした。私たちは最高の思い出をもってアメリカへ帰ることになります。

二　皆さまのご健勝とご多幸をお祈り申し上げます。

このとき岡田は五六～五七歳と思われる。留学時代を楽しげに回想しているが、実際は大変な苦労があったろう。また、磯部の奮闘努力は筆舌に尽しがたいものがある（Ⅱ「磯部房信」）。佐藤にしても同じであろう。昔の思い出を忘れて未来志向で述べている。エドモンソン教授も同じような心持ちで応えている。

仲居の女性たちが、小さな部屋から宴会場に移る合間に、日本の遊び「ジャンケン」（janken）を教えてくれた。また、下駄をはく練習をさせてくれて「紅葉館」の日本庭園を歩いてみた。靴下のまま無理やり下駄をはいたのだから、うまく歩けるはずがない。笑い声が起こった。初めての日本体験である。

ラックルハウスは「ウェイトレス（仲居）とゲームをして楽しかった（had a good time）。一一時三〇分に「紅葉館」を去り、ホテルへ帰った」と書いている。エドナ夫人は歓迎会は一一時近くまで続き、車に乗ってホテルに戻った、と書いている。少し時間が違う。

❷早稲田大学の歓迎会

早稲田大学の歓迎会は、二日後の四月一八日（火）夕、学内の「早稲田クラブ」で催された。広報普及センター長に送ったエドナ夫人の手紙（四月一九日付け）に歓迎会のようすが詳しい。薄いピンクの、花模様の入ったホテルの便箋に書いている。

手紙によれば、主な出席者は、鹽澤昌貞学長（四代）、安部磯雄教授、その妻の駒尾夫人と美しい娘（次女の京《みやこ》と思われる。二六歳）、そして高杉瀧藏教授（一八七〇～一九四三。英語学）。高杉は一八九六年にデポー大学（インディアナ州グリーンキャッスルにある私立大学）を卒業し、国際的な友好団体「ファイ・デルタ・シー」（正式名称はファイ・デルタ・シータ）の会員であり、敬虔なクリスチャンである。

このほか、一九一〇年にインディアナ大学の修士課程を出た佐藤三郎（一八八一?〜没年未詳）がいる。もちろ早稲田大学の野球選手一二名と監督の飛田穂州が参加した。講師のベニンホフ（Harry Baxter Benninghoff, 一八七四〜一九四九）も参加した。かれは「バプテスト社会センター」（the Baptist social center for Waseda students）を運営している。その他、大学の教職員、報道記者が参加した。大学あげての歓迎会である。インディアナ大学の一行一七名を入れて総勢七〇名ほどだろう。

なお、ベニンホフは大隈重信に請われて、早稲田鶴巻町にキリスト教に基づく学生寮「友愛学舎」を創設し、のちに東京女子大学の初代理事長を務めた。大正一〇年三月刊行の『米國野球遠征』を開くと、エッセイ「旅程二萬哩」を書いている。英語のほかにアメリカの「制度学」の講義もした。目次に「早大教授／神學博士」とある。

佐藤三郎は二日前、同窓生の歓迎会を催した一人である。なのに早稲田大学の歓迎会にも出席した。一九〇四年に明治大学を卒業しインディアナ大学に留学、大学院に進んだ。専攻は経済学、修士論文は「日本人移民」である（I「エドナ・コレクションに出会う」）。

この経歴を見れば、早稲田大学の歓迎会に出席する積極的な理由はない。それでも出席したのは、留学時代にエドモンソン教授の指導を受けたか、忘れられない特別の思い出があったからではなかろうか。

エドナ夫人は手紙に、このときのようすと、もてなしの料理をメモしているので紹介しよう。テーブルは上に蝋燭《ろうそく》を灯して「E」の形に配置されていた。テーブルの飾り付けはアメリカ風のスタイルになっていた。料理はアメリカ風の六コース、1前菜、2魚、3野菜の煮込み、4牛肉とポテト、5アイスクリームと酒（sake, 日本酒か）。6フルーツとコーヒー。エドナ夫人は、飲み物は酒ではなくサイダーを注文した。同窓生の歓迎会でもサイダーを注文している。日本酒などの酒類のほかにサイダーが出されたのである。

◎鹽澤昌貞学長のスピーチ

宴会が終わるころ、鹽澤昌貞学長がベニンホフに英語でスピーチを代弁させた。「鹽澤博士は完璧に、かつ不自由なく英語をお話しになりますが、英語で堅苦しい話をするのは好きではない、と仰いますので」とことわって代弁している。翻訳してみよう。

今宵は、皆さまをお迎えできまして、うれしく存じます。「皆さまに、私たちの喜びを申し上げよ」というご指名です。光栄に存じます。

私どもは、しばしば貴国へチームを派遣しております。昨年も派遣いたしまして、貴大学にも参りました。とても歓待していただいたと選手たちが申しております。ご親切をたまわり、感謝いたしております。

異なる国々の人々が出会い、大きな共通の利益をもたらす分野はたくさんあります。知的、社会的、政治的分野など、いろいろあります。私たちは、野球というスポーツの場において出会い、強い絆で結ばれ、こうして親睦を深めているわけであります。その点がほかの分野にはない野球の優れたところです。

さらに大きな特色は、野球は国際的な友情と親善を育むということです。私たちはあたかも兄弟のごとく出会うのであります。それゆえ、勝利のためにだけプレーするのではなく、仲間なのだという友愛の精神とスポーツマンシップの精神を育むためにプレーをするわけです。これまで日本とアメリカの学生の間に築かれた友情と理解は、国際的にも重要な意義をもっております。

ご滞在中、皆さまがお健やかでありますようお祈りいたします。また、さまざまな日本人に出会い、日本の本当の姿を知る機会に恵まれますことを念願いたします。

私たちは今宵、心から歓迎を申し上げますとともに、皆さまをお迎えできましたことを、改めて喜ばしく思います。

先の日本人同窓生の歓迎会の挨拶で岡田猛熊も、日米大学の野球交流は国際的な意義があると強調していたが、鹽澤はその点をさらにはっきりと述べている。政治的にも教育的にも大きく明確な構想を掲げてアメリカの大学と野球交流をしたのである。

注目すべきことがある。ベニンホフが代弁した鹽澤のスピーチは、前年の秋、大隈重信が自邸にワシントン大学チームを招いて語ったときの講話と同じであることだ（Ⅳ「国際親善・戦争回避」）。あのとき安部磯雄をはじめ早稲田大学の選手たちがいた。大隈の情熱と構想を、鹽澤も安部もしっかりと受け止めて野球交流を実行しているのである。

それればかりではない。数年前、澁澤榮一は大隈重信たちと協力して「第八回世界日曜学校大会」を東京で開催した。アメリカの有力な実業家や政治家たちに積極的に支援を働きかけたが、そのときの澁澤榮一の主張とも一致している（Ⅷ「澁澤榮一の信念」）。

大隈、澁澤、鹽澤、安部たちの考え方は、見事なほど一致・共鳴し合うものになっている。それが日米野球交流にも見られる。日曜学校の世界的活動も日米大学の野球交流も、当時の世界情勢に対する、かれらの思想的活動として捉えるべき必要があるだろう（「おわりに」）。

◎高杉瀧藏教授のスピーチ

続いて、高杉瀧藏教授（一八七〇〜一九四三）が英語でスピーチをした。かれは野球部の副部長となり、安部部長の跡を継いで二代目・四代目の部長に就任している。明治四四年（一九一一）の第二回米国遠征は、副部長の高杉がチームを引率した。鹽澤学長とは隣に住んでいたことがあり、親しい友人であった。大学に勤務したのも、退職して名誉教授になったのも一緒である。ふだんの生活でも英語で会話していたころがあるという。二人は英語の達人なのである。

スピーチを翻訳しよう。（　）は例によって筆者の注、英語は原文である。

エドモンソン教授、そして、お集まりの皆さん、私がかつてフージャー（インディアナ州の人間）であったといえば、私の顔を御覧になって驚かれるかもしれません。私は日本人です。そのことに誇りをもっています。しかし、皆さまが生まれる何年も前、グリーンキャッスルにあるデポー大学に通っていたのです。それは、だれもがご存じのジェームズ・ホイットコム・リレー（James Whitcomb Riley, 一八四九〜一九一六。インディアナ州の大詩人）が四〇歳くらいのころです。

私がどういう事情でデポー大学へ行くことになったのか、長くなりますがお話ししたいと思います。

その昔、日本の五人の若者がアメリカへ留学しました（一八七七年〈明治一〇〉、弘前市・東奥義塾の卒業生）。かれらは「アズベリー」（Asbury）とよばれていたデポー大学（創始者Francis Asbury, 一七四五〜一八一六。メソジスト派）に行きました。しかし、一人はグリーンキャッスルで亡くなり、二人は日本に帰国して間もなく亡くなりました。アメリカに残った二人こそフージャーでありまして、珍田《ちんだ》伯爵（捨巳《すてみ》、一八五七〜一九二九。のちにドイツ大使、伯爵）と佐藤大使（愛麿《あいまろ》、一八五七〜一九三四。アメリカ合衆国特命全権大使。ともにメソジスト派牧師の資格をもつ）です。二人ともきわめて優秀で誠実な外交官であります。

皆さんは、この二人の日本人がアメリカで教育を受けたことを知り、誇りに思うことでしょう。日本では、かれらに続いて自分もアメリカへ行きたいと思う人が出てきました。私の兄（東奥義塾の生徒、高杉榮次郎、一八六七〜一九四二）も、二人の影響を受けて行くことになった青年です。日本を去るとき（一八八五年）、兄は「アメリカへ行ったら、おまえのために何かできないかな」といいました。私は「兄さんが帰国なされば、とても偉い人になるのでしょうね。僕は兄さんにくらべて劣った人間になってしまうかもしれません」というと、「それじゃ、おまえもアメリカへ行けるように、向こうで何かしてあげるよ」といいました。

数日前、安部教授のお話では、野球チームを率いて来られたエドモンソン教授に私のことをお尋ねしたところ、「高杉くん？　聞き慣れない名前ですね」とおっしゃった由、私はいいました。「とんでもありません。エドモンソン教授のお名前は、私にとって世界で最もすばらしいお名前です」。長くなりますが、わけを話しましょう。

私の兄がデポー大学に留学していたとき（一八九一年卒）、そこにエドモンソン氏がおられました。ある日、氏は私の兄に「ここで学んだことをさらに完成させるためにシカゴ大学へ留学してみないか」と勧めました。兄は「グリーンキャッスルの人たちがとてもよくしてくれたので、ここにいてもいいと思っています」と答えました。そして、「実はお願いしたいことがあります。弟がアメリカに来たいといっているのですが、助けていただけませんか」と申しました。エドモンソン氏は支援を約束してくださいました。こういうわけで、私はしばらくして（in due time）アメリカへ渡ることができたのです（一八八九年七月、一九歳）。

シカゴに到着したときのことは、ぜひともお話ししなければなりません。ホテルに着きまして夕食の時間が来たので食堂に行きました。メニューを渡されましたが、まったく読めません。恥ずかしくて、空腹なのに、何も食べないで自分の部屋へ駆け込みました。バスケットのなかにサンフラシスコの友人たちが置いて行った果物や乾パンがあったので、それを取り出して食べました。ほんとに孤独でした。

夜の九時ごろ、ドアをノックする音がして一人の紳士が入ってきました。私の手をギュッと握りしめて、「私はエドモンソンです。あなたが寂しい思いをしているのではないか、と思いましてケントランド（シカゴまで約一二五キロメートルの小さな町）からやって来ました。君をグリーンキャッスル（デポー大学がある）に連れて行って、勉強できるようにさせてあげますよ」とおっしゃいました。

皆さん（my frirends）、「エドモンソン」というお名前は、私にとって、とても大切なお名前なのです。不思議なことだと思いませんか？　皆さんにとってとても大切な人が、日本人の私にとっても大切な人であるなんて。

デポー大学にいたとき、私はしばしばブルーミントンに行きました。まさに blooming 花が咲いて美しい街でした。きっと今も blooming 花が咲き繁栄していることでしょう。

一一年前、早稲田大学野球部がアメリカへ行ったとき、私も一緒に行きました（明治四四年〈一九一一〉第二回米国遠征）。インディアナポリスでインディアナ大学と二試合しましたが、第一試合は勝ちました（六月九日、3×0）。昔はデポー大学を応援してブルーミントン（インディアナ大学）に対抗するのが常でしたから、このときは大変な喜びでした。第二試合は、勝つべきところ、惜しくも負けてしまいました（六月一〇日、2×3）。

あのときのブルーミントンでの滞在は、とても楽しいものでした。皆さんが日本にいる間、ホテルやほかの場所でまたお会いしたいと思います。

ところで、テーブルを挟んで向かい側に、私の大切な「兄弟」（fraternity, 男性の友愛団体「PHI《ファイ》 DELT《デルト》」の会員）がいることに、とても驚いています（ミントンをさす。アシスタントコーチ。学生時代は捕手）。

話は変わりますが、ご存じのようにデポー大学では（宗教上の理由から）ダンスが禁止されています。でも、密《ひそ》かに（on the Q.T.）ダンス・パーティが行なわれていました。人々はとても親切で、私はたくさん招待を受け、いつも応じていました。

今、あのときブルーミントンで行なわれたダンス・パーティがよみがえってきます。私は一週間前、アップル・サイダー（ノンアルコール。低温殺菌されないものは雑菌を生じることがある）を飲みすぎて体調を崩してしまいました。しかし、招待の約束を守るべく出かけました。週の終りには、なんとか行けるようになると思っていたからです。

ところが、ダンス・パーティの時間が近づくにつれ、ますます体調が悪くなる、それでも私は行くことにしました。まずブルーミントンの高級なホテルへ行きました！　八時から一〇時三〇分まで夕食の会(banquet)がありました。そこで食べてからダンスホールへ行って、夜中の二時まで踊ったのです。翌朝起きると、私はすっかり元気になっていました。ダンスはとても良い薬になると思いました。

さて、このまま話を続けるわけにはいきませんね。最後になりますが、皆さんの日本滞在がとても楽しいものになることを祈っております。日本にも、アメリカと同じように、悪いところもあれば良いところもあります。良い思い出だけを持ってお帰りになることを望んでおります。

皆さんが早稲田大学のゲストとして来日されたことを、今しみじみとうれしく思っているしだいです。

長いスピーチだ。エドナ夫人が懸命に書き取ったのである。次から次へ心打つ話が飛び出す。エドモンソン教授が高杉兄弟の忘れられない恩人であったとは驚かされる。まず兄の榮次郎がデポー大学でエドモンソンと出会った。かれのおかげで瀧藏もアメリカへ留学できたというのである。

エドモンソンが二人の運命を切り開いた。かれがいなければ英語学者高杉瀧藏は存在しなかった。瀧藏は感謝をこめてそう語っている。次にエドモンソン教授の番だが、きっと同じ話をするだろう。何も言わず、当たり前の親切をしただけです、と冷めた表情で語るのであれば、それはきっと宗教的な信条によるだろう。

◎エドモンソン教授のスピーチ

エドモンソン教授は何を語ったのだろうか。

＝

鹽澤学長、お集まりの皆さん、私たちを温かく迎えてくださいまして、心から感謝いたします。

今回の訪問は夢のようでありまして、まさに美しい夢でありまして、この記憶は私たちの心にいつまでも残ることでしょう。常に友好的なお心でもてなしてくださるので、うれしく思っております。

私たちは長い道のりを旅して、皆さまのところに参りました。太平洋の真ん中で、私たち一行の何人かは、はたして楽しい旅になるのだろうかと疑っておりました。ほとんどがひどい船酔いに苦しめられましたから。しかし、日本に着くと疑いはたちまち消えました。

つい先ほど、このテーブルで起こった非常に印象的な出来事に、皆さまのご注意を喚起したいと思います。高杉先生とミントンさんが、「ファイ・デルト」という友愛団体に所属していることが判明したのです。人種も違う、海の向こうの二人が、友愛の兄弟としてテーブルを挟んで手を握り合っていることがわかったのです。

私たちは、まさにこのような精神で日本にいるのです。世界を股に掛けて、異なる人種の二つの野球チームが兄弟愛の精神で出会います。どちらもスポーツマンです。私は早稲田の選手たちのプレーを見たことがあります。もちろんインディアナの選手のプレーを見たことがあります。彼らはともにスポーツマンです。結果はどういう勝敗（scores）になるにせよ、私たちはスポーツにおいて一緒になった兄弟なのです。

数日前、私は日本の新聞で、「もし世界の問題が、日本を訪れているイギリスの王子（ウェールズ王子、のちのエドワード八世。四月一二日来日）のようにスポーツマンシップの精神を身につけた人々の手に渡ったら、世界のために非常によくなるだろう」というコメントを目にしました。私もそう信じています。スポーツマンシップの精神をもった若者が必要です。今回のような野球チームの交流は、国際的なスポーツマンシップの精神を育み、そして、私たちの間の親睦の力を強めるのに役立つに違いありません。

アズベリー大学（デポー大学）の友人（高杉教授をさす）も仰いましたが、アメリカには良いことだけでなく、悪いところもあります。私たちは、常に良いことだけを皆さんにお伝えするように努力しなければなりません。

私たちを親切に迎え入れてくださったことに、あらためて感謝の意を表します。私たちは、皆さんがアメリカへ来られまして、私たちに見せてくださった心のこもったおもてなしのお返しができますことを切望しております。


日本は「妖精の住む夢の国」といわれていたのである。どうしたわけか、高杉兄弟との出会いについては一言もふれていない。出会いなどなかったかのように何も語らず、ただ野球交流の意義を述べている。あれは昔のこと、当たり前の親切をしただけです、ということらしい。エドモンソン教授は手柄話や自慢話をしないのである。

主に鹽澤学長の語った話題にふれて、海を隔てた両国の若者がスポーツを通して交流することは、今日の国際的観点から、また大学教育の観点から、すこぶる意義深いことを強調している。

鹽澤学長とエドモンソン教授のスピーチから浮かび上がるのは、早稲田大学とインディアナ大学は野球交流に対する捉え方・考え方が一致していることだ。ちなみに数日前「日本の新聞」を読んだというのは、日本で発行されている英字新聞のことだろう。

◎レヴィス監督のスピーチ

次に、レヴィス監督がスピーチに立った。

日本とアメリカの皆さん、私は野球の試合をする立場からお話したいと思います。日本は野球が行なわれるようになってから、まだ日が浅いことを私は知っています。しかし私たちは、自信や優越感をもって来ているわけではありません。日本の大学は野球が強いことを知っていますし、私たちは、昨年ブルーミントンで早稲田大学と試合をして、五対四で敗れたことを忘れてはいません。

私たちは、インディアナ州だけでなく、アメリカを代表する球児であることを自覚しています。さらに、球児としてだけでなく、アメリカの学生として、アメリカの紳士として、その能力を発揮する機会を与えられた、と思って来日しました。

もしも私たちがミステイクをしたり、日本の優れた習慣に反することをしたときは、故意にしたのではなく、日本の習慣に対する無知ゆえに、ついそうなってしまったと見ていただけるなら幸いです。

昨年は、皆さんのチームがアメリカへ来て、アメリカの人々に喜んでもらおうと努力なさいました。今度は、私たちが日本の人々に喜んでもらえるように努力をいたします。

土曜日（四月二三日、早稲田球場）、皆さんと最初の試合をします。勝ちたいと思いますが、皆さんも勝とうと考えています。結果はどうなるかわかりませんが、力の限り、最高の試合をすることをお約束します。

皆さんの心からの歓迎に感謝いたします。次は、皆さまがアメリカへいらっしゃって、皆さまの歓迎に私たちがお応えできればと念願しております。

レヴィス監督は、昨年五月ブルーミントンで負けたことを忘れていない。勝ちたいと思うが勝敗にこだわっていない。昨年アメリカに来た早稲田チームのように、最高の試合をして、日本の人々に喜んでもらえるように努力する、と述べている。

野球選手としての誇り、アメリカ人としての誇りをもって来日したという。実に生真面目なスピーチである。語った内容は、ブルーミントンを出発する前の晩、エドモンソン教授が選手たちを前に語った日本へ行く心構えと響き合うものがある。両校ともスポーツ精神で向かい合い、友情を深めようとしている。

以上は、日本人同窓生と早稲田大学の催したふたつの歓迎会におけるスピーチである。エドナ夫人が広報普及センター長エリオットへ送った報告の手紙（四月一七日・一九日付け）に記録されている。彼女は特派員（official reporter）なので歓迎会のようすをつぶさに報告したのである。

実は、スピーチをした人がもう一人いた。二通目の最後に、「日本の新聞社のスポーツ担当編集者を代表して太田氏（Mr.Ota）が日本語で述べた。しかし時間が遅くなったので通訳がつかなかった」とある。歓迎会は盛り上がり時間が長引いたのだろう。夜が遅くなったので英語に通訳する人が帰ってしまった。そのためエドナ夫人は速記ができなかったらしい。

スポーツ担当の編集者とは、太田茂（一八八一～一九四〇）だろう。「新聞記者。香川の生まれ。筆名は四州（ししゅう）。国民新聞、読売新聞に野球の戦評を執筆。大正一〇年（一九二一）から雑誌「運動界」の責任編集者として、野球だけでなくスポーツ全般の普及に尽力した」（「デジタル大辞泉」小学館）とある。「野球殿堂博物館」のHPには、「明治三六年に始った初期早慶戦を軍記物語式の名文で描写して以来、四州（志蹴）の筆名で書いた試合記事は読者の人気を独占した。又ながらく雑誌「運動界」の責任編集に任じ、鋭意野球の啓蒙に尽瘁し、生涯を野球批評のために貫き、文筆をもって学生スポーツの健全な発展に献身した」とあり、野球殿堂博物館入りを果たした。

不思議なのは、インディアナ大学を招聘した野球部長、安部磯雄教授のスピーチがないことだ。安部の尽力がなかったなら、かれらの来日はなかった。歓迎の挨拶を述べるべき立場なのだが、控えめにふるまったらしい。世話役に徹する、という態度ではなかろうか。これは安部の生き方らしい。

以下、簡単に高杉兄弟の経歴をまとめておこう。エドモンソン教授との不思議な縁がうかがわれるからだ。『高杉瀧藏追憶録』（発行者・刊行年月日等、不記。序文により昭和一九年刊行）ほかによれば、瀧藏（一八七〇～一九四三）は弘前市小人町に生まれた。亀の子小学校から弘前中学校（約二年間）へ進み、東奥義塾（菊地九郎創立）に転校、英語を珍田捨巳（前述）ほか英米人教師に五年間、学んだ。卒業後、しばらく外国人宣教師の通訳をした。

明治二二年（一八八九年、一九歳）七月に渡米、シカゴ近郊のノースウェスタン大学予科を経て学部に学ぶこと七年、次いで明治二九年、デポー大学文学科に転じ四年後に卒業、同大学でアシスタント・プロフェッサーになり約二年、その間に修士・博士の学位を取得した。在米一一年、明治三三年（三一歳）一一月に帰国。以後、青山学院等で教鞭を執ること約二年、明治三五年（一九〇二）四月に早稲田大学（東京専門学校）専任講師となり、同四〇年五月教授昇任、昭和一八年（一九四三）四月名誉教授となった。同年一一月五日永眠、七四歳、と記されている。英語学を講じ、英会話、英作文なども教えた。

瀧藏について記す資料は、「早稲田大学百年史」（ネット）をはじめ、右のように書かれたものが多い。典拠は『高杉瀧藏追憶録』であろう。だが、瀧藏は先のスピーチで、アメリカへ渡った当初はレストランのメニューに書かれた英語も読めなかったと語っている。そんな瀧藏をデポー大学へ連れて行ってくれたのはエドモンソンであった。そうして留学生活が始まった。本人の証言ゆえ、デポー大学で学び、次にノースウェスタン大学に進んだと考えるべきだろう。

なお、相澤文蔵著『津軽を拓いた人々――津軽の近代化とキリスト教』（北方新社　二〇〇三年六月）は、デポー大学に留学し、「続いてアメリカの諸大学に学んで哲学博士の学位を得て帰国した」とする。そして早稲田大学で「西洋哲学を講じた」というが、「哲学博士」云々は兄榮次郎の経歴と混同したように見える。

兄榮次郎（一八六七～一九四二・九）も弘前市小人町に生まれた。東奥義塾でやはり珍田捨巳の教えを受ける。一八八五年（明治一八年）、珍田が渡米するに際し、笹森卯一郎、高杉榮次郎、益子恵之助、長谷川哲治の四人が同行しデポー大学へ留学することになった。一八九一年、デポー大学を卒業、哲学士・神学士。一八九三年、ボストン大学、哲学博士（修士か）。一八九九年（明治三三年）、札幌農学校奉職。一九〇七年（明治四〇年）、北海道大学教授となる。兄弟とも敬虔なクリスチャンであった。

インディアナ大学野球チームの日本遠征について調べていくと、背景にプロテスタントたちの活動と関連があることに気がつく。偶然の一致とは思えない。安部磯雄、コールマン夫妻、大森安仁子、エドモンソン教授、エドナ夫人がそうであり、澁澤榮一・大隈重信らの理解と支援で大正九年一〇月、東京で開催された「第八回世界日曜学校大会」などもその一環である。大会の実行幹事を務めたのは澁澤の信任厚いコールマンであった。緩やかな連携が背景にあったと考えるべきだろう。

アメリカの大学の野球チームを日本へ招聘することとプロテスタントたちの活動との間にもちろん直接の関係はない。しかし、まったく関係がないと考えるなら、やはり大切なものを見失ってしまう。どちらも第一次世界大戦後の世界情勢を見つつ強固な意志をもって計画・実行されており、おのずと内的な関係を有している。それを見ようとしないのであれば、日米大学野球交流の内に秘められた大切なものがわからなくなってしまうだろう。

Ⅷ 安部磯雄とコールマン夫人

エドナ夫人は帰国後、友愛団体の機関誌 *THE ARROW of PI BETA PHI* に「日本野球旅行」（The Baseball Trip to Japan, 本書の巻末に翻訳を載せた）を三回にわたって連載した。そして最後に、日本滞在（四月一四日〜五月一三日）をふりかえり、安部磯雄教授とコールマン夫人（Mrs.Colleman）に特別に感謝する、と書いている（We owe a special debt of gratitude to〜）。なぜ、この二人なのだろうか。

早稲田大学の企画した日米大学野球交流は、両大学が同じ条件を守って行なわれた。監督一名、選手一一名。内訳は投手三名、捕手二名、内野手・外野手七名。ポジションはもちろん交換してよい。四〜五年ごとに相互訪問する。招聘する側が相手校の渡航費・滞在費（交通費・宿泊費等）を提供する。したがって、来日したインディアナ大学チームは金銭等の心配をせず試合に集中できた。試合のない日は歓迎会等に出席し、観光を楽しみ、買い物をし、人々と交流した。

試合と日本体験の二本立てである。両方の検討によって日米大学野球交流の全体が見えてくる。インディアナ大学の試合は二日に一回の割合で、東京・大阪・京都で全一一試合が行なわれた。試合がない日は何をしていたのか。どこへ行き、何を見、だれと会い、何を考え、何を語ったのか。選手たちはどう過ごしたのか、試合のない女性たちはどうしていたのか、それぞれの行動を調べてみなければならない。

観光に関しては、第Ⅵ章「岡本米藏の貢献」で考察した。本章では、「特派員」（official reporter）の任務を与えられたエドナ夫人が、安部磯雄とコールマン夫人をあげて感謝したのはなぜか、広い視野から考えてみよう。

まず安部について述べる。かれはエドナ夫人に日本の現実を解説し、真剣に語り合った。またエドモンソン教授夫妻とレヴィス監督の夫人を連れて東京・京都・奈良を案内した。特にエドナ夫人と交わした話題は多岐にわたり、重要な問題を含んでいる。一例をいえば、日本の庶民・家庭の貧困について語り、「産児制限」がそれを救うこと、人口抑制が有効な手段となること、アメリカへの移民を減らせば両国関係の改善に役立つことなどを語った。そのほかさまざまな問題について語り合った。

エドナ夫人にコールマン夫人を紹介したのは実は安部である。簡単に説明しよう。コールマン夫人は、カリフォルニアに住むE・S・ガスニーという産児制限論者と親しくしていた。そこで日本に安部磯雄という産児制限論者がいることを紹介した。ガスニーは安部に手紙や参考資料を送った。安部はのちにガスニーとポール・ポピノーの共著を翻訳して『不妊結婚と人間改造』（春陽堂　一九三〇年一〇月。原題*Sterilization for Human betterment*, 人種改良のための断種・不妊手術）を刊行した（林葉子「安部磯雄における「平和論」と断種論」『ジェンダー史学』5巻　二〇〇九年一〇月）。こういうわけで、安部がエドナ夫人にコールマン夫人を紹介したのである。彼女たちがガスニーの産児制限論を話題にしたことは間違いない。

安部から頼まれたコールマン夫人は、エドナ夫人を大森安仁子《あにこ》（Annie Shepley Omori, Annie Barrows Shepley, 一八五六～一九四一）の「有隣園」（The Hous of the Friendly Neighbor）へ案内した（写真はVに掲載）。ここは明治四四年（一九一一年）、夫の大森兵蔵（一八七六～一九一三）と私費を投じて開設した福祉施設《セツルメント》である。西新宿の成子《なるこ》天神社の裏地にあった。エドナ夫人が訪問したとき兵蔵は亡くなって一〇年が経っていた。レヴィス監督のヘレン夫人（Helen Parkinson Levis, 生没年未詳）も同行した。写真があるので確認できる（写真㊺㊻）。

「有隣園」は子どもたちの遊び場から始まった。しだいに発展し、託児所・幼稚園・図書室その他を備え、勤労青少年のための徒弟夜学校・診療所などを開設した。エドナ夫人が訪問した翌年、関東大震災が起きた。安仁子は「有隣園」を職業紹介所や簡易宿泊所にあてて被災者の救助活動をした（カフェ「道みち」HP。ほかに『渋沢栄一伝記資料』第四二巻などに詳しい）。今は跡地に記念碑が立っているだけで昔の面影はない。

また、コールマン夫人は四月一九日（水）、エドナ夫人たちをアメリカ大使館へ連れて行った。そして街へ出てお茶を飲み、買い物のアドバイスをした。別の日はミッション・スクールの東京女子大学（Woman's Christian College of Tokyo）へ連れて行った。大学に問い合わせると、当時の「庶務日誌」に彼女たちが来たことは記されていないという。彼女たちの訪問は私的なもので校内を見、知り合いの先生に会ったのだろうか。日本のミッションスクールの実態を知りたいと思ったにちがいない。

コールマン夫人が東京案内をしている写真がある（写真㉝）。前にあげたが、もう一枚あって皇居前広場でカイト（遊撃手）、エドナ夫人、コールマン夫人、ウォーカー（投手・左翼手）が並んで写っている（写真㊶）。前の写真と服装が同じなので、来日した翌日、四月一五日（土）と思われる。カメラのシャッターを押したのはエドモンソン教授だろうか。

折しも東京は花見の季節。4月15日、皇居前広場。写真㊶と同じ時。花見客の出で立ちに注目。㊄（写真75）

彼女は定期的に自宅で昼食会を開いていた。エドナ夫人を招待し、日本の女性や他国の女性と話をする機会を設けた。自宅は港区三田の「伊皿子《いさらご》」にあった（戸田氏の論文）。しかし夫のコールマン（一八七五～一九三二。Horace E. Coleman）は、日本日曜学校協会の月刊誌『日曜学校』第五三号（一九一八年一二月）に、寄付金の送り先を「東京市赤坂區檜町一〇　コールマン氏宛」と書いている（「聖地窮民救助主意書」）。執筆者の名前を「エチ、ア、コールマン」とするが、「エチ《H》、イ《E》、コールマン」の誤植である。ここには教会があり、事務所にしていたのだろう。

コールマン夫人とは何者なのだろうか。それは夫のコールマンの経歴から明らかになる（写真76）。二人はキリスト教の伝道師に任命されて明治三九年（一九〇六）に来日した。コールマンは大正二年（一九一三）

コールマン（Horace E. Coleman）。『第八回世界日曜学校大会記録』（大正10年3月）より転載。（写真⑯）

四月、数年後に東京で開催される「第八回世界日曜学校大会」の実行幹事の一人に選ばれ、献身的に働いた。後援会長は大隈重信（一八三八～一九二二）、副会長は澁澤榮一（一八四〇～一九三一）。コールマンを幹事に推薦したのは澁澤だろう。

澁澤は大隈と親しい。安部は大隈とたいへん親しい。さらに澁澤は、アメリカの大実業家ハワード・J・ハインツ（Howard John Heinz, 一八七五～一九四一）、同じく大実業家で政治家のジョン・ワナメーカー（John Wanamaker, 一八三八～一九二二）、その子息で後継者のロッドマン・J・ワナメーカー（Rodman John Wanamaker, 一八六三～一九二八）、大物政治家のジョージ・W・ウィッカーシャム（George Woodward Wickersham, 一八五八～一九三六）などと親しくしている。かれらもまた東京大会の支援者である。

こうした澁澤の人脈を解きほぐすと、夫のコールマンがどのような人物か、なにゆえ幹事に推薦されたのか、わかってくる。結論を先にいえば、こうした人々は第一次世界大戦が始まり困難な状況に陥っている世界情勢と対抗して平和・幸福を実現しようと活動している人々であった。コールマンは日ごろ取り組んでいるYMCA活動が評価されて、幹事に抜擢されたのである。

一方、あとで詳しく述べるが、早稲田大学の企画する野球交流は、安部磯雄が実行責任者であり、こうした日曜学校の活動と共鳴・連動する発想を込めて実行された。

安部、コールマン夫人、大森安仁子はプロテスタントであり、おのずとつながっている。エドナ夫人もプロテスタントであり、インディアナ州で児童福祉の活動をし、日本のセツルメントや児童の実状を知りたいと思って来日した。安部が彼女の希望を聞いてコールマン夫人を紹介したのである。彼女たちは大森安仁子の「有隣園」に集まり、施設を見学し、日本とアメリカの児童福祉をくらべながら教育環境や対策などについて語り合ったのだろう。産児制限は児童福祉のためでもあったから話題にされたと思われる（詳しくは後述）。

安部は、産児制限を家庭および児童の幸福を保証するものとして考えた。『産児制限論』（實業之日本社　一九二二年三月。なお、久山社から復刻。日本〈子どもの権利〉叢書18　上笙一郎・編　一九六六年四月）にそう論じている。彼女たちの出会いはプロテスタントである安部の人脈によって実現したのであり、安部が企画し実行している野球交流とおのずと関連するところがあるだろう。セツルメント、児童福祉、産児制限、そして野球交流はそれぞれ無関係に見えるが、安部の思想的・宗教的エリア内で関連しあっている。こうしたことに目を向けると野球交流の全体が見えてくる。以下、詳しく述べていく。

❶ コールマン夫人との出会い

安部教授とコールマン夫人に感謝を述べたところを引用しよう。

私たちの日本に対する認識は、ほかでもない、コールマン夫人と安部教授がしてくださった解説に拠るところが大きいのです。こうした良き出会いに恵まれない外国人旅行者は、日本に大きな失望を覚えることでしょう。ペリー提督が一八五三年に上陸したときと同じような情景を期待してやって来るからです。東京に近代的な路面電車や電柱があることに不満を抱いたり、アメリカの近代都市で享受している便利なもの（実は不快な煙、騒音、醜さも一緒に）を期待してやって来て、「なんだ、近代的で便利なものはないのか」と独りよがりな見方をして、日本を低く評価してしまうからです。

しかし、私たちのように良き解説者と出会った旅行者には、日本はすばらしい国です。日本の人々、着物、家、道、畑、社会習慣を、アメリカ人の興味・関心からではなく、日本の現実のなかで見て考えることができるからです。反対に、そういう出会いのない旅行者は、古い民族衣装を着て生活する日本人は時代遅れだと批判的になり、残念だと思うのです。

日本はもはや東洋であると認識できないほど、この五〇年間に起こった社会の変化は大きいものがあります。そして今、さらに大きな変化が起こりつつあることに驚かされるでしょう。日本に行って、これは未開だ、あれは改善すべきだ、と批判するのであれば、その前に考えるべきことがあります。海の向こうの隣人を批判する前に、すなわち隣の家がたまたま自分の家と違うからといって批判するより前に、自分の家をもっとより良く整えた方がいい (bring up sharply)、ということです。現在の日本は、そう認識すべきことをはっきりと教えてくれるし、そういう認識をおのずと育んでくれます。

いずれにせよ、私たちのような出会いに恵まれた旅行者は、現在の日本を見ることができてよかった、と思いつつ日本を後にすることでしょう。

これがエドナ夫人の結論であった。「日本野球旅行」はチームに随行した特派員としての報告書でもある。日本で体験した出来事のすべてがチーム全体の収穫なのだった。

◎大森安仁子の「有隣園」を訪ねる

夫のホレス・コールマンの経歴を調べてみよう。以下、戸田徹子氏の伝記研究(「ホレス・E・コールマン関係資料について」『山梨県立大学 地域研究』第三号 二〇〇三年三月)をふまえてしばらく述べていく。

夫のコールマンは一八七五年の生まれ。インディアナ州の出身と思われる。同州リッチモンドにあるクエーカー教徒のアーラム大学（Earlham College）に入学し、一八九五年に卒業して理学士を取得した。その後シカゴ大学で三年間学んで聖書研究の講義を受け、ハーバード大学にも一年間通った。その後ミシガン州アナーバーに住み、同地のＹＭＣＡ（キリスト教青年会。プロテスタント）の主事（secretary）を務めた。さらにハワイのホノルルに行きＹＭＣＡ活動をし、日系人への伝道事業に携わった。

少し補足しよう。教会でどのような説教をしたのだろうか。コールマンのエッセイが遺っている。インディアナ州ゲーリーに「ルーさん」という少年が住んでいた。身体に障害があり、歩くと身体が左右に揺れて目立つ。だがルーさんは、身体を揺らして鉦《かね》を鳴らせば人目を惹くので笑いを誘うから募金が増えると考え、実際そう申し出て町を歩いた。コールマンは、そういうルー少年を尊いと書いている（「クリスマスの話」『日曜学校』第五二巻一九一八年一一月）。

伝道師の立場からルーさんの自己犠牲を讃えたのである。説教に用いた話だろう。故郷の町で見た出来事と思われる。さらに調査すると次のようなことがわかった。

一九〇〇年（明治三三）四月二八日、福喜多靖之助《ふくきたやすのすけ》（一八七四～一九四四。牧師、正金銀行員）の骨折りで「ホノル、日本人基督教青年會」（ＹＭＣＡ）が発足した。このとき「深厚なる同情を以て成立に力を添へたのは、市青年會幹事ＨＦコールマン氏であつた」。奥村多喜衛（一八六五～一九五一）の著書『恩寵七十年』（内外出版印刷株式會社一九三七年四月）にそう書いてある。「ＨＦ」は「ＨＥ」（Horace E.）の誤植である。同書は、奥泉栄三郎・監修『第二期初期在北米日本人の記録《北米編》』（文生書院　二〇〇七年七月）に復刻されている。

奥村はこの地域の「青年會」（ＹＭＣＡ）設立の重要メンバーで、四年前の一八九六年（明治二九）ホノルルに「日本人学校」を開設した。この学校は一九一〇年、中学科と高等女学科を加えて「布哇《ハワイ》中央学院」と改称した（沖田行司・編『同志社の思想家たち』下　晃洋書房　二〇一九年三月）。

コールマンは大学を出たばかりであったが、アメリカからハワイへ居を移し、日本人のためのＹＭＣＡ活動をしていたのである。その後、一旦アメリカへ帰ったらしい。戸田氏によれば、マサチューセッツ州にいたこともあるという。

◎コールマンとその夫人

コールマンの妻エリザベス（Elizabeth）、すなわちコールマン夫人は、夫より二歳年下で一八七七年の生まれ。来日二年前の一九〇五年当時、二人は結婚していたが子どもはいなかった。戸田氏によれば、コールマンは彼女のことを「学生ボランティア」と手紙に書いているという。アーラム大学かシカゴ大学の学生仲間だろうか。彼女は夫と違ってクエーカー教徒ではないが一緒にＹＭＣＡ活動をしていたという。

そこでハワイ時代を調べると、彼女はホノルルで「エンマホール幼稚園事業の主任者」をしていたことがわかった。奥村はこの幼稚園を訪ねて一室を借り、「三十名の生徒を以て日本語学校を開始し得た」（『恩寵七十年』）。これが先に述べた「日本人学校」の始まりである。奥村の「日本人学校」が開設されたのが一八九六年、それから四〜五年したころコールマン夫妻はハワイに移り住んでいたのである。夫は二六〜二七歳、彼女は大学を卒業してまもなくハワイに来たと思われる。奥村から呼ばれて来たのだろうか。夫唱婦随の伝道人生が始まったのである。

エドナ夫人について簡単にふれておく。彼女は一八八六年インディアナ州マグネットに生まれ、ブルーミントンのインディアナ大学を卒業した。コールマンより一一歳年下、コールマン夫人より九歳年下である。ブルーミントンはアーラム大学のあるリッチモンドとそれほど遠くはない。エドナ夫人は東京でコールマン夫人と出会い、故郷の話に花を咲かせたことだろう。

戸田氏は、コールマンの所属した教派が何であったのか、少し曖昧だという。生得会員資格をもっていたが、クエーカー教会すなわちフレンド教会に通っていたのか確認しにくいという。純粋な教徒ではなかったらしい。かれは伝道師として来日するための審査に際し、さまざまな教派の人々と協力してＹＭＣＡ活動をしてきたことを熱心に語り、日本での伝道に強い意欲を示した。その結果、一九〇六年一一月末、「フィラデルフィア・フレンド外国伝道教会」より、夫人と一緒に「フレンド宣教師」として日本へ派遣する旨の通知を受け取ったという。まさに一心同体である。ハワイで四〜五年過ごし、アナーバーに戻っていたわけだ。

ミシガン州アナーバーから陸路で西海岸のシアトルへ行き、約二週間の船旅を終えて横浜に着いたのは明治三九年末（一九〇六）と考えられている。しかし戸田氏は、実際は翌年の一月か二月に来日したという。そして、大正六年（一九一七）までフレンド伝道に携わり、以後「日曜学校協会」の「名誉総幹事」（一説）となったのを機にフレンド伝導をみずから辞めたという。ほかの伝道師とくらべて短期間の活動であり、やや不徹底な働きぶりであったという。昭和二年（一九二七年）アメリカへ帰ったとする。

しかし、訂正を要する。戸田説と異なる事実を記した資料があるからだ。『日本日曜學校史』（日本世界社　一九四一年一二月）に、来日は明治三九年（一九〇六）の末（三一歳）、帰国は昭和四年（一九二九）五月二四日（五四歳）、とある。来日は戸田説より一年前（ただし一〜二ヶ月ほど前にすぎない）、帰国は戸田説より二年後である。そして、この資料によれば、日本に滞在した二四年間のうち、八年間はフレンド伝導に従事し、その後一六年間は「日本日曜学校協会」の仕事に携わり、大きな成果をあげた。これが正しい。

幹事に任命されたのも大正七年以降ではない。日本での活動が評価され、戸田説より三年前の大正三年（一九一四）四月に任命された。「不徹底な働きぶり」ではない。その反対である。

詳しく述べよう。昭和四年（一九二九）五月、コールマンの帰国に際し、有楽町の「鹽瀬《しおせ》」（和菓子本舗）に八〇人が集まって送別会が行なわれた。澁澤榮一も賛同者の一人であるらしい。そのようすを記録した『日本日曜學校史』第五章に、「世界日曜學校協會特派員のコールマン名譽主事は、日本に於ける日曜學校事業が顕著な發展を遂げた今日、同協會に於て最早日本へ主事の特派を必要と認めなくなつたため、退職歸米することになつた」とある。〈日本の日曜学校事業を発展させよ〉、これがコールマンに与えられた特命だった。もちろん妻も協力を惜しまなかった。二人で特命を果たして帰国したのである。

あとでふれるように、コールマンに特命が与えられたのは、アメリカの日曜学校協会本部に強い影響力をもっていた実業家ハインツの意向が働いた可能性がある。

◎「第八回世界日曜学校大会」まで

コールマンは神田美土代町《みとしろちょう》三丁目の基督教青年会（東京ＹＭＣＡ）に勤務し、帰国するまで日本日曜学校協会の仕事を続けた。深くかかわるようになったのは、くりかえすが大正三年四月、とりわけ「第八回世界日曜学校大会」の東京開催が決まってからである。

大正二年（一九一三）三月、「世界日曜学校協会」の本部よりヘンリー・J・ハインツ（Henry John Heinz, 一八四四〜一九一九）以下二九名の「世界日曜學校協會訪問團」が来日した。ハインツは野菜の瓶詰・缶詰の製造・販売で名を上げたアメリカを代表する大実業家である。四年前の明治四二年（一九〇九）一一月、澁澤榮一を団長とする「渡米実業團」がピッツバーグを訪れた際、親日家のハインツが手厚く迎えてくれた。日本の実業界は、その返礼をするべく訪問団を大歓迎したのである。

事情は『日本日曜學校史』に詳しい。さらにひもとくと、ハインツは日本に来ると大隈重信・澁澤榮一に「第八回世界日曜学校大会」を開催するよう提案した。日本で開催されるならば日曜学校の目的に合致し、「世界の平和」にも「日本の文化」にも「貢献するところ」が大きい、と熱く語った。

残念ながらハインツは東京大会の一年余り前に亡くなった。訃報に接した大隈重信は次のようにふりかえっている。（ ）は筆者注。

　　大正二年來朝の時は、更に世界大會を日本に於て開くことを提議せんとて我輩にも相談せられた。我輩も其熱誠に感じて、之れに賛同の意を表すると、我事のやうに喜ばれ、然らば之れより貴國を去り、ヅーリツヒ《チューリッヒ》が如何の大會に諮つて之《れ》たを決定すべしとて、固く再會を期して袂を分かつた。翁（ハワード・J・ハインツ）が如何に國境を超越せる信仰の人、人道の義士であつたかは是等を以て見るも明か《マヽ》である。

（「弔辞」『日曜学校』第五九号　日本日曜学校協会　大正七年六月）

ハインツは澁澤にも同じ提案をした。澁澤は「世界大會の事も私に相談がありましたから私も賛成致し、一臂《いっぴ》の力を貸す積りでゐるのであります」（「弔辞」同右）と書いている。

これには異説がある。ハインツが大隈・澁澤を訪問したとき澁澤のほうから「次回は日本で開いてはどうか」と口を辷《すべ》らせた。大隈が相づちを打ったので東京開催の話が進み出したという。真偽のほどは不明だが、日本側が前々から切望していたのは事実である。

澁澤は大正四年（一九一五）サンフランシスコで初めてハインツに会った。あるとき自分の工場では労働争議など起こらないと語った。キリスト教の精神――「己れの欲する処を他人に施すべし」を実践しているからだという。それに対し澁澤は、「私の信ずる孔子教では「己れの欲せざる処を人に施す事勿れ」と教へる」（『実業之日本』第一九巻第一一号　大正五年五月。『渋沢栄一伝記資料』第四二巻）と応じた。

二人とも労働者が幸せに暮らせる社会を実現したいと考える実業家であった。会う度に胸襟を開いて語り合い、キリスト教と儒教に共通の精神があることに気づき、そして驚き、ともに親愛感が芽生えたのである。

◎澁澤榮一の信念

澁澤はさらに言う。「博く愛するが仁、之をよく行ふが義、真直に行くのが道、己れに足りて他に恃《たの》まぬのが徳」、これが東洋の思想であって、「之を守らなければ人として世に立つ甲斐がない」（同右）と語った。キリスト教徒ではない澁澤が日曜学校事業に支援を惜しまなかったのは、ひとつに西洋のキリスト教と東洋の儒教との間に共通の人間愛を見いだし、国際親善・世界平和の可能性を実感したことによる。よく言われる封建制度の土台となった儒教ではなく、論語のなかの人間愛に満ちた教えを信念としたのである。

そうした思いはアメリカのデパート王ワナメーカーも同じであった。かれは裕福でない家庭に育ち、一〇歳のときから日曜学校に通って勉強した。その後、小売店の店員になり一週一ドルくらいの賃金で働いていたが、二〇歳のころから自分で小売店を立ち上げ、実業の道に入って成功した。そういうこともあって慈善活動に熱心であった（「信念の人ワナメーカー」『竜門雑誌』第四一一号　大正一一年八月。『渋沢栄一伝記資料』第四二巻）。

ワナメーカーは出会った当初、澁澤に次のような態度を見せていた。

耶蘇教を信ぜぬ東洋人には到底道徳の事なぞは解らぬもの、信念なぞといふもの、無いものと心得居られたらしく、談話の間に稍々当方を侮辱したやうな意味の言葉をすら、漏らしたほどである。

（「孔耶両教の相違点」『竜門雑誌』第三三八号　大正五年七月。『渋沢栄一伝記資料』第四二巻）

かれは東洋人とその文明レベルを低く見ていた。植民地化された中国に対して特にそうだった。だからこそ東洋にキリスト教を広めるべきだと考えていた。会ったばかりの澁澤にキリスト教への改宗を勧めたのはそのためもある。自分の通う教会に来てくれと頼み、澁澤が行くと、「私を集りの人達に紹介し、且つ私に基督教徒になれと其の場に勧説されたのである」（『竜門雑誌』第四一一号　大正一一年八月）。

さて澁澤は、東洋人への不信感を述べたワナメーカーに次のように語った。右の「孔耶両教の相違点」から引用する。

私が物質文明の進歩と共に精神文明の必要なる所以を説き、目下の急務は道徳の向上を計るにあるを論じ、私の奉ずる孔子教も耶蘇教と等しく、一身一家の利益のみを念とせず、他人の利益幸福をも図らねばならぬと教へるものであると述ぶるや、漸く私の意のある処を諒解し、両氏（ワナメーカーとハインツを指す）とも其期するところが私と同一であるのを知つて、大に悦ばれたのである。要するに古今東西何れの時代何れの邦にあつても、人は自分の利益幸福のためにのみ働かず、他人の利益幸福の為めにも働かねば、人は決して栄へるもので無い。此の点に於て、私もハインヅ（ママ）もワナメーカーも皆な同意見である。青年子弟諸君は、篤と此の消息を心得られて、私利私慾にのみ走らず、他人の為め国家の為めにも、力を尽すやうにして戴きたいものである。

ワナメーカーは澁澤と話をして考えが一致することを知り、誤解を解き、胸襟を開いたのである。それから二年後の大正四年（一九一五）冬、澁澤がかれを訪問したとき、何を目的にアメリカまで来たのかと尋ねたので、「日米問題の解決に微力を尽したい意念である」と答えた。かれは「大に之を喜び、かくてこそ日米の平和も長《とこしえ》に繋がる、てあらう（ママ）と、私の旅行を賞讃せられた」。そして澁澤は次のように語った。

日米の国交は独り政治家に一任することは出来ぬ。政治家の交際は糊で張つた様なもので、外観は美はしくも、雨天には湿ふて剥げ易い。真実の国交は人民相互でなければならぬ。国民的交際は漆か膠で固めた如く、原質は破れても剥げも離れもせぬのである。私は言語は通ぜぬけれども常に微力を此点に注ぐのである。

（「真の国交は人民相互の交り」『実業之日本』第一九巻第一一号　大正五年五月。『渋沢栄一伝記資料』第四二巻）

これを聞いたワナメーカーは、「君は実業家だといふが、その説くことから見ると詩人ではないかと疑はれる」

と言って笑ったという。

澁澤は別の文章で、なぜアメリカまでやって来たのか、と問うワナメーカーに、次のように答えたと書いている。日本日曜学校協会の会長である大隈重信は日本の首相であり、「全く博愛と人道との為めに此の事業を扶けやうと云ふ意思の外はない」人である。自分も同じ考えであり、そのためにアメリカへ打ち合わせにやって来た、と。併せて、カリフォルニア州における日本人移民に対する差別の問題と中国における日本の支配権の問題について、「貴下の如き有識有力の紳士と会談してその諒解を得て将来の葛藤を未然に防ぎたいと云ふ志望」があるので訪問したと述べている。

右の一文にいう「貴下」はワナメーカーその人をさす。ほかにハインツやアメリカの日曜学校事業関係者を意識しているのだろう。澁澤は率直に心を打ち明けている。「将来の葛藤」とは日本とアメリカが対立し開戦となるような最悪の事態をさすことはいうまでもない。渡米の目的は日本で世界日曜学校大会を開催することだが、それともうひとつ、日本の立場の向上を願ってのことだった。「斯くの如き信仰の集り、平和の催しの機会に於て日本を世界的たらしめたい。日曜学校の事業の如く日本を世界的に向上させたい」。そして、「東西人の間に精神的の結合を見ることが出来るならば、その幸福の大なる実に測り知ることの出来ないものがある」(「信念の人ワナメーカー」『竜門雑誌』第四一一号　大正一一年八月)と応えている。澁澤は大隈重信と心を合せて行動しているようなところが見える。

早稲田大学が日米大学の野球交流を実行する根底に「戦争回避」があることはすでに述べたところだ(Ⅳ「チームを結成するまで」、Ⅵ「岡本米藏の貢献」ほか)。また、インディアナ大学チームが日本へ出発する前夜の歓送会で、早稲田大学を卒業した留学生の杉山修一郎がスピーチに立ち、同じようなことを述べている。早稲田大学がアメリカの大学チームを招いて交流するのは、「アメリカの知識層に親日的な感情を誘起するため」であり、日本への「半ば敵対的な感情」を解消するためである、と。両国の関係改善に努め平和の維持を願っているというのである(Ⅳ「国際親善・戦争回避」)。「世界日曜学校大会」の東京開催の企画にも、同じような精神があることは注目すべきだろう。

ところで、澁澤はハインツに何を語ったのだろうか。先の『実業之日本』(大正五年五月)の同じ号に掲載された「ハインツ氏の人間本分論」と題する文章を見よう。これも興味深い。

ハインツは私の此説を聞き、東洋にもさういふ篤志の人があるか、自分は東洋にかゝる哲学があるとは思はなかつた、それでは耶蘇の教と少しも違はぬと、深く私の説を喜び、更に言はるゝには、動物ですらも自分で自分を養ふてゐる。人が若し自己の為にのみ生活するならば、毫も動物と選ぶ所はない。故に人は他人の為、社会の為、国家の為に尽す所がなければならぬ。此点に達する政事家でも、軍人でも教育家でも、商工家でも一向に変つたことはない。而してこの本分を尽すには、宗教によつて自己の信念を堅むるの外ない。私が微力を日曜学校に尽すに至つたのも、自己の本分を尽すに出たので君と出発点は異なるとも、帰することは同一であると、真情を打明けて語り合つたのである。

澁澤はワナメーカーにもハインツにも、ただひとつのことを語った。我々は「自己の本分を尽す」という強い信念をもっている。それは「他人の為、社会の為、国家の為に尽す」ことである。日曜学校事業を支援するのはそのためだ。立場や宗教は違うが「帰することは同一」である。ワナメーカーとワインツも同じ考えであった。肝胆相照らす仲はそうして生まれた。

◎コールマンを抜擢する

ハインツは一二年前の明治三四年(一九〇一)日本を訪れ、骨董店を見てまわった。日本の芸術品のレベルの高さに感心し、「この國民の驚くべき天分と手際とに惹きつけられた」。そして日本の日曜学校事業――子どもの教育と布教活動の有望なることを認識し、一九〇五年、トロントで開かれた国際的な会議で日本の日曜学校事業を発展させる必要があることを語り、資金の提供を申し出た。二年後、日本側と協力して京都で「日曜學校生徒大會」を開くと全国から一二〇〇名が集まった。これを踏み台に明治四〇年（一九〇七）東京で「第一回日本日曜學校大會」が開かれ、回数を重ねることになった。こうして日本で世界大会を開くための基礎が築かれたのである。

大正二年（一九一三）一〇月、チューリッヒで第七回世界大会が開催された。参加した小《こ》崎《ざき》弘《ひろ》道《みち》（元同志社校長）・井《い》深《ぶか》梶《かじ》之《の》助《すけ》（後に明治学院総理）らが帰国して報告会が開かれると早速、後援会が組織された。会長に大隈重信（元内閣総理大臣）、副会長に澁澤が就任した（ほかに阪谷芳郎ら二名）。大隈は「か丶る世界的會合が我國に開かれることは、國際上又政治上の立場からしても、大なる意義あるので、各方面の賛助を得てこれが完成を期したい」と語り、澁澤も東京市長の阪谷芳郎も開催することを勧めた。そして翌年の大正三年四月、横浜における日本大会で協議が進められ、外国との交渉係にコールマンの名前があがった。

コールマンが日本日曜学校協会の「名誉主事」（幹事）に就任したのはこのときである。そして帰国する昭和四年（一九二九）五月まで続いた。肩書きは資料によって「名誉主事」「日本主事」「名誉幹事」「日本教育幹事」と異なるが、同一の役職をさしている。日本側の決定をアメリカの世界本部（イギリスにも本部がある）が追認し、世界本部が日本にコールマンを派遣したことにしたのである。

もしかしたら実際は逆で、コールマンをまず日本に派遣しておいて日曜学校の事業をさせ、その実績を見て幹事にしたのかもしれない。このとき川澄明敏（一八八六～一九三九。山形県出身、メソジスト派牧師）も選ばれ、二人は協力して世界大会を成功へ導いた。川澄は大会開催の総務部長、コールマンは展覧部長である。なお小崎は日本日曜学校協会の会長に就任した。

このころコールマンは、神田美土代町三丁目の「基督教青年會」（東京ＹＭＣＡ）で英語の講師をしていた。日本日曜学校協会の事務所は「教文館」にあったが、コールマンのために事務所を「基督教青年會」に移したとある。なおかれは、大正九年一〇月には慶應義塾の教授になっている。非常勤講師であろうか。

前に述べたように、コールマンは米国にいるときからＹＭＣＡの活動をしており、ハワイに行っても続けている。ハワイでは日本人への伝道に努めていたし、日本滞在が長くなり日本の文化・言語に熟練していたので、外国との通訳・交渉係として抜擢されたのである（「招客書類（一）」『渋沢栄一伝記資料』第四二巻）。

◎大会の延期そして開催

こうして「第八回世界日曜学校大会」は大正五年（一九一六）に東京で開かれることに決定した。しかし欧州で第一次世界大戦が起こったので延期され、大正九年（一九二〇）一〇月五〜一四日に開催された。五〇ヶ国に近い国々から宗教・教育・研究の専門家、財界・政界から参加者があった。外国から一二一二名、日本から一三七八人、合計二五九〇名が参集したという。

大会初日、東京駅前に新築した三階建ての大会場で一〇〇〇名による賛美歌の大合唱が行なわれた。だが、始まって間もなく漏電による火災が発生し、わずか四〇分ほどで大会場が焼け落ちてしまった。全員無事に避難したものの開催・続行が危ぶまれた。この窮地を救ったのは副会長の二人、澁澤栄一と阪谷芳郎である。即刻手配して帝国劇場を借り上げ、翌日から使用することにし、当日予定されていた行事を神田の青年会館と救世軍本営に分散し、開始時間を遅らせて執行した。原敬首相に相談すると、衆議院議長が許すなら衆議院議場を貸してもよいという返事を得たが、それには及ばずに済んだ。

政界・財界の有志も応援を惜しまなかった。前にワナメーカーが開催費用を寄附すると申し出ていたが澁澤がすでに断っており、国内の一般寄附金、日曜学校からの寄付金などで運営した。宮内省も五万円を下賜した。総収入四〇万一九八円八七銭とある（『第八回世界日曜學校大會記録』）。
こうして各会場で数多くの講演・シンポジウム、賛美歌の合唱や演芸の類が行なわれた。基督教青年会館、救世軍大本営のほかに、早稲田大学、赤坂小学校、東京帝国大学法科講堂その他もあてられた。会場の外に露店が建ち並び、太神楽などの演芸や踊りもあり、東京の各地にフェスティバルの空間が出現した。また参加者に対しては地方への見学旅行が挙行された。

澁澤が最も心配したのは、外国から二千人を超える参加者が予想され、ホテルの部屋が不足すること、外国人女性の使用できる洋式のバス・トイレの整った宿泊施設が十分に確保できるか、各地に大勢が旅行する交通手段があるか、ということだった。ホテルの不足分は日本在住の外国人家庭に泊まってもらうことで解決した。これまで経験したことのない空前絶後の国際的イベントが東京で開催されたのである。

さて、コールマンは数々の美術品等を展示する展覧部長の重責もこなした。またみずから講演を行なった。大会記録を見ると「夏期養成所の設立」（一〇月八日、会場・帝国ホテル）、「夏期学校に依る養成」（一〇月一二日、会場・銀座教会）という講演をしている。いわば日ごろの調査・研究の成果報告であり発表である。

講演者名簿に、コールマン夫人の名前も見える。演題・講演日・会場は確認できないが、「母及び婦人の爲め」という分科会（一〇月一三日、会場・基督教青年会館。午後三時から三時間ほど）の司会を務めた。講演者は七人、そのうち女性は六人。「明日の母性」「婦人の聖書研究会」「家庭における聖書」「家庭科と女性」「婦人と新時代」「母と其娘」、最初の演題のみが男性の講師である。女性の本性と社会的役割を考えるフォーラムであった（『第八回世界日曜學校大會』、『第八回世界日曜學校大會記録』）。

◎コールマンを評価

東京大会から三年後の大正一二年（一九二三）一〇月、コールマンは翌年イギリスのグラスゴーで開かれる「第九回世界日曜学校大会」の準備会議に出席を命じられ、アメリカ本部へ旅立った。そのとき澁澤は、サンフランシスコ商業会議所副会頭で同市日米委員会代表のロバート・N・リンチほか七人に、それぞれ同文の書簡（一〇月一二日発信）をしたためてコールマンに持たせてやった。七人のなかにピッツバークのハインツ、ニューヨークのワナメーカー、ウィッカーシャムなども含まれている。書簡は現地で開かれた歓迎会で披露されて七人に手渡されたが、書簡のなかで澁澤はコールマンの仕事ぶりと人徳を次のように紹介している。

エチ・イー・コールマン氏は、宣教師として永く我邦に滞留し、日本の国語・風俗習慣等に通じ、日曜学校協会の名誉幹事にして、特に児童の宗教教育に努力せられ居り、老生（澁澤）は従来同氏（コールマン）と懇親之間柄にて其熱心なる活動に感服し、常に敬意を表し居る一人に候、同氏は今回の震災（関東大震災）に関してもも罹災者救済と孤児及迷児等の撫育の為め日夜大奔走尽力せられ居、（中略）右大震災の実況と老生の近況とを伝達致候様依頼致し、即ち本書（澁澤の書簡）相付候……。

（「渋沢栄一書翰　控」大正一二年一〇月一二日。『渋沢栄一伝記資料』第四二巻）

コールマンは日本文化に習熟し、児童の宗教教育に尽くしてきた。関東大震災では被災者のために奔走し、身寄りを失った子どもや迷子を慈しみ、扶養した。

澁澤にはアメリカの関係者へ伝えたいことがあった。ウィッカーシャム（一八五八〜一九三六。George Woodward Wickersham）も伝えたい一人であった。ウィッカーシャムはタフト大統領の政権下で司法長官を務めた大物政治家であり、今も大きな発言力をもっている。そのかれが書簡を持参したコールマンと会って「極めて愉快なる談話を交換」した。コールマンはウィッカーシャムに日本で体験した「頗る面白き物語」を語った。それを聞いたウィッカーシャムは、「（コールマン氏は）小生と同じく日本に対しく《ママ》深く好意を抱かれ、移民問題に関する我が議会の態度を慨嘆致され候」と澁澤への返書にしたためている。コールマンは日本での体験のほかに、日本に対する好意を縷々語り、アメリカを批判したのである。ウィッカーシャムもまったく同じ考えであった。アメリカの政界・実業界に、日本人移民に対する米議会の動向に異を唱える大人物がいたのである。

ハワイの日本人移民について少し述べておく。日本人移民は幕府崩壊直後の一八六〇年、私的な自由渡航者約一五〇人から始まった。かれらは主にサトウキビ栽培に従事した。一八六八年ホノルルに日本領事館が開設され、日本政府公認の「官約移民」の時代に入ると日本人移民は大幅に増加した。一八九八年ハワイ王国がアメリカの属領になると、よりよい賃金を求めて日本人移民のなかからアメリカ西岸へ渡る者が続出し、結果としてアメリカ人の労働を奪う形になった。こうして一九二四年（大正一三）排日移民法の制定によって日本人移民は完全に禁止された。一八六八年の官約移民開始から「子供も含め二十万人以上の日本人移民がハワイに渡った」という。そのうちの「約半数はアメリカ本土に転住」した（中川芙佐『土佐からハワイへ——奥村多喜衛の軌跡——』「奥村多喜衛とハワイ日系移民展」実行委員会　二〇〇〇年五月）。

◎安部磯雄のハワイ移民論

大量の日本人がアメリカ大陸へ移民したのは事実であった。しかし、その数は大きな問題を生じさせるまでに増加したとはいえないと考えられている。人種差別の匂いが濃い。これに関する安部磯雄の論評を見ておこう。

安部は、大正一一年三月に刊行した『産児制限論』のなかで、日本人の出生率がアメリカ人よりずっと高く、このまま移民を許すと日本人の割合が大幅に増えるので危険視されたのではないかと述べている。「布哇《ハワイ》に於ける日本人は千人につき殆ど五十人の出生率を有して居《を》ります。これがため布哇《ハワイ》に於ける米国人は布哇《ハワイ》の将来につき大なる不安を感じて居《を》る様《やう》に思はれます」というのである。だから、産児制限をして日本人の人口増加を抑制し、その結果として移民の数を減らす、という結論へ向かっていく。

この見解は、イギリスの経済学者マルサス（Thomas Robert Malthus, 一七六六〜一八三四）の『人口論』（*An Essay on the Principle of Population*, 一七九八。斉藤悦則・訳の光文社古典新訳文庫がある）の理論をふまえて述べられている。マルサスは「食糧は人間の生存にとって不可欠である」が、「男女間の性欲は必然であり、ほぼ現状のまま将来も存続する」から、いずれ食糧生産が人口増加に追いつかなくなり、それが原因で戦争が起こる危険性が生じる。よって人口を抑制する政策が必要になる、という理論を立てた。

安部の見解は、当時の日米関係および世界情勢を必ずしも正しく捉えたものではないのではなかろうか。人口増加率〇・〇五％の根拠も示されていない。渡辺惣樹『日米衝突の萌芽　１８９８〜１９１８』（草思社　二〇一三年六月）の第2章から引いてみよう。

一八九九年（明治三二）一二月、ホノルルに住む「支那人遺体」から「腺ペストの細菌」が発見されたことが大きな曲がり角になってアジア人に対する政策が大きく変更された。一九〇〇年三月、サンフランシスコの「支那人労働者の死体」から「腺ペストの病原菌らしきものが発見され」、「チャイナタウンを完全に封鎖」した。すでに「支那からの移民は一八八二年に成立した支那人排斥法で制限されて」いたから、「支那人」に対する嫌悪感はますます増大した。

ところが、「アメリカの防疫当局の指示は支那人と日本人を同一視して」おり、白人種からすれば「どちらも不潔なアジア人」に見えてしまう。もちろん「朝鮮人」もそうであり、差別・排斥を扇動する政治家もいたから、ハワイ・西海岸・カナダに「人種差別」のうねりが沸き起こってくる。日本人の子弟に対する学校教育はそれまで白人種と同じ施設で一緒に行なっていたが、南部諸州と同様に、別の施設に分離して受けさせるようになった。教育の機会は与えているのだから問題はないというのが言い分であった。

そういうなかで日本政府は、アメリカ側からの移民の抑制を望む提案を受けて、「アメリカ、カナダへの移民は一切差し止めるよう」にと「青木外務大臣（筆者注・青木周蔵）の名で地方に通達を出し」た。一九〇〇年八月二日のことであった。

ちなみに、サンフランシスコに住む日本人の数をいうと、一八九〇年から一〇年後、五九〇人から一七八一人に増えたにすぎない。一方、「支那人」は、一八八二年の「支那人排斥法」によって二五八三三人から一四〇〇〇人にまで減少していた。それでも日本人より八倍も多い。日本人の数が急激に増えたので嫌悪されたというわけではないのである。真相は「アジア人をひとくくりにして嫌う勢力にとって、少ない数ながら増え続ける日本人は気になってしかたがない存在」であったということだ。

安部は、日本人は繁殖力が強くて人口がたちまち増える。だからアメリカ人に嫌われるのだろうという。だが、それで答えが出るような問題ではなかった。正確な現状分析をしたのか示されていない。マルサス理論をヒントにそう考えたということではなかろうか。

安部は『産児制限論』の「自序」に、イギリス・フランス・オランダ・アメリカに関する「事実及び統計」はサンガー夫人の著書『婦人及び新人種』から「多く其材料を得た」とことわっている。しかし、ざっくりとした統計であって個々の実態まで確認することができない。

ちなみに、安部の持論は、悪徳不動産業者として名高い岡本米蔵と奇しくも一致する。このことを注意しておいてよいだろう。正反対の生き方をした二人だが、どこかしら共通するところが見られる。ということは、日本人の繁殖力に関する二人の説は当時世間に広まっていた一般的な見方であって、安部自身が、また岡本自身がみずから探求して得られた科学的な結論、つまりおのれ自身の手による独自の見解ではないということだろう。

なお、安部の産児制限論に日本人移民を抑制するという発想が含まれていたことは、林葉子の卓論「安部磯雄における「平和」論と断種論――男性性の問題との関わりを基軸に」(『ジェンダー史学』5巻 二〇〇九年一〇月)に詳しい。安部の翻訳した『不妊結婚と人間改造』(春陽堂 一九三〇年五月。前述)をひもとくと、序文に、著者のガスニーとやや観点を異にするが「私は人種改良といふことからも産児制限の必要を感じて居る」と書いている。

その手段として二人は「精系結紮《せいけいけっさつ》」（パイプカット手術）を推奨している。コールマン夫人がガスニーに紹介したのは、〈あなたの産児制限論と似た説を日本では安部教授が唱えている〉ということであったろう。彼女を介して二人の交友が始まったが、ガスニーは「悪質の遺伝を防止」し「国民中生れる優秀兒の率が増加する」ことを望んでいる。安部にも悪質の遺伝をもつ日本人を減らすという発想があった。健康や性欲に影響は出ないが確実に子孫を残させないこの手術を勧めている。

安部はヒットラーの断種論も良案として参考例にあげている。そして、アメリカの産児制限をそのレベルに至っていないと批判している（「國民生活と人口問題」『郭清』第二六巻第五号　一九三六年五月）。今となれば恐ろしい話であるが、安部は産児制限を健全な国家・国民をつくるための政策として提唱したのである。人口が抑制されるから自然とアメリカへ移民する人が減るというわけだ。安部はまた占領下の臺灣の女性は日本の男性と結婚すべきだと説いた。そうすれば日本と台湾が自然と融和するという（「臺灣旅行に就いて」『廓清』第二六巻第一号　昭和一一年〈一九三六〉一月）。こうした考えは今となれば民族浄化論といわれかねない。世界はまさにそういう時代であったから、さしたる疑問は起こらなかった。

安部の『産児制限論』を読んで気づくのは、生まれてくる〈人のいのち〉に対する切なさや愛おしさをまるで感じていない書き方をしていることだ。生まれてくる人間の数と良質な遺伝形質の増殖・継承だけを考えている。個々の家庭がどれだけの数の子どもを育てるのが経済的に可能か、優れた遺伝子をもつ人間を国家はどうすれば増やすことができるかを論じている。率直にいえば、安部の『産児制限論』は〈生命倫理観〉がきわめて薄い。

こうした問題を含め、安部の「思想的弱さ」を究明した卓論に、岡本宏「安部磯雄――平和論と国家論の脆弱性――」（『久留米大学法学』第四五号　二〇〇二年一二月）がある。数多い先行説を整理し、安部の書いたものを分析し、原因の出どころをあきらかにしている。また、林葉子の『性を管理する帝国――公娼制度下の「衛生」問題と廃娼運動』（大阪大学出版会　二〇一七年一月）などがある。安部もまた時代と国家の激しい変化に揉まれながら思想を紡ぎだし、みずからも変化してきたのだった。そのようすは今から見ればわかりにくいものがある。しかし安部を責めるならば同時に時代と国家の過酷さを見つめなければならないことも気づかさせてくれる。

さて、当時のアメリカは、太平洋を自国の思うような領域にしたいと望んでいた。建国の精神に則って西へ西へと転進して行けば太平洋を超えてフィリピンに到達する。そこには西洋文明の光の届かない蛮人たちが住んでいるので啓蒙しなければならない。それがアメリカの義務であるかのように考えていた。一方、日本は朝鮮半島および東南アジアを視野に国策を転進させており、アメリカと衝突することが危惧されつつあった。

世界はまさに帝国主義の時代であった。両国は同盟国だから妥協が必要になってくる。そこでアメリカは、日本人移民を制限する前に、日本がみずから制限することを望んだ。日本はそれに応えて移民の削減に踏み切り、迫害感情の沈静化を図ったのである。

太平洋をめぐり日米の角逐が始まるなかで、日本の同盟国であるイギリス、さらにドイツも覇権を狙って策動し始めていた。国際情勢は複雑で緊張した状況を呈しつつあった。日米開戦が近いと見る気運は日本にもアメリカにもあらわれていたのである。

〈もしも日米戦わば〉式の著書は、ホーマー・リー『日米必戰論』（英文通信社　望月小太郎・訳　明治四四年二月）が知られている。八ヶ月後、『日米戰争』と書名を替えた池亮吉の翻訳が博文館から刊行された。約一ヶ月後、早くも三版を重ねた。宣伝文句に「著者は米國參謀官の身を以て忌憚なく日米戰争を論じ日本の大勝利を説きて商業主義に腐敗せる米國民の意氣地なきを憤慨す」云々と謳う。両書とも相当に売れたであろう。明治末期すでに日米両国に〈もしも戦わば〉の気運があったのである（類書はP98以降にもあげた）。

なお、佐藤優の『超訳小説日米戦争』（K＆Kプレス　二〇一三年九月）は、大正九年五月に刊行された樋口麗陽の『小説　日米戰争未來記』（大明堂書店）を現代語に訳してよみがえらせたもの。巻末の「解題」には、この小説の内容と当時の世界情勢がわかりやすく説明されている。

序でにいうと、樋口はこの小説の「巻頭序言」に、「日米兩國共識者間には相當に理解があるが、一般の人々には曲解的理解を有して居るものが多いやうである。随つて兩國民中の大多數は日米戦争は早晩到底絶對に回避し能《あた》はざるものであつて、日米間の先天的プログラムであるかのやうに信じられて居る」と述べている。また、かれは政治評論の本を多数出版しており、数年前の著書でドイツが日本征服を狙っていると述べている（『日本征服』　獨立出版社　大正五年三月）。大正一三年五月の『日米危機　米禍來る』（日本書院）では、日本人移民のアメリカ社会における「不同化、不道徳、出産高率、低賃金、生活低級等」が問題視され、日本人移民が禁止されたと述べている。そして、それらはすべて「藉口《しやこう》」（言い訳・欺瞞）であって、日本人を標的にした人種差別であると非難している。そして、アメリカ・イギリス・ドイツ・フランス・ロシアなどの動向を分析し、日米開戦間近し、と予見している。

安部は世界を俯瞰することのできる優れた経済学者である。しかし、すべてにおいて完璧というわけにはいかない。たとえば、昭和九年刊行の『私の忠君愛國觀』（建設社　一九三四年一一月）において、我が国の法律を守って生きること、とりわけ納税の義務を果たすことが天皇への忠君愛国を示す国民の道だという。自分の信念を表明したのである。戦時色がしだいに濃くなり、そう言わざるを得ない状況がたしかにあったのだろう。だが「納税」と「忠君愛国」を直接結んで国民の道とするのは唐突な感じがする。次元が異なるのではないか。そう言わざるを得ないところに追い込まれていたのではなかろうか。

安部は明治三三年（一九〇〇）仲間と「社会主義協会」を立ち上げ、翌年「社会民主党」を創設して会長となり、日露戦争に際しては非戦論を唱えた。翌々年、幸徳秋水、堺利彦らが「平民社」を結成し、安部は相談役に就いた。安部の社会主義的活動は後々へ発展して続いていくが、「忠君愛国」の主張には自分を振り返ってひとまず弁護しておくという、いわば平和主義者から戦争協力者への〈転向〉に似た匂いがする。安部はヒューマニストであり、人々に大きな影響を与えたが、この種の発言に感じられるように、社会問題をどこまで根深く掘り下げて、また正面に見据えて社会改良の運動をしていたのか、今となれば少しわかりにくいところがあるような気がする。それはもちろん、あの時代のわかりにくさにほかならない。安部に関する論文・研究書をさらによく読んで追究したいと思う。

納税は忠君愛国の証《あかし》、というシンプルな主張は、反論のしようがない分、上滑りしたような印象を与える。先にあげたマルサス理論の転用にもそれはあった。ここが幸徳秋水らとの分かれ道になったのだろうか。先にあげた岡本宏・林葉子らはこの種の問題も視野に収めて深い考察を展開している。

❷世界同胞主義

エドナ夫人が安部磯雄とコールマン夫人に感謝した理由のひとつは、安部に頼まれたコールマン夫人がエドナ夫人を大森安仁子の「有隣園」へ案内してくれたことだった。「有隣園」に集まって三人は何を語ったのだろうか。角度を変えて、もう少し追究してみる。

東京で「第八回世界日曜学校大会」が開かれたことはすでに述べた。大隈重信とともに最大の後援者である澁澤榮一は、前に述べたように大正三年（一九一四）四月、日本日曜学校協会の大会において、コールマン、川澄明敏らを幹事に推薦したのだった。世界大会は初日に会場を焼失する大事故に見舞われたものの、それ以外はスムーズに展開し成功裡に幕を閉じることができた。

ところで澁澤榮一は、アメリカの日本人排斥の動きに対し、どのような行動をしたのだろうか。補足しておこう。日本政府は大正一三年（一九二四）四月、上院を通過した「排日条項」を含む移民法案に対し「遺憾」の意を表明した。四年前、コールマンは世界大会を目指す日本日曜学校協会の幹事になった。すでに述べたように幹事に推薦したのは澁澤であった。日本政府は金子堅太郎枢密院顧問か澁澤を派遣し、アメリカと調和を図る計画を模索した。だが、金子の派遣には清浦圭吾首相が異議を申し立て、澁澤に行ってほしいということになった。澁澤に打診したところ「自分の任ではない」と断ったので、この計画は頓挫した（簑原俊洋『排日移民法と日米関係』岩波書店　二〇〇二年七月）。

澁澤はアメリカ派遣を断ったが、日本人排斥の事態を予想して、すでに対策を実行していたのである。排日移民法が制定される一年前の大正一二年（一九二三）秋、コールマンに自分の書簡（一〇月一二日付け）を持たせてアメリカへ派遣し、大物政治家ら八人に考えを伝えた。日米親善を維持するためにアメリカの有力者たちと心の連携を図ったのである。その一人、ウィッカーシャムから間もなく返事が届いた。かれも前から日本人排斥に反対を唱えており、〈アメリカと日本の親善維持のために、日本の関係者には、これからも尽力してくださるよう願っております〉と結んでいる。

コールマンは、「第八回世界日曜学校大会」が終了したあとも澁澤の最も信頼する人であり、澁澤の意向を受けて行動していたのである。

澁澤がコールマンに書簡をもたせた八人をあげよう。実業家、政治家、宗教家、教育家と多岐にわたる。いずれも錚錚たる人物で交友の広さに驚かされる。

1　ロバート・ニュートン・リンチ（一八七五～一九三一。牧師。サンフランシスコ商業会議所副会頭、〃日米関係委員会特別代表）

2　ハワード・ジョン・ハインツ（一八七五～一九四一。ヘンリー・J・ハインツの二男。実業家。ソース、調味料の製造販売を父から受け継ぎ、世界的大恐慌を乗り越えてさらに国際的な大企業に発展させる）

3　ルイス・ロドマン・ワナメーカー（一八六三～一九二八。世界の百貨店王と謳われたジョン・ワナメーカーの子息で事業を引き継ぐ。音楽・美術・スポーツを後援）

4　シドニー・ルイス・ギューリック（一八六〇～一九四五。牧師。「青い目の人形」を日本全国の小学校に寄贈した人

として知られる。「排日移民法」の改正運動に尽くす）

5　ジョン・モーリー・モット（一八六五〜一九五五。宣教師。「世界宣教会議」を設立。ＹＭＣＡ会長。一九四六年、ノーベル平和賞）

6　ジョージ・ウッドワード・ウィッカーシャム（一八五八〜一九三六。法律家・政治家。タフト政権下で弁護士兼司法長官。のち外交問題評議会議長）

7　Ｅ・Ｈ・キャリー（E.H.Cary, 生没年等未詳。司法関係者か）

8　フランク・アーサー・ヴァンダーリップ（一八六四〜一九三七。銀行家兼ジャーナリスト。ニューヨーク国立銀行社長。連邦準備制度の創立者。財務官補）

澁澤の姿勢は最初から一貫している。昭和四年（一九二九）九月、世界日曜学校協会総主事で旧知の仲であるロバート・ホプキンス（Robert Hopkins）が飛鳥山の澁澤邸を訪問したとき、こう述べている。

日曜学校に対する私の関係は、私がクリスチヤンである為のものではありませんで日曜学校が国民の品性陶冶に貢献するのを見てをりますから、国家の為に結構な事と存じまして、阪谷（後援会副会長阪谷芳郎をさす）とか私共が及ばずながら、尽力致した訳であります。

（「世界日曜学校総主事ロバート・ホプキンス氏の訪問」『竜門雑誌』第四九五号　昭和四年一二月。『渋沢栄一伝記資料』第四二巻）

日曜学校は日本国民の「品性陶冶」に貢献してきた。澁澤はそれを見てきた。そして国際平和、国際親善を推し進めるものだという。同じ思いを抱いている人は、アメリカにもほかの国々にもたくさんいた。そういう人々が先頭に立ち「第八回世界日曜学校大会」が東京で実現されたのであった。大会の最終前日に承認された「大会

決議文」の前文と第一文を『渋沢栄一伝記資料』第四二巻から引用しよう。

今次東京ニ会合シタル第八回日曜学校大会代員タル吾等ハ卅余国ト三千余万ノ日曜学校教職員及ビ生徒ヲ代表シテ、茲ニ国際的関係ニ対シ、世界同胞主義ヲ包含スル左ノ決議ヲ為ス

第一　吾等ハ、人類ノ一体タル事ニ対スル吾等ノ確信ヲ肯定シ、更ニ進ンデ此基礎的事実ヲ無視スル人種的又ハ国民的保全ノ思想ハ実ニ世界ノ安寧ヲ危クスルモノナル事ヲ確信シテ疑ハザルコトヲ言明ス

理念は「世界同胞主義」である。反対は一国主義であり、世界平和を脅かす、と強く批判している。全文を読んでみると、理想主義すぎて実現可能とは思えないが、澁澤の〈国を思い、国のために尽くす。私利私欲を棄てて人々とともに生きる〉の信念が条文に生かされている。おのれを棄てて忠義を尽くす「武士道」の精神が込められていると言ってもよいだろう。そして、平和を求めるヒューマニストたちの国際的な共感・同意がこの条文に結実している。

ところで、内村鑑三（一八六一～一九三〇）は、「キリスト教国というのは当然みんながキリスト教的に生きているんだろうと思っていたのに、アメリカに行ってみたらまったく違っていた、むしろ日本人たちのほうがはるかにキリスト教的に見えたという」（田中優子・松岡正剛『江戸問答』岩波新書　二〇二一年一月）。同時代を生きた澁澤（一八四〇～一九三一）もそう思ったかもしれない。澁澤が自分の宗教を儒教・孔子教と述べたことは前に述べたが、キリスト教と同質の、あるいはそれ以上のモラルが東洋に存在することを自認していた。ハインツ、ワナメーカーもそれに気づき、ともに協力して世界大会を開催したのであった。西洋と東洋の宗教が合流し、「世界同胞主義」の世界大会になったのである。

◎コールマン夫妻の帰国

コールマンは有徳の人であった。澁澤は「懇親之間柄にて其熱心なる活動に感服し、常に敬意を表し居る一人に候」（大正一二年一〇月一二日付、コールマンに持たせたハインツら八人に宛てた書簡に記す）と讃辞を惜しまなかった。

やがて日本を離れる日がやって来た。

昭和四年（一九二九）五月四日、有楽町の和菓子本舗「鹽瀬《しおせ》」の二階で開かれた送別会はクリスチャンの集まりなので酒類のふるまいはない。いつものように茶話会であった。『日本日曜學校史』第五章から引用しよう。

> 協會の發展期にふさはしく、特に對外關係に於て重要な役割を受持つた世界日曜學校協會特派員のコールマン名譽主事は、日本に於ける日曜學校事業が顕著な發展を遂げた今日、同協會に於て最早日本へ主事の特派を必要と認めなくなつたため、退職歸米することになつた。昭和四年四月、大阪に開かれた第十七回全國大會はこれを承認し、感謝の決議と共に記念品贈呈の件を滿場一致で決定した。同氏は明治三十九年、フレンド派の宣教師として渡日し、專ら青年の教化指導に力めたが、後、日曜學校に關係し、遂に大正三年、世界日曜學校協會派遣日本主事に任命されたのである（第三章六節参照）。五月四日、東京有樂町鹽瀬本店樓上で送別會開催、集まる者約八十名、席上、龜德総主事は大會の感謝決議文を朗讀し、大花瓶とハツピーコートを贈つた。これに對しコールマンの感慨に滿ちた謝辞があり、なか〳〵盛會だつた。さうして同月二十四日、横濱解纜のサイベリア丸に乘船。二十四年間居住した日本に別れを告げたが、日本の日曜學校界に寄與した貢献は特筆大書さるべきである。

総主事の龜德《きとく》一男《かずお》（関西学院教会牧師）が功績をたたえて、感謝の決議文を読み上げ、大きな花瓶とハッピー・コートを贈った。コールマンは「感慨に満ちた謝辞」で応えた。「ハッピー・コート」は外国人用に作られた法被《はっぴ》をいう。幸福《ハッピー》をかけた造語である。作務衣《さむえ》の上着のような形をした外套（コート）と思えばいい。

日本キリスト教史におけるコールマンの功績は実に大きい。今日この事実をどれだけ評価しているのだろうか。コールマンのかかわった「第八回世界日曜学校大会」はすでに九年前に終了し、アメリカの協会本部から与えられた特命は完了している。日本滞在二四年、夫妻は大きな功績を遺して帰国することになったのである。

◎コールマン夫妻をめぐる人々

安部磯雄は、キリスト教の布教活動をしていたコールマンの夫人と親しくしていたのである。おそらく夫のコールマンとも知り合いであったろう。それではコールマン夫人は、どういう理由で、どういう経緯で、エドナ夫人を大森安仁子の運営する「有隣園」へ案内したのか。何について語り合ったのか。まとめをしよう。

エドナ夫人、コールマン夫妻、安仁子（Annie Shepley Omori）は児童福祉の実践者である。エドナ夫人と「有隣園」に行ったレヴィス監督夫人もそうかもしれない。すでに述べたようにコールマン夫妻はアメリカでＹＭＣＡ活動をし、ホノルルでは「エンマホール幼稚園」の事業主任をしていた。その姿勢は日本に来ても変わらない。彼女たちはみな児童福祉の活動に励んでいた。それで出会うことになったのである。

大森安仁子の夫兵蔵《ひょうぞう》（一八七六〜一九一三）は三六歳の若さで亡くなったが、生前コールマンと交流があったと思われる。兵蔵は神田の基督教青年会館（日本ＹＭＣＡ）の体育教授をし、大学をまわってスポーツ指導にあたっていた。かれは日本に初めてバスケットボールとバレーボールを紹介した。大正元年（一九一二）のストックホルム・オリンピックでは、マラソン選手の金栗四三らを率いて監督として参加したことは有名だ。嘉納治五郎などとともに日本スポーツ界に大きな功績を残した。ちなみに安部も、大正元年（一九一二）嘉納治五郎らと「日本体育協会」を設立している。

一方、コールマンは同じく神田の基督教青年会で日曜学校の仕事のほかに英語の講師をしている。英語講師のコールマンと体育教授の大森兵蔵は同じところに勤務していたのである。コールマンの来日した明治三九年（一九〇六）末から兵蔵の亡くなるまでの約一〇年間に知り合う機会があり、夫人たちも親しくなったのではないか。ようやく結論が見えてきた。エドナ夫人はインディアナで児童福祉の講義と社会活動をしていたから、日本に行って不幸な生い立ちを背負った子どもたちを収容する施設を視察したい、と思っていた。その思いが安部に伝えられ、安部はコールマン夫人に連絡し、彼女がエドナ夫人を大森安仁子の「有隣園」へ案内したと考えてよいだろう。もちろん、エドナ夫人が直接コールマン夫人に連絡した可能性もあり得るが。

安仁子は「有隣園」の現状を説明し、子どもたちがどのような家庭に生まれ、どのような父母のもとで育てられたか、自分たちはどのような教育をして良き社会人に育てあげようとしているかを語ったであろう。もちろん、セツルメントのさらなる計画を語った。エドナ夫人も児童をめぐるアメリカの状況と自分の活動について語ったにちがいない。

コールマン夫人は、産児制限のことで安部およびガスニーと親しくしていたから産児制限について語ったであろう。ガスニーは「悪質の遺傳を防止し、以て人種の改良を圖らんとして居る」。安部はガスニーとは「稍觀點を異にして居る」と述べているが、考え方に大きな違いはない。産児制限を厳しくすれば養護施設に入る児童が少なくなる、と考えていたのである。

二枚の写真がある。瓦屋根の木造校舎の前庭で、白いエプロンをかけた子どもが五〜六人立っている。遊戯をしているのだろうか。左側に和服姿の女性、右側に赤ちゃんを背負う老女。手前に立つのは若い保母と思われる。写真の裏に、エドナ夫人の筆跡で「ミセス大森のセツルメントの子どもたち」(children in Mrs.Omori's settlement) と書いてある。「有隣園」の写真は非常に珍しいのではないか（写真㊺）。

もう一枚は、「Mrs. Omori's garden. Mrs. Omori, Mrs. Coleman, Mrs. Levis」とあり、安仁子の自宅の庭で撮影している（写真㊻）。「有隣園」の側《そば》だろうか。安仁子と少し離れてコールマン夫人、レヴィス監督夫人が並んでいる。

この写真も珍しいのではないか。写っていないエドナ夫人がシャッターを押したと思われる。

◎大森安仁子のアメリカ視察

角度を変えて、もう少し調べてみよう。安仁子は「有隣園」でエドナ夫人たちに何を語ったのだろうか。安仁子は一九二〇年二月、母国アメリカへ戻り、一年間の視察を終えて戻ってきた。東京で開催された「第八回世界日曜学校大会」の八ヶ月前のことだった。学会誌のインタビューに次のように答えている(「米國視察談」『幼兒教育』第二一巻第四号　日本幼稚園協會　一九二一年四月)。

彼女は、主に「故郷ニュージーランド」で暮らし、親類・友人と久しぶりに会って楽しく過ごした。通説では故郷はミネソタ州とするが、ここでは「故郷ニュージーランド」と答えている。だがアメリカにはそういう州も都市もない。「ニュージャージー」州の聞きまちがいだろうと思われる。

安仁子はオハイオ州のクリーブランドなどへも行き、「この土地の幼稚園事業や社會事業や婦人の活動を調べ」た。「ベビー・クリニック」という施設があって盛んに活動していることを知って感動し、次のように語っている。要約してみる。

「ベビー・クリニック」は「幼い子供達の衛生相談所のやうなもの」で、建物は堂々としており一般の病院のような組織になっています。身体の弱い子ども、病気の子どもが診察を受けに来ます。医師は薬を与えるだけでなく、どういう点でこの子の発達が悪いのか、病気になったのかなどを母親に詳しく聞かせます。母親は育児の不行届なところがわかって日ごろの育て方を改めるのです。また、貧しい家庭の子どもには無料の「ベビー・クリニック」があちこちにあります。十分な着物がなくて風邪を引いた子どもには無料で着物を与えます。

「ベビー・クリニック」を見学して「つく〴〵感心」した。幼稚園と小児科医院を併せ持った教育施設である。「私共の有隣園の子供達にも、經費が許す限り」設けたいという。さらに、友人の婦人が経営するニューヨークの「グリニッチ・ハウス」について語っている。

「子供達に一種の美的教育」する幼稚園です。壁には美しい草花や名画が飾られ、教室の窓から美しい庭が見えます。美しいものを愛する心を育てる施設なのです。子どもたちは心地よい部屋で、粘土細工をして遊び、茶碗などの簡単な陶芸を学び、絵を描き、歌をうたい、詩を読み、一日を楽しく過ごします。

安仁子は言う。「日本には未だかう云ふ傾向を有した幼稚園のないのが物足りなく思はれます」。「白い紙のやうな純白な子供の心に、美しいものに對して、美的情操と云ふやうなものを養つたならば、どんなにか成人して粗雜な社會生活に對する時の、よい準備ともなりませう」。日本でひところ話題になったシュタイナー教育に似ている。アメリカの幼児教育は進んでいたのである。セツルメント活動にかける安仁子の思いがよくわかる。

アメリカでは子どもたちに「お伽劇《とぎげき》」を盛んにさせています。法律で「少年少女は公衆の前に出て舞臺に立つ事」は禁止されていますが、学校では父兄を観客に子どもの対話劇がよく行なわれます。ニューヨークのある施設では立派なステージがあって、子どもたちの童話劇が盛んに演じられています。子どもたちに圖書館を利用させることも盛んです。圖書館の兒童室はいつも満杯です。「日比谷圖書館の兒童室」のような設備があちこちにあるのです。

安仁子はアメリカ北東部・中西部で行なわれている新しい幼児教育を見てきた。日本の遅れを責めたりせず、どうすれば「有隣園」の教育を向上させられるか、どのように発展させていくべきか、真剣に考えている。

安仁子の思いと活動はエドナ夫人にも共通している。安仁子は日本からアメリカへ行き、エドナ夫人はアメリカから日本に来て、幼児教育や児童福祉の現状を視察したのである。そして二人を引き合わせたコールマン夫人は「第八回世界日曜学校大会」に参加して、女性の本分と社会的役割を議論する分科会の司会を務めたのだった。それには子育てにおける女性の役割も含まれている。彼女たちの関心と活動は重なっている。

二枚の写真を見ていると、彼女たちの会話が聞こえてくるようだ。安仁子は日本のセツルメント事情について語った。彼女たちはアメリカと日本を見くらべながら、恵まれない子どもたちのために何ができるか、この現実を女性として何をして、どう生きるべきかを語り合った。そう考えてよいだろう。レヴィス監督夫人の活動を記す資料はないが、エドナ夫人と一緒に児童福祉の活動をしていたのかもしれない。

安仁子は画家でもあった。優れた絵を数多く遺した。幼児の芸術教育に興味をもつのは当然のことである。また日本の古典文学にも造詣が深く、『和泉式部』『更級日記』『紫式部日記』の内容を要領よくまとめた共著 *Diary of Court of Old Japan*（『宮廷女性の日記』 土居光知と共著 Houghton Mifflin〈アメリカ〉一九二〇年。復刻本が研究社印刷株式会社から一九九二年一〇月に刊行された）がある。平安時代の女性の生き方に関心をもっていたのである。

エドナ夫人の日本のセツルメントに対する興味はほかの写真からもうかがえる。エドナ・コレクションに、神奈川県小田原市浜町の宝安寺（曹洞宗）の写真がある。門前で二人の僧侶が托鉢をしている。袈裟に「小田原寶安寺内　四恩會育児院」、幟旗《のぼりばた》にもそう染め抜いてある。右側の僧侶は第三二世住職の村山大仙《だいせん》（一八七五〜一九三四）である。

宝安寺のＨＰを見ると、明治四五年（一九一二）「孤児や貧困児の養育に乗り出し」「四恩会育児院が設立され」たとある。写真の裏に、エドナ夫人の筆跡で「孤児の家のためにお布施を募る僧侶たち」（Buddhist priests collecting offering for orphan's hous）と書いてある。「四恩会育児院」が設立されるころだろう。写真に付いていた説明書を書き抜いたらしい。仏教でもセツルメント事業をしていることに気がついて購入したのだろう。

次に、澁澤榮一がセツルメント事業に尽力したことにもふれておきたい。彼女たちの活動と思想上の接点があることを見逃すことができない。

◎再び「世界同胞主義」

澁澤榮一が「世界日曜学校大会」の開催に尽力したことはすでに述べた。かれは古くからセツルメント事業に深くかかわっていた。明治五年（一八七二）、明治維新の混乱期に発生した東京の困窮者、病気の人、孤児、老人、障害者の保護施設「養育院」（板橋区栄町）の設立に力を尽した。事務長職に就き、明治七年から院長となり、九二歳で没するまで四〇年以上も務めた（東京都健康長寿センターＨＰ）。

こうして見てくると、コールマン夫人、大森安仁子、エドナ夫人、ヘレン夫人らには、ヒューマニズムの精神において澁澤とつながるものがある、といってよいだろう。日曜学校の活動とセツルメント活動の間には思想的・精神的に共通するものがある。そして、次の野球に関する大隈重信の発言とも共鳴し合うものがある。これもふりかえっておきたい。

大正一〇年（一九二一）秋、大隈は早稲田の自邸にワシントン大学の野球チームを招いて話をした。病身を押して熱く語った。早稲田大学の選手たちもその場にいた。「生氣に充ちた青年の顔を見ると、病氣などは忘れて了ふ」（Ⅳ「国際親善・戦争回避」）。そう語り出した大隈の言葉は、「第八回世界日曜学校大会」で宣言された澁澤の「世界同胞主義」と見事に内容が一致することは注目すべきだろう。重要なので再び引用しよう。

海を隔てた兩國の青年達が、野球（競《（脱カ）》）技の上に温い《（ママ）》握手をする事は、軈《やが》て日米親善の楔子《くさび》となる。世界の平和は、スポート《(ママ)》、藝術の方面に依つて健全に招致される、それは執拗なる利害関係を離れたものであるからである。
(「大正十一年 大隈總長の薨去」、『早稲田大學野球部史』。『五十年史』に転載)

ワシントン大学は、早稲田大学が最初に招いた外国大学チームである(海外チームの初来日は明治四〇年〈一九〇七〉ハワイ・セントルイスチーム)。この年は九月九日に横浜港に到着、東京・大阪・福岡を転戦し一ヶ月半の間に九試合を行なった(早大の四勝五敗)。

大隈の講話は右の一文しか引用されていない。ごく短いけれど早稲田大学はもとより大学の普遍的理念というべきものを語っている。スポーツと芸術は、政治の世界の「執拗な利害関係」と無縁であり、だからこそ「日米親善」の絆となりうる。海を越え、国を超えて青年たちがスポーツの試合をし、終われば握手をして親睦を深める。そういう若者が次代の「世界平和」を創る。大学はそういう若者を育成する場である、というわけだ。アメリカの大学チームを招聘する理由がここにはっきりと表明されている。

注目すべきは、もうひとつある。まったく同趣旨のスピーチを翌年四月、鹽澤昌貞学長がインディアナ大学チームの歓迎会で語っていることだ(Ⅶ「鹽澤昌貞学長のスピーチ」、ベニンホフが代弁)。要点を引用する。「野球は国際的な友情と親善を育む」、「私たちはあたかも兄弟のごとく出会う」、「それゆえ、勝利のためにだけプレーするのではなく、仲間なのだという友愛の精神とスポーツマンシップの精神を育むためにプレーをする」、「これまで日本とアメリカの学生の間に築かれた友情と理解は、国際的にも重要な意義をもって」いる云々。

これに対し、エドナ夫人は「日本野球旅行」の巻頭に、早稲田大学がインディアナ大学チームを招聘した「目的はもちろん野球の試合をすることですが、提唱者である早稲田大学の安部磯雄教授は、スポーツの分野を通じて、アメリカと日本の青年が相互理解を深めることに重要な貢献ができるのではないかと期待しています」と語ったと書いている。

これはブルーミントンを出発する前夜、エドモンソン教授が選手たちに語った訓話、さらに早稲田大学卒の留学生、杉山修一郎の行なったスピーチと響き合う。早稲田大学とインディアナ大学の野球交流の目的が一致しており、合意のもとに来日したことがわかる（Ⅳ「国際親善・戦争回避」、Ⅶ「早稲田大学の歓迎会」）。

大隈は以前から野球交流を支援してきたが、その精神が力強く受け継がれているのである。安部は大隈の精神のもとチームを率いて国外遠征を行なってきた。明治三八年（一九〇五）の第一回米国遠征をふりかえり、「極めて進歩的であり且つ世界的であつた大隈總長の下に我《わが》野球部が國際的野球競技に先鞭を着けた」（「序」『早稲田大學野球部史』）と書いている。そして、外国大学チームを招聘してきたのであった。

安部はしかし別のところで、大隈と反対のことを述べている。〈野球が国際関係に役立つかどうか考えたことがない。少しでも貢献するとすれば、それは「偶然の結果」である〉と言い切っている（「序」『米國野球遠征』）。「私共は單に野球競技を愛するが爲めに野球仕合《（ママ）》を行ふのであつて、國際關係の如きは全く私共の考《（ママ）》の中にはない」。私たちは純粋に野球が好きだから野球に打ち込んでいる。練習に明け暮れる学生にご褒美をあげるつもりでアメリカ遠征を企画したのだと明言している。

遠征チームはアメリカのどこへ行っても「熱心」な歓迎を受けた。歓迎してくれる日本人もアメリカ人も、野球は「日米の國際關係を親密ならしむる爲め最良の手段」だと語った。しかし安部は、そういうことは「今日迄殆んど考へた事がなかつた」と強く言い切っている。

どういうことだろうか。大隈の野球交流にかける情熱と構想は、「日米親善」の維持を意図していることはあきらかだ。安部はそれと一線を画して、純粋に教育的な立場から述べているのであって、大隈の考えに異を唱えたわけではない。「偶然の結果」であろうとも「野球が国際関係に役立つ」ことを大いに認めているからだ。安部は、大隈のような政治家の立場ではなく、教育者の立場から、野球を通して世界の国々と交流し、広い教養を身につけ、国際人として活躍する人間を育てようとしたのである。政治家と教育者の違い、というより役割分担の相違というべきだろう。コインの両面のような関係である。

次の安部の発言も興味深い。「野球部年表【明治期】」（早稲田大学野球部ＨＰ）の明治三六年（一九〇三）に、三月に「高等予科始業式で訓辞す」とある。安部は高等予科長であった。「(1)高等予科は、専ら実用的外国語を練習」する、「(2)本校体育部は単に体育のみでなく徳育の涵養も努める仕組みで、本校の学風は体育部より発することを期す」（【安部年譜】）と述べている。本校は外国語を習得し、体育を通して徳育に努める。本校の学風を体育部を土台に創造するという。安部の立ち上げた教育宣言といえるだろう。

かれは前年七月、早稲田大学の前身、東京専門学校の高等予科長に就任した。かつてアメリカ、イギリス、ドイツに留学し、各国の大学のカリキュラムや運動会を見た体験をもとに教育方針を練り上げたと思われる。

さらに注目すべきは、安部の「訓辞」がインディアナ大学の教育方針とそっくりであることだ。引率責任者のエドモンソン教授が来日早々、『野球界』六月号（大正一一年）のインタビューに次のように答えている（傍線と（）は筆者）。

> 米國では運動は単に體育奨勵のみでなく、人格養成の爲に必要とされて居る。私の大學では四箇年の内二年間は運動に費されて居る。學生四千名に對して十五名の運動指導者があり、教授よりも俸給が多い。近頃は職業的チームが頻に學校に入込むので、大学聯合で、之が豫防策に努めてゐる。職業的チームの中には年俸四十萬圓も取る者がある。
>
> 斯《かく》て運動に（は）驚く程俗化した。日本にも必らずや此時代が來るものと思はれる。米國では野球や庭球よりもフツトボールが益す盛《ママ》（ん）になつて來た。運動競技は人格者の養成を目的とする者《ママ》であるから勝敗に拘はらず最後まで試合を續けるのがスポーツマンシツプの生命である。

見出しは「競技の目的は人格の養成が理想」。エドモンソン教授は早稲田チームにおける安部の立場にある。そして、男子学生のモラル・生活全般を統括する男子学生部長という要職にある。それゆえインディアナ大学の教育方針を語ったのである。

スポーツは身体を鍛え、人格を形成する。当時この考えはアメリカをはじめ世界の趨勢になっていた。しかし現状はプロ・スポーツが大学に入り込み、金の力で選手を引き抜き、勝敗に囚われてスポーツ教育が壊れつつある。日本についても危ぶんでいる。そう述べてスポーツの意義を強調している。大学の「四箇年の内二年間」とは、専門教育に上がる前の教養課程（college）をさす。当時の日本でいう「高等予科」と考えてよいだろう。安部もエドモンソン教授と同じ考えをもって自校のカリキュラムを練り上げたのである。

一八年後の大正一〇年、アメリカへ遠征するとき、安部は選手たちに「種々なる注意を與へ」た。大切な注意はふたつあって、「其の第一は英語の練習に最も好機會であるから四カ月間に亙る旅行に於て大《（ママ）》に會話練習の爲め努力すべき」である（「序」『米國野球遠征』）。これは予科の教育方針の「専ら実用的外国語を練習」する、にあたる。外国人と意思を疎通し文化を吸収するには英会話が必要だ。ふたつめは、選手たちは厳しい練習を積み重ねてきた。正々堂々と試合をし、その徳をもって親睦を深めよ。教育方針の「徳育の涵養」である。

野球の試合をすることと英会話を身につけて意思疎通つまり文化交流をすること、これが外国遠征を行なう安部の教育上の柱であった。予科の始業式で述べた教育方針となんら変わらない。一八年前の教育方針を野球交流によって実践してきたのである。広くかつ一貫した教育姿勢と大学観がうかがえる。

前年五月、ブルーミントンでインディアナ大学と試合をしたとき、安部はレヴィス監督と語り合い、またエドモンソン教授と会ってスポーツや教育について語り合ったのではないか。翌年インディアナ大学チームを招聘したのは、そのときに育まれた選手どうしの友情もさることながら、三人の指導者の意見が一致したからではないのか。

以上、さまざまな事実を突き合せて考えてきた。述べてきた人々は三つのグループにわけられる。エドナ夫人、コールマン夫人、安仁子たちの児童福祉活動のグループ、澁澤・大隈・コールマンたちの日曜学校事業のグループ、そして大隈・安部たちの日米野球交流のグループである。それぞれ活動分野は異なるが、根底に人間愛・人類愛つまりヒューマニズムが流れている。国際親善や社会改善を目指す精神において重なり合う。

❸ エドナ夫人と安部磯雄の出会い

エドナ夫人は「日本野球旅行」の最後に、安部教授とコールマン夫人に出会わなければ、私たちは外国から来る普通の旅行者と同じように日本の現状に失望したであろう、と述べている。アメリカの現代都市とくらべて、なんと不便であることかと不満を垂れ、東京・大阪・神戸の煙害・騒音・不潔さに顔をしかめるだけであったろう。日本を理解する気持ちになれなくて、ただ嫌悪感を募らせてアメリカに帰って来たにちがいない、と。

安部はどのようなことを語ってくれたのだろうか。「日本野球旅行」から引用する。

安部教授が解説してくれた日本の社会状況は、私にとって非常に興味深いものでした。なぜなら私は安部教授が日本について語るような問題意識をもってアメリカの現状について研究してきたし、実際に社会奉仕の現場でさまざまなことを体験をしてきたからです。

私たちはまず産児制限について議論しました（We discussed birth controul）。なぜなら、日本は労働者の賃金が非常に低く、物価はどの国よりも高い。下層階級の家庭には平均六人の子どもがいるので困窮は増すばかりだからです。安部教授は、日本において今まさに必要なのは産児制限であるというのです。

私たちは、次のような問題についても議論しました。アメリカにおける日本の問題（The Japanese

problem in America)、アメリカと日本の犯罪、両国で確立された禁酒制度（the system of prohibition）、日本政府が現在、台湾で行なっているアヘンに関する試み（the opium experiment）、日本の貧困（poverty in Japan）、土地問題（the Japanese land problem）、性教育の切実な必要性（the crying need for education in sex hygiene）、そのほか両国において関心をもつべきさまざまな社会問題についてです。

安部とエドナ夫人は、バース・コントロール（産児制限）について語り合った。日本は給料が安く、物価が高い。下級階級は子だくさんで貧困に苦しんでいる。解決する道は産児制限しかない、というのが安部の持論であった。ここから話題が広がったようだ。

次に「アメリカにおける日本の問題」というのは、このころアメリカ議会が制定しようとしていた「排日移民法」のことだろう。「両国で制定された禁酒制度」とは、カルビン・クーリッジ大統領（一八七二〜一九三三）の時代に、他国への酒の輸出を禁止するために日本船がアメリカ近辺を通航することを米政府が一方的に制限したことではあるまい。一九一九年にアメリカの大半の州で制定された飲酒禁止法のことだろうと思われる。酒類の製造・販売・輸送が禁止されたのは、飲酒は家庭崩壊の原因になると女性から禁止を求める声が大きくなったことによる。さらに大正一一年（一九二二）に制定された日本の「未成年者飲酒禁止法」も話題になったと思われる。

次の「アヘンに関する試み」は、日本政府が麻薬の植物を台湾で栽培させ、あるいはそれを原料に生産した質の悪いモルヒネを輸入して精製していることをさすと思われる。日本はドイツから輸入できなくなったので産地を植民地の台湾に切り替えた（劉明修『台湾統治と阿片問題』山川出版社　一九八三年八月。ネット・池田光穂「植民地時代の日本の麻薬政策」二〇二一年二月現在）。

次の「日本の土地問題」は地主農民と小作農民の問題だろう。土地を所有する者と所有できない者、富める者と貧しき者を生む土地制度をさすと思われる。第一次大戦後の日本の領土拡張のことであるならば「territorial issues」である。

次の「性教育」の必要性は、先に述べた産児制限と関係する。また安部が主張する廃娼運動も含むと見てまちがいない。男女が健全に出会って結婚し、適正な数の子どもを儲けて幸福な家庭を築き、社会人として立派に育てあげることを提唱している。かれの論点はいずれの場合も女性の人権尊重に立脚しているように見える。ただし、林葉子『性を管理する帝国』を参照するに、安部の提唱する産児制限を支えているのは、男性中心の形式的女性尊重である。その点を見逃してはならないが、安部の主張に沿って言えば、そうした女性尊重の姿勢から、男女の健全な交際ではあり得ない公娼・私娼の廃止運動となり、若者にあるべき「性教育」を説くことになる。安部は安部なりのフェミニズムに立脚して社会改良をめざしたのである。

安部とエドナ夫人は、日本の児童福祉の現状はもちろん、世界で起こっているさまざまな問題にふれて語り合ったのだった。そのすべてが安部が日ごろ主張している社会的・政治的テーマである。日本の現状を自分がとりくんでいる問題を通して解説したわけだ。そのどれもがエドナ夫人がアメリカでとりくんでいる社会活動および大学における講義・研究と関連している。

野球交流と併行して、このような文化交流を行なっていたのである。この事実を無視すべきではない。野球の試合だけを見てしまうと、早稲田大学および安部が企画・実行した日米大学野球交流の本質も全体も見えにくくなる。

◎サンガー夫人

そろそろ本書を閉じることにしよう。安部は野球の試合を続ける一方で、エドナ夫人と産児制限などを中心に日本の社会問題について語り合ったのであった。国際的な問題意識で日本の実状について議論したのである。

野球交流と文化交流、どちらにも熱心であった。安部にとってスポーツは単独で存在するものではない。スポーツはさまざまな問題とかかわり、また関連させる力を有するものである。野球交流を企てるのはそのためだ。野球と文化の交流を同時に見る目でもって考えなければならない。大隈重信の言葉に言い直せば「スポート、《(ママ)》藝術の方面」である。

そういう観点からサンガー夫人の産児制限説との関連を論じて本書の幕を下ろそう。

安部は、エドナ夫人と出会う一月前、来日したばかりのサンガー夫人（一八七九〜一九六六。Margaret Higgins Sanger）と面会し、産児制限について語り合った。その体験をエドナ夫人に語ったであろう。サンガー夫人は急進派の総合雑誌『改造』の招待によって来日した。約一ヶ月間、各地で講演を行ない、日本社会に大きな衝撃を与えた（荻野美穂『「家族計画」への道——近代日本の生殖をめぐる政治』岩波書店　二〇〇八年一〇月）。安部は同じ月に『産児制限論』（實業之日本社　一九二二年三月）を刊行した。世に出たばかりの自著をもとに、サンダー夫人の説も紹介しながら、エドナ夫人に日本の現実を熱く語ったにちがいない。もちろん、カリフォルニア在住のガスニーの産児制限説も話題にしたであろう。

安部は、日本に産児制限が必要だと主張している。人口増加の問題は世界各国に食糧不足をもたらし貧困者を増やすと考えられていた。貧困のなかで子どもを産み、さらに増えれば、夫婦は賃金を得るために働き過ぎになり疲弊する。女性は育児に負担がかかり母体の健康が損なわれ、労働から遠ざかる。家計は男性に頼ることになり、女性が働かない分だけ収入が減る。よって女性は男性に従属する傾向が強まり、社会的自立ができにくくなる。幸せな結婚・家庭生活が望めなくなり、やがて結婚する男女が減少する。

貧困を救うには子どもの数を適正数に抑えるほかない。そのために、と安部は言う。結婚は早いほど良い。そして、「男女關係を純潔ならしむるためには、多數の青年男女をしてなるべく早く結婚せしむる外しかない」。若いときから男女関係の望ましいあり方（性教育・性道徳・性欲のコントロール等）を身につけ、結婚して「子供の出産を延期することが出來れば」、つまり受胎・出産が調節できれば家庭における子どもの数が適度に抑えられ、それによって母体の健康が守られ、経済的に幸福な家庭が築かれる。子どもは愛情をたっぷり注いで育てなければならない。その意味でも子どもの数は多すぎてはならない。労働力、経済力、母体の健康のバランスをはかりながら生活レベルを向上させていくべきだ。フランスの産児制限などを参考にしてそう述べている。

人口が抑制されればアメリカへ行く日本人移民をおのずと減らすことができる。そして、悪い遺伝子を消し去り、良き遺伝子をもつ日本人を増やすことができる。だから国家が強靭になる。そんなふうに考えていた。

安部の持論を要約すれば、以上のようになるだろう。そういう立場から性に関する日本の現状を批判したのである。くりかえせば、男女は互いに尊敬し合って結婚し、子どもを産み育て、力を合わせて生きていくべきだ。青年は早くからそういう男女対等の関係を学ぶべきだ。このように述べたあと、「男女の不正なる關係を根絶するといふ手段を執らねばなりません。而してこれを實行するためには青年男女をしてなるべく早く結婚せしむる外はないのであります」というのである。

安部は「廃娼運動」に力を注いだ。脳裏に描いたのは、西欧流のキリスト教的な男女関係ではなかろうか。安部の言説を細かく検証する必要があるが、理念としてはアメリカのハートフォード神学校に留学中に学んだキリスト教的愛の精神であったろう。ただし、愛妾をもつなら娼家に行くべきであり、個人的に愛妾を囲うのは避けるべきだと言っている。百年前の男性一般が唱える恋愛論の域を抜け出ていない。

◎マルサスの『人口論』

安部はサンガー夫人に会う前から、彼女の主張する受胎調節（birth controul）の著作を読んで知っていた。彼女の入国は、これに関する話を公開講演でしないという条件で認められた。子どもを産み増やすことは労働力・兵力を増やし国家の利益となる時代であった。「貧乏者の子だくさん」という言葉もあった。産児制限は国家の方針に逆行する。それに、どうすれば子どもの数を減らせるかを説けば、おのずと性行為に話が及ぶので不道徳・

不謹慎の謗り（そし）を受けてしまいやすい。事実、サンガー夫人は法の下に処罰され、日本では彼女の影響を受けた加藤シズエ（一八九七～二〇〇一）が処罰された。しかしアメリカではサンガー夫人の努力によって、「其後法廷に於て或裁判官が下した判決には好結果が表はれました」という。「醫師に限り婦人が疾病に罹れる場合に於て産兒制限の實行法を教ふることが出來ることを規定してありました」（安部『産児制限論』）と述べている。サンガー夫人はアメリカの法律を変え、時代を動かしたのである。

子どもの数を減らすことは家庭に経済的な余裕を生み出す。その努力をすることは、産む権利・育てる権利を女性自身のものへ、あるいは両性共有のものという認識を育む。女性を子育ての負担と重労働から解放し、社会的自立を支援する。産児制限はアメリカでも日本でも主に社会改良をめざす人々が唱えたのである。

それは、先ほど述べたように大森安仁子の「有隣園」のセツルメント事業と関連することになる。わずかな数であろうが、セツルメントに収容される不幸な児童を減らすことになるからだ。安部磯雄、澁澤榮一、サンガー夫人、ガスニー、コールマン夫人、大森安仁子、エドナ夫人のそれぞれの活動が児童福祉を軸にして自然に、緩やかにつながってくるのである。

もうひとつ大きな問題があった。マルサス（一七六六～一八三四。Thomas Robert Malthus）は匿名で書いた一七九八年刊行の『人口論』（*An Essay of the Principle of Population*）のなかで、人口は幾何級数的に増加するが、食料生産は算術級数的に増加する。つまり人口が増えれば食料が不足し、それが原因で国家間に対立と戦争が起こると説いた。この理論が世界的に広まっていた。サンダー夫人や安部らの産児制限論はマルサスの強い影響を受けている。前に述べたように、安部はハワイ・アメリカの日本人移民の増加に関してマルサス理論を援用して立論しており、それ以外に自分でなすべき現状分析を怠っているように思われる。それだけ強い影響を受けたことを示す。

マルサスは、人口増加により食糧が不足するので獲得を求めて戦争が起こると説いた。それゆえ日本では「自衛軍」を建設し、他国からの侵略を防いで平和を守るべきだという説が唱えられた。北岡壽逸《じゆいつ》『眞の平和への道』

（日本及日本人社　一九五三年四月）の表紙に「侵略されない爲に自衛軍建設、侵略しないために産児制限」という副題が明記されている。人口が増えすぎないように、また食糧不足に陥らないように国家として産児制限をせよ、というのである。

マルサスの理論は世界各国に深刻な影響を与えた。しかし、いつのまにか信じられなくなった。今では皆無だろう。なぜなら間もなく化学肥料が発明され、食料の生産は予想外に増えた。食糧に困窮する国家が大幅に減った。産業革命によって都市のあり方が変わり、人々の生活の仕方も変わった。比較的裕福な国では食糧問題はほぼ解決され、今では逆に急激な少子化が問題になっている。もちろん、いつの時代も食糧難に苦しむ国が多いことを忘れてはならない。今日、地球の人口は八〇億を超え、さらに増えつつあるという。

ちなみに、インディアナ大学に留学した磯部房信が苦労の末、肥料会社を興して成功したことは前に述べた（II「磯部房信」）。

次のことも補足しておこう。安部は馬島僩《ゆたか》（一八九三～一九七〇。社会運動家・医師）、山本宣治《よしじ》（一八八九～一九二九。政治家・衆議院議員、生物学者）とともに産児制限運動の三人男といわれていた（井口隆史『安部磯雄の生涯――質素之生活　高遠之理想』早稲田大学出版部　二〇一一年六月）。安部は、馬島との共著『産児制限の理論と実際』（社会問題叢書・第五巻　文化学会　一九二五年五月）を刊行した。かれらの主張は家族計画と言い換えたほうがわかりやすい。すでに述べたように、子どもの数を減らして家庭に経済的余裕をもたらし、女性の負担を軽減するというのである。

なお、山本には『山我女史家族制限法批判』（非売品）がある。部数わずかの小冊であるが、サンガー夫人のレポート「家族制限法」を全訳し、そのところどころに活字を小さくして注解を施し、京都で講演した彼女の主張が日本の現状にいかに合わないものであるかを事細かく指摘している。

江田靜藏『理想的避妊法の實際――サンガー夫人説――』（堀江書房　昭和二一年一〇月）は終戦まもないころの刊行である。我が国は今「國土の點、食糧の點、生産の點何れの點から見ても眞に餓死線を彷徨してゐる有様」

であり、サンガー夫人の説く産児制限（バース・コントロール）は最も必要なものだという。すなわち、「平和な民主的な國家を建設す」るため「この狭められた國土に、密集して生きねばならぬ日本人」にとって「これまでのやうな無軌道な人口の増加」はあり得ず、まさに「妊娠調節」が必要である。それは「優秀な少数の子孫を最良の情態《ママ》に育み」、成長したかれらに「次代を擔當させ」るためであり、「母親」に無理な負担を与えず社会参加ができるようにするためなのだという。戦後においてもマルサス理論を土台とする産児制限は必要とされたのである。

おわりに

山本宣治もサンガー夫人に面会した（「山本宣治年譜」『山本宣治はいかに戦ったか』赤光社書店　一九三二年三月）。山本は京都の裕福なクリスチャンの家に生まれた。病弱のため神戸中学を中退し、園芸家を目指して上京した。一八歳のときだった。東京牛込の大隈重信邸に住み込み、温室園芸の見習をし、若き日の約九ヶ月間を過ごした。両親に宛てた四日目の手紙に、「伯爵は平民主義にて極快活《（ママ）》の人にて親しく語られ候」と書いている（『山本宣治全集』第六巻　日記・書簡集　汐文社　一九七九年一〇月）。大隈は山本のような人物にも分け隔てがなかった。

山本は東京に来て小崎弘道《こざきひろみち》（一八五六～一九八三）牧師の霊南坂教会に通っている。小崎は大正二年（一九一三）のチューリッヒにおける「第七回世界日曜学校大会」に井深梶之助とともに日本代表として参加し（日本日曜学校協会長）、第八回の東京大会の開催に尽力した人物である。一方、山本はその後、カナダに留学し、四年後に帰国すると京都の同志社普通部に通った。それから東京大学・京都大学に進み、京都大学の生物学講師となった。昭和三年（一九二八）衆議院議員に当選したが、翌年の治安維持法緊急勅令案が可決される日に暗殺された。共産党党員。四一歳であった。

山本は、安部磯雄と同じく同志社に学び、社会活動家としてしばらく同じ道を歩んだ。安部と同様、性教育についても発言し著書もある（山本直英『山本宣治の性教育論』明石書店　一九九九年八月）。一時期、大隈重信の世話になったことはすぐ前に述べた。大隈と安部はきわめて近い関係にある。偶然なのだろうか、大隈、安部、山本の三人を結ぶ運命の糸があるときたしかに存在したのである。

以上、大隈、安部の思想的根底には、とりわけ第一次世界大戦後、どのように世界情勢が変化していくのかという危機意識と、それにどのように対処していくべきかという問題意識があった。日米大学野球交流はそういうなかで発案・実行されていることを忘れてはならない。それは「世界日曜学校大会」の開催と何も関係がなさそうに見えるが、実は奥深いところでつながっている。

もう一度、「世界日曜学校大会」の開催意義について振り返ってみよう。『第八回　世界日曜學校大會記録』（財団法人日本日曜學校協會　一九二一年三月）の「緒言」に次のように記されている。

（第一次）大戦後の世界に催された世界大會に三つある。その一は平和會議、その二は勞働會議、その三は今次の日曜學校大會である。而して平和會議は佛国に、勞働會議は米國に、日曜學校大會が我が日本の國に開かれた。此事は世界的に考へても又國民として考へても大（い）に意味がある。

今や我が國は世界の日本として、又列強國と相伍するものとして、爰に世界的大會の一つを引受けたことは、如何にも大國民相應のことを成したるが如き心地して、一種の誇りを感ぜざるを得ない。しかも其平和的氣分に富みしことに於て、世界同胞主義、人種無差別の精神を發揮せしことに於て、遙かに他の二大集會に優れる大會を、我が日本に開き得たことは、國民として非常なる光榮と言はなければならぬ。（傍線筆者）

世界日曜學校大會は、世界七十餘の國州を代表する日曜學校聯盟より成り、四年目毎に開催せられるもの、今回はその第八回目に相當したのである。

本書は、その大會に關する一切の事項を、多くの材料に依つて正確に大略を記録せんと努めたるものである。

大正九年十二月

第八回世界日曜學校大會日本實行委員會

記錄編纂委員

人種差別を排し、同胞意識を育み、世界平和を実現する。これが世界大会の開催趣意であり目的であった。澁澤やワナメーカーも同じ思いである。折しもアメリカではアジアからの移民を制限・禁止する法案が可決され、日本人の移民は禁止された。次の第九回グラスゴー大会（一九二四年）ではそれが大きな話題となり、日本側に申し訳ないと語る各国代表者が多かった。

澁澤はグラスゴー大会（一九二四年）に祝辞を送った。東京大会をふりかえりながら次のように述べている。コールマンも出席し、今井正一が代読した（「総長御起案之祝辞序文集」）。

……後援者の一人として微力を添へました関係から、同大会（第八回）開会中、数回出席して、独り宗教家のみならず、実業家・教育家・学者及（び）政治家等より成れる各国の代員諸氏が、貴重な時間を割いて、世界児童の宗教的訓示に熱誠を込められし事と、又其プログラムが如何にも陽気であった事などを見て、大（い）に学ぶ所がありました、殊に私が同大会より受けました最も深い印象は、同大会が平和・正義・国際親善・人種平等を高調せられた事であります。（傍線筆者）（『渋沢栄一伝記資料』第四二巻）

澁澤の「世界日曜学校大会」にかける思いがわかる。そして第一次大戦後の世界構想がうかがえる。児童等の教育に世界の未来を託そうとしている。新しい世代・時代への期待である。

こうした「国際親善」の考え方は、大隈重信がワシントン大学の選手たちに語った講話にもあった（Ⅳ「国際親善・戦争回避」、Ⅷ「再び「世界同胞主義」」）。また、安部磯雄の高等予科の「訓辞」とも通じるものがある。本校は英会話と体育を重視する。この教育方針は野球部の外国遠征へと発展した。安部は船のなかでアメリカ人女性に頼んで学生たちに英会話を教えてもらった。アメリカに着くと英語で話すことを勧めた。そして試合では、正々堂々と戦い、試合後は親睦を深めさせた。「体育」であり「徳育」である。「国際親善」という標語を直接には掲げないがおのずとそうなっている。

エドナ夫人は「日本野球旅行」に、〈安部教授はスポーツを通じてアメリカと日本の若者が理解し合い、国際親善に貢献することを願ってインディアナ大学チームを招待した〉と書いている。安部の提唱する野球交流をそう捉えたのである。その精神に応えるべくインディアナ大学チームは来日したのだった。

＊

来日したのは四月中旬であった。アメリカではそろそろ春学期が終るころで有力選手はまもなく卒業する。在学生も長い休みに入る。チームの編成が難しかった。ほかのスポーツ教科へ履修を替える選手も出てくる。投手のウォーカーとギルバート、捕手のキッド、二塁手のメイサー、中堅手のラックルハウス（日本では専ら三塁手）、左翼・右翼手のリンチなどはまだ残っていた。ほかに新人七人を選んでチームを編成した。エドモンソン教授が『野球界』の記者に、「ギルバート、ラックルハウス以外は新選手」と答えたのは、前年ブルーミントンで早稲田大学と試合をしたときのメンバーを言っている。そのときキッド、リンチらは下級生で出場できなかった。アメリカの大学はチームを編成した春は弱く、秋になると練習を積んで強くなる。勝つつもりで来日するなら秋を選ぶことになる。

遊撃手のカイトは来日直後の「東京朝日新聞」のインタビューに、「國を發つ前に練習タイムが少かっ《（マヽ）》たのと新チームで若い選手を加へて來たので自信がありません」と答えている。記者はこれを「謙遜」と受け取り、「大學チームでは一流」、「中部の大學丈《だけ》に昨年來朝の華盛頓《ワシントン》大學チームよりは断じて悪くはない筈だ」（大正一一年五月一五日）と前評判を煽った。安部磯雄も「非常に強いチームであつた。ミシガン、イリノイに次ぐチームであつた」（『野球界』六月号）と述べている。だが、来日すると期待にはまったく応えられず、負け試合が続いた。最初の試合は早稲田大学と満員の戸塚球場で戦い、守備も打線もふるわず完敗（0×4）だった。これを皮切りに東京・京都・大阪で三チームと計一一戦したが、二勝八敗一引分けに終わった。早稲田大学とは一勝五敗一引分け、慶応大学とは三戦三敗、大阪オールスターとは一戦一勝。「外來大學《ママ》テーム未曾有の不成績を殘した」（『早稲田大學野球部史』）と厳しい評価を下された。残念だが惨敗というほかない。

しかし、試合マナーは大いに賞讃された。安部は「學生の訓練は非常に行《ゆき》とゞいてゐるので、非常に上品である。今度きた選手の人格が非常によいのが、明《あきら》かに夫《そ》れを證明してゐる」（『野球界』六月号）。早稲田の投手・有田富士夫は、前年インディアナ大学と戦った一人であるが、「從來來た學生チームのやうに、ゴテ〳〵苦情をアンパイヤに申し立てない。學生らしく、男らしく試合をする所が、氣に入つた」（同右）という。慶應大学の主将、高須一雄は外来チームは「よく苦情を言ひ立てるものだが今度のイ大學だけは一度もそれがない、温順に過ぎて居る」（同右）と称賛しつつ批判を忘れていない。また、「今迄での豫想は全く裏切られ、同時に精練されない經驗に乏しいチームであることが認められ、そして乘《ママ》じ易いものであることが明白になつて來た」（同右）と見ている。

慶應大学の前主将、小柴大輔は「三振をしようが挟殺にならうが、瀬戸際でアウトにならうが、更に憤慨もしなければ落膽もしない。曩《さ》きのシカゴ選手のやうに殘念がりもせずベンチに戻るので、如何にも氣抜がしてしまふ」（同右）と述べ、友人から来た手紙に「中學チームの毛の生へた位」のレベルとこれまた厳しい。バントが下手でしばしば失敗していた、秋に来ても日本の有力大学に負け越すだろう、という早稲田の選手もいた。

なぜ、あんなにマナーがよかったのか。未曾有の？　紳士のチームとしてふるまったのはどうしてか。シカゴ大学の試合ぶりはかなり刺激の強いもので対戦している選手だけでなく観衆も辟易し不快に感じる人が多かった。あれこれ調べてはみたが、インディアナ大学の選手たちが特別に紳士のふるまいをした理由がわからない。ただひとつ思い起こすのは、前年ブルーミントンで早稲田大学と試合をしたとき、インディアナ大学の選手と観衆のヤジ・罵声が酷かったことだ。「矮小な日本人と侮り」、早稲田の選手たちが辟易した（Ⅳ・コラム1）。

安部磯雄とレヴィス監督が試合後に今後の相互交流について相談をしたとき、マナーの酷さを話題にしたのではないか。「日本で試合をするときは、あれだけは止めていただけないものか」と。その発言を受けてエドモンソン教授が出発する前夜のコンパで選手たちに厳しく注意したのではないか。〈私たちは単に野球の試合をするために招待されたのではない〉、〈国際的に重要な意味があるからだ〉、〈習慣の異なる日本へ行き、ライバル心をむき出しに何試合もこなすことになる〉、〈重大な役目があることを忘れないで行動してほしい〉。このように言われた選手たちは紳士のふるまいをするだろう。エドモンソン教授が前もって指導・教育をしたからではなかろうか。

ともかく、インディアナ大学チームは試合経験の少ない、新人の多いチームであった。そのためというわけではないが、船の客たちと親しみ、日本に来てからはチームメートとホテルで夜な夜な談笑を楽しみ、試合をした夜も遅くまでカードゲームその他に興じた。シアトルまでの列車のなかでもそうだった。日本では各地を見学して楽しんだ。何が何でも勝って帰るという根性主義は見られない。悲壮感がなく、心に余裕がある。

安部磯雄が率いた前年の米国遠征はかなり違う。強行軍の旅であった。戦績に対しても悲壮感が漂う（「米大陸野球轉戰記」『米國野球遠征』）。野球の本場に乗り込んで戦うのだから無理もない。一方、インディアナ大学チームは、出発するときの地元の盛り上がりを思い浮かべると、まことに不本意な成績に終わった。しかし、勝つことだけを目的に来たのではなかった。対等の交流をすること、野球の試合をし、各地を見て歩いて日本を理解し、親善に努めた。試合に出ないエドナ夫人は、安部教授の解説で日本の現実を理解した。レヴィス監督夫人と一緒にセツルメントを見学した。チーム一行は遠征の目的を十分に果たして帰国したのである。

エドナ夫人は「日本野球旅行」（Baseball Trip To Japan）の最後をこんなふうに締め括っている。もう一度、引用しよう。〈私たちは、安部教授とコールマン夫人のおかげで日本のありのままの姿を見ることができて本当によかった。二人がいなければ、私たちはペリーが来航したころのままと思い込み、日本に近代的な路面電車や電柱があることに不満を抱き、その一方、アメリカの近代都市で享受している便利なものがない、なんと遅れていることか、と独りよがりな優越感に浸って帰って来たであろう〉。そして彼女は、〈日本は近代化の途上にあり、大きく変化しつつある。工業・産業の著しい発展、古い文化と美しい自然、そして親切な人々。改善すべきことが多いけれど、私たちは今、日本をただ批判するよりも、日本を見てアメリカをもっと良い国に変える努力をしなければならない、と心に強く思って帰ってきた〉というのである。

大正一一年（一九二二）春、インディアナ大学と早稲田大学の野球交流は、こうして終了した。その背後に、暗雲たなびく世界情勢があり、それと向き合うヒューマニストたちがいた。その多くがプロテスタントであり、またその理解者・賛同者であり、かれらの幅広い連携と多様な活動があった。

日米大学野球交流から野球の試合だけをとりだして見てしまうと、その本質も全体も見えにくくなってしまう。多様な活動にかかわった有志たちの心のなかが見えなくなる。

【付録】

〔全訳〕「日本野球旅行」（BASEBALL TRIP TO JAPAN）エドナ・ハットフィールド・エドモンソン

〔凡例〕

・本稿は、インディアナ大学野球チームとともに来日したエドナ夫人（アシスタントプロフェッサー。児童福祉学。三六歳。一八八六〜一九七三。夫は引率責任者のエドモンソン教授）の書いた日本旅行記の全訳である。原文は帰国した翌年、女性だけの国際的友好団体の機関誌 *The Arrow of Pi Beta Phi* に三回にわたって発表された。一九二三年三月号、六月号、一一月号である。

・日本語の文章として違和感を少なくするため、原文の構文の順序を換え、言葉を補ない、言葉を略して訳したところがある。

・基本的に、です・ます体を用いた。エドナ夫人が尊敬する人物に対する言葉は、尊敬語を用いた。

・内容に沿って適宜、見出しを入れた（ゴチック文字）。

・〔　〕は訳者による解説。読解のために必要と思われる最小限の解説をほどこした。詳しくは、本書の該当部分を参照のこと。

・原文には一二枚の写真が掲載されているが、すべて省略した。ただし、写真に付されたタイトルは、本稿の末尾にまとめて訳した。

【第一回　三月号】

（エドモンソン夫人の公的な活動の記録は六月号に掲載される予定です。――編集者）

出発

最近、インディアナ大学野球チームは、太平洋一四〇〇〇マイルを越えて日本へ行き、一一試合をして帰ってきました。早稲田大学の招きで日本を訪れ、早稲田大学をはじめ三チームと試合をしました。

インディアナ大学の野球チームは、日本の大学チームと交流しているアメリカの大学チームのひとつです。〔早稲田大学と数年ごとに相互訪問し交流するつもりであったが、一回きりで中止となった〕。目的はもちろん野球の試合をすることですが、提唱者である早稲田大学の安部磯雄教授は、スポーツを通じて（through the field of sport）、アメリカの青年と日本の青年が相互理解（an international understanding between the young men of America and the young men of Japan）を深めることに重要な貢献ができるのではないかと期待しています（an important contribution may be made to）。

私たち一行は、三月末にブルーミントン〔インディアナ大学がある市〕を出発し、五月末に帰国しました。六〇日間の滞在中、三五日は列車と汽船の旅でした。メンバーは一二名の選手、レヴィス監督と妻のヘレン夫人、引率責任者である男子学生部長のエドモンソン教授、そしてその妻の私です。〔ほかにアシスタントコーチがいた。総勢一七名〕。

私は「お飾り」（by way of decoration）として同行したといってもよいかもしれません。しかし、そんな私でも役に立つ仕事をいくつか見つけました。そのひとつは、旅行と試合について報告を書いて大学に送ることです。私の最も大切な役目です。〔大学の広報普及センター長から特派員（official reporter）を命じられた〕。野球の知識は驚くほど増え、「彼はセンターフライでアウト」「彼はサードで死んだ（アウトになること）」と書いても、たいしたショックを受けずにすむようになりました。

私たち一行は、大型蒸気船「キーストーン・ステート号」に乗り、シアトル港から北方航路に入りました。この船はアメリカに帰って来てから、「ウィリアム・マッキンリー号」と改名されました。合衆国海運委員会（US Shipping Board）が管理下の船舶に歴代大統領の名前を付けることにしたからです。

さて、私たちは甲板に立ち、ピュージェット湾を北上し、雪をかぶった山々が後ろに遠ざかっていく景色や、船のまわりをぐるぐる回るカモメの大群を眺めました。手すりに寄りかかっていると、一羽の大胆なカモメがそばまで飛んできて、嘴《くちばし》を私たちの顔に向け「ワッハッハッハッハッ」と笑いました。「ワッハッハッハッハッだと？　どういうことなんだ。おまえとかかわりないんだよ」、仲間の一人がさっと切り返しました。間髪入れぬ見事な逆襲。海の嵐、陸の地震など災難のない国、つまり健全なアメリカ青年らしく軽快な切り返しで応えたのです。私たちは海では嵐、陸では地震、日本に着いてからは不慣れな気候に遭って体力を消耗しました。さらに環境ががらりと変わったので適応が難しくて開幕戦は敗れてしまいましたが、最後の試合で日本チームに完璧に勝利したのは、このようにアメリカ青年特有の気持ちの切り替えができたからです。

大嵐

船は北ルートを選び、アリューシャン列島の沖、四〇マイル以内を航行しました。この季節は非常に寒く、ひどく荒れた日が続き、雹《ひょう》、みぞれ、雪の降るなかを進みました。七日目の午前三時、激しい嵐に遭遇し、エンジンを止めて修理しなければなりませんでした（四月四日の大嵐のことか。七日も荒れた。エドナ夫人は日記をつけていないのでやや不正確）。為《な》す術《すべ》もなく漂流し、突然「谷底に落ちた」のです。船は片側に三〇度、反対側に二三度も傾きました。私たちはぐっすり眠っていましたが、大波を受けて船がきしむ恐ろしい音、ダイニングルームで食器が砕け散る恐ろしい音、そして食器の残骸を片付けるために呼び出された乗組員たちの足音の騒々しさで目が覚めました。何マイルもの梯子《はしご》(ladders)を何千もの乗組員が登り下りするような音でした。

昨夜、私たちは風向きが悪いので、良い方向へ船が進むように進路を変えると聞きました。それゆえアリューシャン列島へ接近することは知っていたものの、狭いベッドの上で身体のバランスを戻そうとしたとき、私は瞬間的に「大波(breakers)に船が乗っかった。もうダメだ。転覆する」と思いました。ふりかえってみると、あのとき私は「死ぬ」とは思いませんでした。これまでの私の人生は事実として残るわけだし、未来のことなど考えられるわけがないし、「海水が来て窒息したらどう感じるのかしら」とただそう思っただけでした。

私は恐ろしかったけれど、夫がベッドにいることをたしかめ、観念して寝返りを打ち、心を落ち着けて眠りにつきました朝になって、乗客のだれかがベッドから床に投げ出されたとか、荷物や家具がびっくりするほど遠くまで投げ飛ばされたとか、話が伝わってきました。

横浜港到着

船酔いしなかったのは十七名中二人だけです。残り一五人のうち何人かは早くも外洋に出る前、湾内を航行中に気分が悪くなってしまいました。さらに何人かは、異常に荒れた太平洋横断の一四日間ずっと苦しみ続けました。〔ラックルハウスの「旅日記」に、エドナ夫人は最も船酔いがひどかった一人と記されている〕。荒天のため一日遅れで、ある日〔四月一四日。実は予定より二日遅れ〕の午後五時ごろ、冷たい霧雨の降る横浜港に到着しました。

三人の方が出迎えてくださいました。早稲田大学経済社会学部の安部磯雄教授、昨年アメリカで試合をしたとき三塁手をした石井順一さん〔三月に早稲田大学を卒業し、家業のスポーツ具店を継いだ。早稲田実業野球部監督〕、横濱商業会議所〔横濱商工会議所の前身。書記長〕の岡田猛熊《たけくま》さん、そしてインディアナ大学日本同窓会代表の磯部房信さんです。私たちの日本滞在中、ホストを務めてくださる方々です。早稲田大学から小さな歓迎の記念品が贈られました。〔「旅日記」に三角形のペナントとある〕。横浜市から私たちのコートに記念のバッジが留められました。〔「旅日記」に横濱商業会議所から胸に記念バッジをつけてもらったとある〕。

入国管理局や税関の手続きを終え、東京に向かう準備が整ったころには、すっかり日が暮れていました。安部教授が港から電車の駅まで人力車（rikisha）を手配してくださいました。

私たちは初めて人力車（jinrikisha）に乗りました〔「jinrikisha」は日本ふうの言い方。外国人は一般に「rikisha」といった〕。この感動は忘れられません。横浜は低い瓦屋根の建物が続き、道路は狭く、舗装がされていません。人力車、荷車、自転車が道路を埋め尽くし、私たちを追い越し、また追い越されて行きます。軒先に下げられている提灯《ちょうちん》が路面電車が進むための明かりのように続いている光景は、まるで美しい舞台を見ているようでした。最初の夜に体験した夢のような感覚は、日本滞在中ずっと続きました。

精養軒ホテル

私たちは人力車を降りて電車に乗り換えました。約四〇マイルほど走り、築地精養軒ホテル〔銀座五丁目にあった〕に着きました。早稲田大学の鹽澤昌貞学長、教授陣、数多くの新聞社の人たちが迎えてくださいました。私たちは心から歓迎されたのです。夜はかなり遅くなっていたのですが、翌朝の新聞に載せる写真を撮るため、さらに遅くまで待たされました。

私たちは当初、帝国ホテルに泊まることになっていました。横浜港に着くと日本の戦艦に護衛された白く美しい戦艦「レナウン号」が錨《いかり》を下ろしていました。数時間前にイギリスのウェールズ王子が到着したというのです。〔実は二日前の一二日に到着。のちのエドワード八世。一般女性と結婚するため王位を捨てたことで有名〕。というわけで、王子とその関係者が宮中で接待を受けている間、帝国ホテルの空き部屋は、きらびやかな随行者たちの宿舎としてすべて予約されてしまったのです。私たちは急遽、精養軒ホテルに泊まることになりました。しかし一日ほどで、ある程度の調整がつき、かなり快適に過ごすことができました。

ところが、到着の翌日〔実際は二日後の一六日〕は日曜日で、王子の関係者が街頭や園遊会や祭り〔上野公園などの桜祭り〕に出ているときに帝国ホテルが火事で焼けてしまい、泊まり客は荷物をすべて失いました。〔エドナ・コレクションに焼失直後のホテルを撮した写真がある。写真㉟〕。こうして私たちは、第一の危機である海上の嵐を切り抜け、続いて第二の危機、帝国ホテルの火災を免れたのです。

到着の翌朝は、もちろん早起きして街へ出ました。私たちは生まれて初めて強烈な好奇心の対象になっていることに気づきました。人々はどこへ行くにも、私たちのあとをついてまわります。ちょっとでも立ち止まるとすぐに、老若男女を問わず、熱心な群衆に囲まれました。私たちの顔、服装、動きなどに興味を示すのです。しかし、決して粗暴ではありませんし、不作法でも、不躾《ぶしつけ》でもありません。私たちが微笑むと応えるように微笑んでくれますし、無理な要求をされたりしませんでした。私たちは、あるときはまったく気にせずに、あるときは友好的な気持ちで、こうした日本人の興味・関心を受け入れました。アメリカの家庭において小さな子どもの好奇心を心広く受け入れるように。

最初の試合

早稲田大学のグラウンドで練習ができるように手配されていました。選手たちが旅の疲れを癒し、野球の勘を取り戻すのに一週間しかありませんでしたが、一連の試合が開始されました。日本人は野球に強い関心をもっています。我がチームの練習を見に来た人々は、アメリカの大学野球と同じ位の大観衆でした。ユーモアにあふれた観衆は、良いプレーにはすぐさま拍手を送り、悪いプレーには嘲笑を浴びせ、凡ミスをすると笑い声をあげました。

最初の試合に六五〇〇人の有料入場者がありました。〔ラックルハウスの「旅日記」は入場者一二〇〇〇人と記す〕。私たちのチームがゲートに入ると、大きな歓声が上がりました。私たち夫婦は、しばらくゲートの外で日本の友人たちと話をしていました。しばらくして席に戻ると、また歓声が上がりました。私たちはどうしてなのか考えましたが、驚いたことに、自分たちの何気ない動作が原因なのだとわかりました。この日の観衆はユーモアがあって、何でも拍手してくれます。私たちが立ち上がって笑顔でアメリカ式のお辞儀をすると、さらに歓声が上がりました。私たちは恥ずかしくなって顔が赤くなり、急いで席に座りました。〔四月二二日（土）、戸塚球場における早稲田大学との一回目の試合。0×4で敗れた〕。

日本滞在中、群衆の熱気は衰えることがありませんでした。チームはどこへ行っても熱烈に歓迎され、最大限の礼儀と配慮をもって扱われました。私たちは、あらゆる種類の贈り物をもらいました。高価なものであろうと、小さなものであろうと、どの贈り物にも人々の好意が感じられ、日本に来てよかった、という気持ちになりました。

地震

東京で一八九四年以来最も激しいと言われる地震が発生しました。〔四月二六日（水）、午前一〇時一五分。神奈川県東部地震・浦賀水道地震とも。震度5、マグニチュード6.8。ラックルハウスの「アルバム」にそのときの日本版英字新聞の切抜きと掲載写真がある〕。地震が起きたのは、一行が街中に出かけていたときでした。たまたま私たち夫婦はホテルの部屋にいました。最初の小さな揺れが来たとき、私たちはテーブルを挟んで顔を見合わせ、「故郷の人々に伝えるべき体験が一つ増えた。これは覚えておこう」と思って微笑んだのです。

ところが一瞬にして激しい揺れに変わりました。痙攣《けいれん》するように、上へ下へ、東へ西へ、南へ北へと揺れ、軋《きし》むような音、うめくような音、大地が苦悶するような音がしました。私たちは瞬間的に道路を見下ろす部屋の大きな窓までたどり着き、窓を開け放ち、次に起こることを待ちました。死が訪れるのを一瞬も疑わずに。長いようで、あっという間の数分間でした。大地はしだいにもとの固い地盤に戻りました。ホテルの建物は無傷で残っていました。しかし、かなり大きな被害を受けました。私たちは海上の嵐とホテルの火災を乗り越えましたが、こうして第三の危機を脱したのです。

地震に無知な私たち夫婦は、知らぬ間に、開いた窓のそばに立つ、という最も賢明な方法をとっていたのです。あとで、東京で地震に遭ったときの注意事項を学んだ人から聞きました。道路に出ると、屋根から瓦が飛んでくるので非常に危険だそうです。最も安全な場所は、道路に面して戸口が開いているところとか、窓のそばだそうです。建物の大部分が崩壊しても、柱は倒れないことが多いので、そばにいると身の安全が守られるそうです。

そのとき一行の何人かは象牙店の二階にいました。最初の揺れで日本人店主が「地震だ」と叫びました。店主が何を言っているのか、一行が理解できないうちに、若い店員たちが姿を消しました。それを見て一行が急いで階段に行き、下り始めました。選手の一人がいうには、「箱のなかのサイコロのようにガタガタと音を立てて階段を下りた」ということです。また、一行の何人かは芝公園の寺院〔増上寺〕の観光に出かけていました。かれらはもっと身近な神さま〔キリスト教〕にお祈りするために、急いで寺院〔増上寺〕から離れたということです。

歓迎会

東京に着いてしばらくしてから、早稲田大学野球部が私たちを歓迎する正式の宴会を開いてくれました〔四月一八日(火)〕。会場は「早稲田クラブ」です。アメリカン・スタイルの六品コースが運ばれてきました。早稲田大学の鹽澤昌貞学長、教授陣、報道関係者の歓迎演説は、細やかな配慮がこもっていて、私たちはたちまち心が落ち着きました。この宴会で両チームは素晴らしい仲間意識と親睦を深めることができ、言葉の違いも克服できない問題ではないとすぐわかりました。

もうひとつ歓迎会を経験しました。日本人の同窓生たちが、日本で最も有名な茶屋「紅葉館」（Maple House）に連れて行ってくれたのです。〔四月一六日（日）。東京・芝の東京タワーのほぼ真下にあった。政官界がよく利用した。福沢諭吉の還暦記念会もここで行なわれた。現在は「とうふ屋うかい」という割烹がある〕。幸い、日本人同窓生たちとすっかり打ち解け、笑い声の絶えない会になりました。私たちが日本式のことをしようとすると動作がおかしくて、また失敗するので、みんなの笑いを誘います。それでいっそう親しくなり、楽しさが増すのでした。

日本ではお店に着くと、まず靴を脱ぎます。アメリカで帽子や傘を預けるのと同じように、日本では玄関で靴を預けなければなりません。日本製のハウスシューズ〔草履〕を勧められましたが、これは無駄なことでした。日本のシューズは、つま先を入れる特別なストッキング〔足袋〕が必要で、私たちのストッキングはそのような構造になっていません。だからストッキングのまま歩くしかなかったのです。その姿を見た日本の人たちに、私たちの母国に対する悪い印象を与えなかったのは嬉しいことでした。

まず小部屋に通され、お茶が出されました。アメリカ人の感覚では部屋には家具があるはずですがまったくありません。イスに座るかどうかというより、そもそも座るためのイスがないのです。部屋全体に清潔なマット〔畳〕が整然と敷かれており、その上に二・五フィート四方、厚さ四インチほどの枕〔座布団〕が部屋の内側にめぐらすように置いてあります。枕のなかには硬いけれどやや柔らかな素材〔綿〕が入っていて、茶色と淡い黄土色の大きな格子柄の絹布で覆われていました。

私たちはこの枕の上に、日本式に座ることになりました。最初はうまく座れました。数秒後、訓練を受けたことのない膝とつま先の抵抗に遭い、私たちは優雅に座ることをあきらめ、いつもの快適な姿勢で身を沈めることになりました。日本の礼儀作法に適応できない、おかしな格好を見て、日本の友人たちも一緒になって大笑いしました。

何人ものウェイトレス〔和服姿の仲居〕が床にひざまずいて、サービスをしてくれました。お茶は受け皿のないカップ（茶碗）で運ばれてきました。取っ手はついていません。砂糖もレモンも、その他の調味料もありません。漆器の皿に、ミカンほどの丸い和菓子（a bean cake）を置いて、一人ひとりに配られました。これは甘いプリンのようなもので、白い霜（糖衣）がかかっています〔小豆を使った練羊羹の類か〕。私たちは、親切で愉快な日本人ホストたちを真似て、爪楊枝を大きくしたような小さな木の棒〔黒文字〕で和菓子をつまみ、お茶とお菓子に挑戦しましたが、上手に食べられませんでした。

お茶が終わると、小さな籐《とう》の籠《かご》に、お湯にひたして絞ったナプキン〔おしぼり〕を入れたものが、一人ひとりに運ばれてきました。籠の底に、ねじれたナプキンが入っています。これが「フィンガーボウル」の代わりなのです。その後、日本式の遊びを教わったり〔ジャンケンなど〕、ビロードのような芝生と満開の桜が美しい庭園を散策しました。そのあと別室に通され、六コースの夕食が提供されました。〔「紅葉館」二階の宴会場。エドナ・コレクションその他に、歓迎会の終りに撮した記念写真がある。五人の仲居《なかい》と一人の芸者が写っている。仲居の一人は女将《おかみ》か。写真⑨〕。

【第二回　六月号】

六コースの日本料理

（前回から続く）この部屋は、最初の部屋と違って、枕〔座布団〕が規則正しく半円状に並んでいて、それぞれの枕の前にテーブル〔お膳〕が置いてありました。この「テーブル」は、これまで見たことのなかったもので、踏み台の上に載せた小さなトレイのような形をしています。一フィート半〔四五・七二センチ〕四方で、高さは一フィート〔三〇・四八センチ〕。この上に、すでに最初のコースの料理が置かれていました。

最初のコースは、小さな深皿に盛り付けた数切れの生魚〔さしみ〕、別の小さな深皿にわさびと醤油があり、小さな皿に焼き魚、そして小さな蓋つきの汁物〔お吸い物〕から成っていました。食べる道具は箸だけです。

小皿が必要なのは、テーブル〔お膳〕が小さいし、料理を食べ終わると次の料理が運ばれてくる、というのではありませんから、容易に理解できます。そのため、食事が終わるころには、小さなテーブルにあった料理の皿が、畳の上に所狭しと置かれてしまいました。

二番目のコースは、蓋つきの煮物が出ました〔野菜の煮物〕。見たところ二～三枚の牛肉と三種類の野菜が入っていました。ポテト、キノコに似た珍しい野菜、小さなほうれん草の茎を束ねたような野菜です。

三番目のコースは、ご飯と香辛料を添えた芹のおひたし（rice and a bowl of cooked celery garnished with paprika）、四番目は魚の煮物、五番目は漆塗りのお櫃《ひつ》に入ったご飯が運ばれてきて、ご飯茶碗に盛られました。そして、たくわんとほかの漬物を盛り合わせた皿が出ました。最後の六番目は、バナナです。

その間、歌と乾杯がありました。夫〔エドモンソン教授〕は、日本人同窓生の歓迎の言葉に応えて、靴下を履いた足で立ち上がり、挨拶を述べました。しかし、威厳（dignity）を失っているようには見えませんでした。歓迎会の終わるころ、日本のゲーム〔ジャンケンなど〕をし、メイプル・ダンス〔「紅葉館」名物の「紅葉踊り」〕を見、日本の音楽〔琴・三味線などの演奏か〕を聴きました。歓迎会は一一時近くまで続いてお開きとなり、私たちはホテルに〔車で〕送ってもらいました。

ある日〔五月二日（火）〕、岡田猛熊さんが、私たち一行を東京近郊の政府が運営する蚕業試験場に案内してくださいました。〔杉並区和田の「農商務省蚕業試験場」。後に「蚕糸《さんし》試験場」と改称〕。所長と職員が応接室で出迎えてくれました。少し話をしたあと、お茶の不可避的サービスを受けました。〔エドナ夫人は、どこへ行ってもお茶が出され、断れないので、そう述べた〕。私たちは、靴の上に履く茶色のカントン・フランネル〔片側が起毛の布。ネル〕のオーバーシューズのようなものを渡されました。

お茶を飲んで気分を一新し、靴を履き換えて、試験場を案内してもらいました。桑の苗床の見学では、日本に適した品種を選ぶことの重要性、栽培方法、防疫などについて学びました。また、五段階の発育段階に分類された蚕の卵が、それぞれ竹で編んだ平らなお盆にたくさん入れられています。同じように、たくさんの繭が分類されて白、黄、ピンク、茶、緑色の壺状の竹籠にそれぞれ入っているのを見ました。

繭から糸をとる部屋では、少女たちがテーブルに向かって座り、長い列をつくっていました。少女たちは、繭の入った小さな湯桶から繭をとりだし、信じられないほど細い絹糸を紡《つむ》ぎ出していきます。その糸は、少女たちの上にある特別なハーネス〔糸を通す穴のついた金具〕に通され、少女たちの後ろで回転するスピンドル〔粗紡機・精紡機〕に巻き取られます。一個の繭から約〇・五マイルの糸がとれるというのですから、肉眼ではほとんど見えないほど細い糸です。糸が切れないように見張っていて、途切れることなく継続させるのが少女たちの仕事です。

この試験場は一種の訓練学校のようなもので、彼女たちは仕事中は着物を脱いで、白い上衣と腰巻きという実用的な衣装です。地方からやってきて、最新で最も効果的な作業の手順を学び、地元に帰ってその地域の人々に教えるのです。

私たちはまた化学実験室や細菌実験室、ウサギやその他の動物を実験用に飼育している動物室などに案内されました。卵が孵化してから絹糸が巻かれ、撚りをかけられてタフィー〔飴〕のような形の束になり、俵《たわら》型に圧縮されて日本の織物工場に運ばれたり、最速の列車や船で外国に運ばれるまでの日本の絹文化のすべての科学的過程を、私たちの理解の及ぶかぎり見せてもらい、説明してもらいました。

あるとき私たちは、芝公園で朝のひとときを過ごしましたが、壮大な寺社や建物を鑑賞してまわるには、悲しいほど時間が足りませんでした。慶応大学の学生が、曲がりくねった道、橋、急斜面の丘を削って造られた階段、木々の間の小道、花々の間を案内してくれました。かれらは報酬を受け取らないばかりか、私たち一行と話す機会を与えてくださり、おかげで英語が上達しました、と感謝の言葉を述べました。
私たちは芝公園で、とても美しい躑躅《つつじ》の花を見ました。白、ピンク、赤、オレンジ、ラベンダー、紫など、一〇種類以上の色がありました。さらに、蠟にも似た（waxlike）繊細な椿の花が頭上に伸びていました。ラベンダー色の房をつけた藤棚もありました。

和服を着て写真

あるとき、石井順一さんご夫妻が、私たちをカメラマンのところに連れて行き、和服姿の写真を撮ってくださいました。〔日にち不明〕。男性には、石井さんのお父さんの黒い紋付羽織袴（black ceremonial robe）、すなわち日本の男性用礼服です。女性には、安部教授の奥さんが娘さんの着物をもってきてくださいました。緋色の下衣、深い紫色の着物、それに緑糸と金糸で刺繡された、すばらしい帯です。着物と帯を結ぶ紐は、白、ピンク、緋の三色です。

私たちは、着付けをしてもらいました。とても楽しいことでした。もちろん、安部教授の奥さんが着付けの指導をしてくださいましたが、私たちが自分で着ようとするのを奥さんは助けなければなりませんでした。私たちが脇に脱いだアメリカの婦人服に興味を示す奥さんと、着せてもらった着物に興味を示す私たちの、どちらがより多く興味を示したのか、わかりません。日本製の履物〔草履〕は、穿いたことのない私たちの足の指に、あきらかに苦痛を与えるものでした。化粧台の鏡に姿を映して身だしなみを整えるため、床に下りたのですが、とても大変でした。

ようやく、準備が終わったことを互いに伝え合って男性陣と合流しましたが、日本で写真を撮るのは決して急ぐべきことではないことがわかりました。東京で最も優秀なカメラマンが、細部に至るまでしっかりした写真を撮るために、努力を惜しみませんでした。日本式に枕〔座布団〕に座り、椅子に座り、あっちに立ち、こっちに立ち、着物の折り目はすべてぴったりしていなければなりません。扇子《せんす》の位置は一インチも違ってはなりませんでした。これらの写真は、時が経つにつれて、私たちの最も大切な財産となることでしょう。〔エドナ・コレクションに、和服姿の写真はない。もとはあったか〕。

車窓の風景

さて、東京や横浜だけでなく、もっと多くの地域を見るために、大阪では日本で最も影響力のある日本の新聞のひとつ「大阪毎日新聞社」の主催で、一連の試合が企画されました。〔大阪オールスターとダイアモンド倶楽部との二戦が予定されていた。五月六日（土）の大阪オールスター戦は9×4で勝利したが、翌日のダイアモンド倶楽部戦は雨のため中止になった〕。このように、私たちはさまざまな地域を見ただけでなく、京都と奈良のふたつの古都、そして日本の最も重要な工業都市のひとつである神戸に行きました。〔エドナ夫人は、東京、横浜、大阪、京都、奈良、神戸を訪問した〕。

大阪への旅は、午前中に東京を出発し、一一時間の旅が終わったときは、すでに日が暮れていました。車窓から見ると、畑は小さく四角に区画され、小麦、レンゲソウ、大麦、蕎麦、菜の花が植えられていました。玉ねぎやジャガイモなどの野菜が栽培されているところもありました。ところどころに種を蒔いたばかりの田んぼがあり、水が張られていました。この苗床の稲は、少し成長すると周りの田んぼに植え換えられます。

畑と田んぼの大きさや形は、まるでパッチワークのようです。蕎麦の白い花、大麦の青い穂、レンゲソウのピンクの花、菜の花の黄色が、周りのまだ緑色の小麦の穂、田んぼの水の日の輝きと交互にあらわれ、美しさを際立たせていました。

時折、桑の木の農園が見えました。丘の段々畑では、女性や子どもが自分の頭ほどもない低木からお茶の葉を摘んでいました。霧雨が降っていたので、畑で働く人たちは草の雨合羽（藁蓑）を着ていました。山間部に入ると、美しい清流や滝がいくつもありました。これらの水力は綿紡績や稲の脱穀などに使う動力源になっています。また、何キロも先の田畑を灌漑するための水を運ぶ大きな水道橋を見ました。

家々は、単独または村単位で丘に背を向けて建てられており、貴重な農地をできるだけ無駄にしない工夫がされています。これらの家々は、都市部の瓦屋根とは対照的に茅《かや》で葺かれています。あちこちの屋根を見ると、棟《むね》櫛《ぐし》〔最も高く水平になっているところ〕に菖蒲《ショウブ》が挿されています〔端午の節句の魔除け〕。周囲の緑と屋根の茅のくすんだ茶色が鮮やかなコントラストを見せています。山麓には森林が多く、さらに奥にはナナカマド、マツ、スギ、カエデの大森林があると聞きました。低地には竹林があります。

太陽が沈むと、私たちは列車の窓に顔を押しつけ、空に広がる華麗な色の戯れと、野原に点在する水たまりに反射する光をながめたものです。日本の風景を撮したどんなカラー写真や印刷物も、この美しい色合いを超えることはできません。薄暗い森影を背景に、鮮やかな緋色があらわれ、次にバラ色、ラベンダー色、紫色へと変わり、そして強烈な印象の深い青色になり、最後に風景全体が薄墨色に染まるのです。

京都観光の一日は、夢のようなロマンに満ちたものでした。〔五月八日（月）。この日、選手たちは京都市内に戻り、午後四時一〇分から早稲田大学との六回目の試合をした〕。大阪のホテル〔今橋ホテル。大阪市東区今橋〕は一人ひとりの昼食を小さな綺麗な箱に詰めてくれました。東本願寺を訪れ、京都の街を見たあと、安部教授は私たちを嵐山へ連れて行きました。〔まず亀岡に行き〕絵のように美しい保津川のほとりの公園で弁当を食べました。食後、安部教授は、屋根のついた長い平底船を数隻チャーターし、腕っぷしの強い船頭が嵐山の温泉まで漕いでくれました。〔大正年間に二〜三軒の温泉宿が開業〕。私たちは川下りをしながら写真を撮りました。大きな花崗岩が川底に弓状に横たわり、その周りを深緑色の水が渦を巻いて流れています。遠くには鬱蒼と茂った山々、両岸の高い崖には、わずかな場所を見つけて松、桜、楓が生えています。また、両岸に満開の藤の花房が垂れ下がり、故郷インディアナの山葡萄を思わせました。私たちは、いつまでも忘れないようにカメラに収めました。〔エドナ・コレクションに保津川河畔の写真がある〕。

別の日〔翌五月九日（火）と思われる〕、教授は私たちを古都の奈良に連れて行ってくださいました。私たちは駅で人力車に乗り換え、公園を通り抜け、寺や神社をまわりました。公園のなかでは人力車を降りて、しばらくの間、曲がりくねった老松やツツジの鮮やかな花の咲いているところを散策しました。私たちは、茶色の小さなクッキー〔鹿せんべい〕を買って、鹿に食べさせました。〔エドナ・コレクションに、このときの写真がある〕。

しばらく公園を散策してから、寺院へ行くため待機させておいた人力車に乗りました。苔むした石灯籠、高い松の木が並んでいる細く長い道を走りました。〔エドナ夫人は増上寺をはじめ各地の石灯籠、曲がりくねった松、藤の花房にとりわけ興味をもった〕。松の木のてっぺんから大きな藤の花房が垂れ下がっています。どこにでも鹿がいて、日陰に寝そべり、灯籠の間を行ったり来たりしています。道ばたに立っているのもいます。

この地域の寺院や鳥居に塗られた漆の緋色は、〔まわりの緑との対比で〕まことに見事な色合いです。寺院の屋根はほとんど茅葺きで、厚さ一二～一八インチ（約三〇～四六センチ）と思われるものがあります。軒下には、絵や物語でおなじみの青銅製の灯籠が長い列のごとく下がっています。〔東大寺その他の釣灯籠〕。また、大きな釣り鐘を長い木を揺らして叩くと大きな音が出ます。その音を聴いたとき、日本に来たキプリング〔Joseph Rudyard Kipling, 一八六五～一九三六。ノーベル賞作家。一八八九年と一八九二年に来日〕の詩「寺の鐘が鳴る」に書いてあるのは、このことだと思いました。巨大なオルガンのような柔らかで深い音色でした。

この地域では、あちこちに藤棚が作られ、ラベンダー色の花房がたくさん下がっています。測ってみると、一ヤード（九一・四四センチ）もありました。

別の日〔五月一〇日（水）〕、磯部房信さんが神戸へ連れて行ってくださいました。磯部さんの邸宅は、日本とアメリカの様式を半分ずつ取り入れた美しいお屋敷です。魅力的な奥さんと五歳になる元気の良いお子さん〔清。大正六年（一九一七）生まれ〕に会いました。午後は舞子浜へ行きました。日本には、人為的に手入れされ、幹や枝がゴツゴツと瘤だらけで、枝や幹が曲がりくねった古い松の木があります。この公園では、そのなかでも最もすばらしい枝ぶりの松の木を見ました。海辺を散歩したあと、海が見下ろせる喫茶店に入りました。店のイスに座り、漁師の男と女、子どもたちが浜辺でイワシ漁の網を張ったり、綱を引っ張ったりするのを見ました。〔地引網。エドナ・コレクションにこのときの写真がある〕。

四時過ぎまで喫茶店にいました。窓の外に帆を張った漁船が大船団となって白いカモメの群れのように沖へ漕ぎ出すのを見ました。男たちは夜通し漁をして、翌朝戻ってくるのです。舞子の浜を見たあと、私たちは磯部さんの家に戻り、磯部さんの工夫で「日本的な、しかし、全部が日本的ではない」夕食をいただきました〔和洋折衷の料理〕。夕食後、磯部さんの奥さんがピアノを演奏して楽しませてくださいました。〔妻トヨ子はピアニスト〕。それから私たちは大阪に戻り、〔今橋ホテルに〕一泊してから東京に戻り〔築地精養軒ホテル〕、アメリカへ帰る仕度をしたのです。

私たちが日本にいたころ三つの出来事が重なり、東京は大勢の人々で埋め尽くされていました。これほど多くの人々が日本に集まったのは、ほかにないでしょう。その第一は、イギリスのウェールズ王子の来訪です。王子の行く先々に、大勢の人々が姿を見ようと押し寄せました。街路〔銀座通りか〕の両側に小学生が列をなし、何時間も待って、王子の自動車に歓声をあげ、日英両国の国旗を振って見送りました。街路は華やかに飾られ、細かい砂利が敷き詰められ、王子の乗る車のために準備されていました。歩行者や人力車が用事があって通ったりすると、砂利を乱してしまうので人夫が丁寧に掃き清めます。〔エドナ・コレクションに、このときの写真がある〕。

上野公園で開催された平和博覧会〔正式には「平和記念東京博覧会」〕。入場料は平日大人六〇銭。現在なら二四〇〇円ほど。予想よりも入場者が少なかった〕も混雑の原因です。万国博覧会に相当するこの催しは、五〇〇万円（二五〇万ドル）の公費で四カ月間開催されましたが、私たちには見学時間が短すぎて、美術品、工芸品、工業製品——ほとんどが東洋の製品です——をあまり見ることができませんでした。博覧会の劇場で、有名な桜踊り（the famous cherry blossom dance）を見ました。〔京都の都踊りか。四月一六日（日）。そのあと「紅葉館」で歓迎会があった〕。

しかし、このふたつのイベント以上に日本人をとりこにしたものがあります。日本人の習慣に深く根ざすのですが、桜の咲く春はお祭り〔お花見〕の季節であるということです。桜の咲く季節になると、日本全国から老若男女、富める者も貧しき者も東京にやって来て、お寺参りをしたり、お祭り騒ぎをするのです。私たちが人混みを通り抜けるのに必死になっているとき、山奥からやって来た、田舎ふうの服装をした巡礼者の一団が、陽気に笑い転げる若者たちに押しのけられて困っているのを見ました。

街を走る交通機関は、私たちにとって驚きの連続でした。日本にはあらゆる種類の車が走っています。荷馬車、散水箱〔手押し車の散水車。道路の清掃などに使う〕、自転車、人力車、自動車。日本は自転車の時代です。一度に何台走っているか、競い合って数えるのが楽しみでした。

日本には自動車はほとんどありません。免許料が安くても年間四八四円（二四二ドル）もするし、大きい車になるとそれ以上かかるからです。東京の目抜き通りの銀座では、馬の力、男の力、女の力、牛の力、ガソリンの力、電気の力で走る車をいつでも目にすることができました。私たちを乗せた人力車の車夫は、「ホイッ、ホイッ」(hoik hoik）と声をあげながら、小さなベルを力強く鳴らして道を確保しながら走っていました。

運河

運河の暮らしは見ていて飽きませんでした（写真⑱⑲）。行き来する艀《はしけ》のような船は、移動手段であると同時に、家族の住まいでもあるのです。この船で生まれた子どもたちは、普通の家というものを知らずに大きくなっていきます。小さな丸い頭の落ちそうな赤ちゃんは、船を漕いだり、背中についた大きなオール〔櫓《ろ》〕を操るお母さんの背中にしっかりと括り付けられて、ぐっすりと眠っていました。

ある日の午後、私たちは湾岸の桟橋に座ってフェリーをながめていました。小さいけれど力の強いタグボートが、乗客や自転車、荷車、貨物を積んだフェリーを引っ張って目の前を横切って行きました。時折とても重い荷物を運んでいました。作業員が重い荷物を持ち上げるとき、リフトの上で何か歌のようなものをうたっていました。遠い昔、オハイオ川の船で働いていた黒人労働者の歌声を思い出しました。〔エドナ夫人の故郷はインディアナ州マグネット郡。ケンタッキーとの州境にオハイオ川が流れる〕。

ある夜は、大阪の運河沿いの公園で、いつも灰色の影とともに現れる艀船(pleasure boats)をながめました。これらは小型の手漕ぎ舟で、乗っているのは、ほとんど男性たちと少年たちでした。また、舳先《へさき》の短い竹竿に提灯を下げた船が何百艘と往復し、提灯がゆらゆらと水面に映り、まるでホタルの大群のようでした。

ホテルのようす

私たちが泊まったのは外国式のホテルでしたが〔もちろん私たちは外国人〕、日本人が多く利用しているので、日本人の生活や習慣の一端を観察することができました。ホテルは特に結婚式のレセプションに使われます。客がたくさん押しかけ、ザワザワして騒がしいのですが、結婚披露宴のない夜はほとんどなく、一晩に三~四回行なわれることがありました。私たちの部屋は、お客の通るホールの端にありました。正直にいいますと、私たちは興味津々、ドアを半開きにして観察していたのです。

時には日本の官界からの来客もあり、金のレース〔礼服・軍服を彩る金糸・銀糸の紐や布〕や剣の音に驚かされることもありました。ある晩は、とても位の高い海軍の加藤氏と山崎氏を見つけて、「あの人よ」なんて指したりしたものでした。〔加藤友三郎《ともさぶろう》、一八六一~一九三九。海軍大将、ワシントン会議日本首席全権大使。山崎重暉《しげあき》、一八九三~一九八〇。海軍中将の二人か〕。

こうした宴会で披露される余興・演芸は、しばしば非常に手の込んだもので、さぞかし費用がかかったであろうと思われるものでした。ある晩、会場の後ろにそっと忍び込んで、日本で最も有名な俳優たちによる演劇を見ました。これは古代の演劇（the ancient drama）を最も芸術的に表現したものだと聞いていましたが、残念ながら私たちは、日本の演劇を理解したり鑑賞したりするのに十分な知識をもっていません〔能か歌舞伎か〕。

日本の風習、女性の服装

横浜、東京、大阪、神戸などの大都市で見かけた男性の三分の一は、ヨーロッパの服を着ていたと思います。しかし、和服を着ていない女性は、滞在中五人しか見かけませんでした。近年、日本の女性も明るい色彩を採り入れて洗練されてきましたが、街角で見かける女性の服装は、まだまだ薄暗く（rather dull）見えます。それでも季節感のあるスタイルが見られるようになりました。特に服装の色の変化がそうだといえます。また、私たちが行ったときは「ラベンダーの年」に当たっていました。東京の大きなデパートのシルクの部屋で半分目を閉じて見ていると、東京の街がラベンダー色の靄がかかっているように見えるのでした。

私たちは伝統的服装が多いことに少々圧倒されました。そのためか、私たちはいつも「自分の服装がこの場にふさわしいんだ」と思い込んでいますが、そういう普段の感覚に少し変調を覚えるときがありました。朝食の席でパーティ・ドレスの自分に気づかなかったり、急に「この服装でいいのかしら」と疑問がわいてくることがありました。

私たちは短い日本滞在の間に、靴についた汚れを家のなかに持ち込まない、という習慣が身につきました。家庭や日本式の茶屋、また小さな店では靴を脱いで入り、大きな店や劇場、公共施設ではカントン・フランネルのオーバーシューズ〔スリッパ〕を履きました。しかし、鉄道の駅や宿泊した外国式のホテルでは、靴を履いたまま入ることができました。このような和洋折衷の日本の習慣は、アメリカの日常生活のありかたを考える上で、非常に重要なヒントを与えてくれると思います。

もちろん、外国人はだれしも日本の店に魅了されます。いくつかの大きなデパートは、アメリカのデパートと同じような形式で、そういう店で買い物をするときは、さほど目新しい感じはしませんでした。しかし、私たちが最も興味をもったのは、通りに面している小さな店です。陶磁器店、版画店、象牙店、乾物店、お茶を売る店、文房具店、履物店、玩具店、傘店など、ありとあらゆる店が軒を連ねて並んでいるのです。〔エドナ・コレクションの大量の写真は、こうしたさまざまな店、そこで売られている品々、それらを作る職人の写真が抜群に多い。エドナ夫人が日本の何に興味を覚えて写真を集めたかよくわかり、興味深い〕。

私たちはこの国に長く滞在しなかったので、いつでも、どこでもお茶を飲む、というこの国の習慣に完全に改宗することはできませんでした。買い物に行くと、商品を見せてもらう前にお茶を出され、たとえば芝公園に行ったときは、入り口で人力車を待つ間にお茶を出され、政府の蚕業試験場に行ったときは、施設を見せてもらう前に出されました。ビジネスマンの机の上には、いつもティーポットが置かれています。

鉄道の駅では、列車が通過するたびに、ポットとコップ〔磁器製の小瓶《ポット》。蓋がコップの代わりになる〕、お茶の小袋〔小さな布の袋に茶葉・粉茶が入っている。お湯の入った小瓶に落として飲む〕、お湯の入った大きな銅のやかんを持ったお茶売りがいました。一〇銭〔五セント〕で淹《い》れたてのお茶のカップを買って、私たちは汽車に乗りました。飲み終わると、ポットとコップは座席の下に置いて、また取り出せるようにしました。そして、汽車に乗るたびに同じことを繰り返したのです。

【第三回　一一月号】

〔編集者より――一九二二年三月、インディアナ大学の野球チームが日本に遠征しました。エドモンソン男子学生部長夫妻はそのメンバーで、幸運にも最も良い季節（at its best）の日本を見ることができました。エドモンソン夫人の旅行記は、最近伝えられた日本で発生した地震以来とりわけ興味深い現状報告です〕

コールマン夫人と安部教授に感謝

（前回から続く）お茶はもちろん、外国人から「おいしいですね」と賛辞があれば出されます。しかし、そうでないときも、砂糖もレモンもなく、取っ手のないカップに受け皿もつけず、どこに行っても出されました。私がコールマン夫人に、こんなにお茶を飲んだら消化不良を起こしそうですと申しましたら、「気にしないで。元気を奪う気候のなかに長くいるのですから、お茶を頻繁に飲めば体調がよくなるでしょう」とおっしゃいました。

私たちは行く先々で、普通の観光客であれば出会うことないような人々とお話ができる貴重な機会に恵まれました。新聞記者、大学教授や学生、実業家・会社員、日本茶屋の女給、公務員、社会福祉関係者、野球・スポーツの指導者など、さまざまな人と話をすることができました。実現してくださったのは、「日本世界日曜学校協会」の事務局長ホレス・コールマンさんの夫人〔エリザベス〕と、本稿で何度も紹介した安部磯雄教授です。心から感謝しております。〔夫のHorace E. Colemanは、澁澤栄一の最も信頼する人物。澁澤の支持を受け東京で開催された「第八回世界日曜学校大会」の幹事となり尽力した〕。

安部教授は、私たちに「日本の実情・特質」を解説してくださいました。かれは「世界のなかで、日本ほど見た目の印象と異なる国はありません」とおっしゃいました。

コールマン夫人は多忙にもかかわらず、あちこち案内して説明してくださいました。たとえば、東京のある地区にある「有隣園」に案内し、また、ご自宅で開いている昼食会に私たちを招いて、興味深い活動をしている日本の女性や他の国の女性を紹介してくださいました。アメリカ大使館ではお茶に付き添い、また東京女子大学に案内してくださいました。ショッピングのアドバイスもしてくださり、私たちをとても喜ばせ、感動させてくださいました。〔「有隣園」(The House of the Friendly Neighbor)は西新宿八丁目の成子天神社の裏手にあったセツルメント。日本の大森安仁子《あにこ》（Arnie Shepley Omori、一八五六～一九四一）と夫の大森兵蔵（一八七六～一九一三）が運営していた。

セツルメントの草分け。兵蔵は日本に初めてバスケットボール、バレーボールを伝えた人として知られている〕。

日本の現実

安部教授が解説してくれた日本の社会状況は、私にとって非常に興味深いものでした。なぜなら私は安部教授が日本について語るような問題意識をもってアメリカの現状について研究してきたし、実際に社会奉仕の現場でさまざまことを体験をしてきたからです。

私たちはまず産児制限について議論しました。なぜなら、日本は労働者の賃金が非常に低く、物価はどの国よりも高い。下層階級の家庭には平均六人の子どもがいるので困窮は増すばかりだからです。安部教授は、日本において今まさに必要なのは産児制限であるというのです。

私たちは、次のような問題についても議論しました。アメリカにおける日本の問題〔移民の増加、排日運動〕、アメリカと日本の犯罪、両国で確立された禁酒制度、日本政府が現在、台湾で行なっているアヘンに関する試み〔アヘンを採取する植物の栽培を台湾にさせていることなど〕、日本の貧困、土地問題〔地主農民と小作農民の差異と対立〕、性教育の切実な必要性〔健全な家庭を作ることや廃娼運動〕、そのほか両国において関心をもつべきさまざまな社会問題についてです。

日本とアメリカ

私たちの日本に対する認識は、ほかでもない、コールマン夫人と安部教授がしてくださった解説に拠るところが大きいのです。こうした良き出会いに恵まれない外国人旅行者は、日本に大きな失望を覚えることでしょう。ペリー提督が一八五三年に上陸したときと同じような情景を期待してやって来るからです。東京に近代的な路面電車や電柱があることに不満を抱いたり、アメリカの近代都市で享受している便利なもの〔実は不快な煙、騒音、醜さも一緒に）を期待してやって来て、「なんだ、近代的で便利なものはないのか」と独りよがりな見方をして、日本を低く評価してしまうからです。

しかし、私たちのように良き解説者と出会った旅行者には、日本はすばらしい国です。日本の人々、着物、家、道、畑、社会習慣を、アメリカ人の興味・関心からではなく、日本の現実のなかで見て考えることができるからです。反対に、そういう出会いのない旅行者は、古い民族衣装を着て生活する日本人は時代遅れだと批判的になり、残念だと思うのです。

日本はもはや東洋であると認識できないほど、この五〇年間に起こった社会の変化は大きいものがあります。そして今、さらに大きな変化が起こりつつあることに驚かされるでしょう。日本に行って、これは未開だ、あれは改善すべきだ、と批判するのであれば、その前に考えるべきことがあります。海の向こうの隣人を批判する前に、すなわち隣の家がたまたま自分の家と違うからといって批判する前に、自分の家をもっとよいものへ整えた方がいい、ということです。現在の日本は、そう認識すべきことをはっきりと教えてくれるし、そういう認識をおのずと育んでくれます。

いずれにせよ、私たちのような出会いに恵まれた旅行者は、現在の日本を見ることができてよかった、と思いつつ日本を後にすることでしょう。

最後の晩餐会

東京のホテルでの最後の晩餐は大変すばらしいものでした。テーブルの装飾は、これまで見たこともないもので日本人の美意識の高さがうかがえました。〔五月一二日（金）、築地精養軒ホテルで行なわれた最後の晩餐会〕。テーブルの中央全体は、島々の連なりを表現しています。島の高台は黒土に緑と赤の粉をまぶしたもので、浜辺は細かい黒玉砂利、白いテーブルクロスは周囲の海を表現しています。島々にはミニチュアの鳥居や寺院、茅葺きのコテージや石灯籠があり、あちこちに小さな花壇や人為的に枝・幹が撓められた松や楓《かえで》の木が植えてありました。短いスピーチが披露されたあと、安部教授からインディアナ大学チームに紫と金の美しい絹の旗が贈られました〔早稲田大学の校旗か〕。

翌朝早く、私たちは帰国のため横浜へ向けて出発しました。横浜の最後の思い出は、最初の思い出と同じように狭い道を人力車に乗り、来るときとは反対に電車の駅から埠頭へ走ったことです。私たち一行の人力車が一列になって小走りになり、角を曲がるとき、私たちに向かって少年たちが交通信号の真似をしました。私たちは皆、笑い、声をあげ、手を振って沿道の人々に別れを告げました。

私たちの日本滞在期間はあまりに短く、見たいもの、してみたいことがほかにもたくさんありました。しかし、もう時間が残っていません。埠頭が近づき、白い汽船が見えたとき、私たちは子どもように喜んで小躍りしました。まもなくバンドの演奏が始まり、船が動き始め、埠頭で見送る人々と私たちを結ぶ五色のテープが切れたとき、目に涙が浮かんできました。新しくできた日本の友人たちと別れるときが来たのです。

私たちは、かれらの姿が人混みのなかに見えなくなるまでデッキに立ち続けました。最後に聞いたのは、石井さんの波間に響く声でした。

一〇日間の帰路〔実際は一二日間〕は、行くときと違ってずっと順調でした。日本海流を利用するためかなり南下して航海し、季節が進んだので波が静かになり、楽しい航海でした。

もちろん、最後の夜はいつもエキサイティングです。何人かは午前二時ごろベッドに入りましたが眠れませんでした。私たちは服を着てデッキに上がり、雪に覆われたオリンピック山脈〔ワシントン州〕から太陽が昇って来る、すばらしい風景をながめました。この風景のなかで私たちが感傷的になるのは許されることだと思います。

ヨーロッパから帰ってきたアメリカ人は、こうした風景を見て熱狂するそうです。ニューヨークの港に浮かぶ自由の女神を見て、熱狂するアメリカ人がいるとも聞きます。しかし、自由の女神は人間が作ったもの。オリンピック山脈は神が造ったモニュメント。それが私たちを歓迎しているのですから、感傷的になるのもやむを得ません。

【写真タイトル】

以下の一二枚の「横浜写真」が「日本野球旅行」に掲載されている。写真に記されたタイトルを引用する。

三月号

インディアナ大学野球部

1　六五〇〇人の観衆の前でプレー（日本、東京）

〔四月二二日〈土〉、早稲田（戸塚）球場。早稲田大学との一回目の試合〕

日本の光景

2　人為的に幹・枝を撓められ、曲がりくねった松の木

3　毎食、ご飯を炊いて食べる

4　舞子

（2、3、4　撮影者　H.Suito）〔不詳〕

六月号

日本の光景

5　農民の雨具〔藁蓑《わらみの》〕

6　繭から糸を紡ぐ少女たち

7　東京の運河

一一月号

8　亀戸（東京）の藤棚
9　奈良公園の灯籠と鳥居
10　東京の典型的な家屋
11　大阪の橋を渡る牛車
12　東京の瀬戸物屋

主な参考文献

本文のなかにも引用書・参考論文等を注記した。
掲出は、著者・書名・出版社・出版年の順であるが、必ずしも原則どおりではない。

・『米國野球遠征』早稲田大學野球部編　野球界社　大正一〇年（一九二一）一〇月
・『野球界』六月號　第拾貳巻第八號　大正一一年（一九二二）六月
・『早稲田大學野球部史』編纂・飛田忠順　明善社　大正一四年（一九二五）四月
・『早稲田大學野球部五十年史』編纂・飛田忠順　発行・早稲田大學野球部　昭和二五年（一九五〇）三月
・ロバート・ホワイティング『菊とバット』〔完全版〕松井みどり・訳　早川書房　二〇〇五年一月
・林勝龍「日本統治下台湾における武士道野球の受容と展開」（早稲田大学審査学位論文、二〇一二年一月）〔ネット検索〕
・極本亮「「修養」から「教育」へ——早大米国遠征と「科学的野球」——（早稲田大学大学院スポーツ科学研究科　スポーツ科学専攻　スポーツ文化研究領域　二〇一〇年度修士論文）〔ネット検索〕
・清水一利「にっぽん野球事始（14）」（『デイリー新潮』二〇二〇年五月一六日）〔ネット検索〕
・ホーマー・リー『日米戦争』池亨・訳　博文館　一九一一年一〇月
・平元兵吾『日米戦ふ可きか』目黒分店　一九二〇年五月
・伊藤鋼次郎『日米若し戦はば』目黒分店　一九二〇年一一月
・エドワード・S・モース『日本その日その日』石川欣一訳　講談社学術文庫　二〇一三年六月
・『百年前の日本』セイラム・ピーボディ博物館蔵　モース・コレクション／写真編　構成・小西四郎＋岡秀行　小学館　一九八三年一一月
・『モースの見た日本〔日本民具編〕』構成・小西四郎、田辺悟　小学館　一九八八年五月
・『共同研究　モースと日本』守屋毅猛　小学館　一九八八年七月
・『レンズが撮らえた　幕末明治　日本紀行』監修・小沢健志　編者・岩下哲典　山川出版社　二〇一一年一二月
・『レンズが撮らえた　日本人カメラマンの見た　幕末明治』監修・小沢健志　編集・高橋則英　山川出版社　二〇一五年五月
・『図解３００　明治・日本人の住まいと暮らし——モースが魅せられた美しく豊かな住文化』編集・阿吽社（企画・大槻武志）紫紅社　二〇一七年五月

・クロウ『日本内陸紀行』（新異国叢書・第Ⅱ／10輯）岡田章雄／武田万里子・訳　雄松堂出版　一九八四年七月
・『共同研究　モースと日本』守谷毅・編　小学館　一九八八年七月（二刷　一九八九年四月）
・『紀行　秘蔵古写真』監修・日本カメラ博物館　山川出版社　二〇一九年一二月
・『モースの見た日本展　セイラム・ピーボディ博物館　モース・コレクション』監修・小西四郎　ジョン・セイヤー　小学館　一九八九年（制作）
・『画家の眼差し、レンズの眼　近代日本の写真と絵画展　図録』編集・神奈川県立近代美術館（開催　二〇〇九年六月二七日（土）—八月二三日（日））
・『下岡蓮杖写真集』石黒敬章編　新潮社　一九九五年五月
・『F・ベアト写真集Ⅰ　幕末日本の風景と人びと』横浜開港資料館編　明石書店　二〇〇六年七月＝『F・ベアト幕末日本写真集　横浜開港資料館』一九八七年二月　印刷・二〇〇四年三月一〇日（株）便利堂
・『写真の歴史入門　第1部「誕生」新たな視覚のはじまり』監修・三井圭司／東京都写真美術館〈とんぼの本〉新潮社　二〇〇五年三月
・『レンズが撮らえた　幕末維新の日本』監修・高橋則英　山川出版社　二〇一七年一二月
・『レンズが撮らえた　幕末明治　日本の風景』監修・小沢健志／山本光正　二〇一四年四月
・『レンズが撮らえた　オックスフォード大学所蔵　幕末明治の日本』フィリップ・グローヴァー著　三井圭司編　山川出版社　二〇一七年二月
・『レンズが撮らえた　外国人カメラマンの見た　幕末日本Ⅰ』小沢健志・監修　三井圭司・編集　山川出版社　二〇一四年八月
・『レンズが撮らえた　外国人カメラマンの見た　幕末日本Ⅱ』小沢健志・監修　三井圭司・編集　山川出版社　二〇一四年一一月
・『100年前の世界一周——ある青年が撮った日本と世界』ワルデマール・アベグ／ボリス・マルタン　岡崎秀訳　日経ナショナルジオグラフィック社　二〇〇九年一一月
・『甦る幕末——ライデン大学写真コレクションより』後藤和雄／松本逸也　朝日新聞社　一九八七年八月
・『大日本全国名所一覧　イタリア公使秘蔵の明治写真帖』監修　マリア・ディ・ルッソ／石黒敬章　平凡社　二〇〇一年六月
・岩井茂樹「「笑う写真」の誕生——雑誌『ニコニコ』の役割」『日本研究』六一号　二〇二〇年一一月
・『キプリングの日本発見』ラドヤード・キプリング　H・コータッツイ／G・ウエッブ編　加納孝代訳　中央公論社　二〇〇二

年六月
・大林宗嗣『セッツルメントの研究』慧文社　二〇〇八年三月。序文に「大正一四年八月　著者識」。大正一〇年（一九二一）刊行。
本著は大正一四年改訂版の復刻。
・細馬宏通『絵はがきの時代』（増補新版）青土社　二〇二〇年二月
・『［幕末・明治］日本は外国人にどう見られていたか　来日外国人による「ニッポン仰天観察記」』「ニッポン再発見」倶楽部
三笠書房　二〇一四年一〇月
・『津軽を拓いた人々――津軽の近代化とキリスト教』相澤文蔵著・弘前学院出版委員会編　北方新社　二〇〇三年六月
・『アーサー・ビイ・アダムス　景氣循環論』關西學院教授　小寺敬一譯　同文館　昭和二年（一九二七）一〇月
・『結城豊太郎先生と郷学　臨雲講座』結城豊太郎先生遺徳顕彰会　平成二年八月
・戸田徹子「ホレス・E・コールマン関係資料について」（『山梨県立女子短期大学　地域研究』第三巻　二〇〇三年三月。※戸田
氏にはクェーカー教フレンド派の日本宣教に関する一連の論文がある。
・中川芙佐『土佐からハワイへ――奥村多喜衛の軌跡――』「奥村多喜衛とハワイ日系移民展」実行委員会　発売元・高知新聞企
業　二〇〇〇年五月
・簑原俊洋『排日移民法と日米関係』岩波書店　二〇〇二年七月
・『幼學綱要　全』編集発行人・末岡武俊　日本精神文化振興會　一九三五年六月
・『安部磯雄著作集』全六巻　学術出版会　二〇〇八年二月
・ガスニー／ポペノー『不妊結婚と人間改造』安部磯雄・訳　春陽堂　一九三〇年一〇月
・安部磯雄『産児制限論』實業之日本社　一九二二年三月（上笙一郎・編　日本〈子どもの権利〉叢書一八　久山社　一九九六年
四月〈復刻所収〉）
・安部磯雄『地上の理想國　瑞西《スイス》』（平民社　序文・明治三七年五月）
・安部磯雄『現代戰爭論――兵力と國利の關係』（大正元年九月　博文館）
・『安部磯雄の研究』早稲田大学社会科学研究所　一九九〇年九月
・北岡壽逸『眞の平和への道――侵略されない爲に自衛軍建設、――侵略しない爲に産児制限』日本及日本人社　一九五三年四月
・『山本宣治全集』第六巻（日記・書簡集）汐文社　一九七九年一〇月
・岡本宏「安部磯雄――平和論と国家論の脆弱性」（『久留米大学法学』第四五号　二〇〇二年一二月）

・宮内孝知「安部磯雄のスポーツ観」(『學術研究――総合編』第二三号　早稲田大学教育学部　一九七四年一二月)
・極本亮「「修養」から「教育」へ――早大アメリカ遠征と「科学的野球」」二〇一〇年度　修士論文〔ネットによる〕
・荻野美穂『「家族計画」への道――近代日本の生殖をめぐる政治』岩波書店　二〇〇八年一〇月
・河島幸夫「日本の社会運動家・安部磯雄の優生思想」(『四国学院大学論集』第一四五号　二〇一五年一月)
・林葉子「廃娼論と産児制限論の融合――安部磯雄の優生思想について」(『女性学』二〇〇五年　Vol.一三〔二〇〇六年三月刊行〕)
・林葉子「安部磯雄における「平和」論と断種論」(『ジェンダー史学』第五巻　二〇〇九年一〇月)
・林葉子『性を管理する帝国――公娼制度下の「衛生」問題と廃娼運動』大阪大学出版会　二〇一七年一月
・劉明修『台湾統治と阿片問題』(近代日本研究双書)山川出版社　一九八三年八月
・渡辺惣樹『日米衝突の根源――1858……1908』草思社　二〇一一年一〇月
・山田真也「『明譽眞月大姉葬儀写真帖』からみた近代の葬列の肥大化」(『国立歴史民俗博物館研究報告』第一九九集、二〇一五年一二月)
・『モース・コレクション』(THE E.S. MORSE COLLECTION)国立民族博物館編 小学館　一九九〇年九月
・『ナショナル　ジオグラフィックが見た　日本の百年』ナショナル　ジオグラフィック編　日経ＰＢマーケティング　二〇一二年一二月
・『明治のこころ――モースが見た庶民のくらし』編著者・小林淳一、小山周子　青い幻社　二〇一三年九月
・浅井建爾『道と路がわかる事典』日本実業出版社　二〇〇一年一月
・『新版　写真で見る　幕末・明治』小沢健志・編著　世界文化社　二〇〇〇年三月
・『写真の幕あけ』日本写真全集1　小学館　一九八五年一二月
・『民俗と伝統』日本写真全集9　小学館　一九八七年七月
・『幕末　写真の時代』小沢健志・編　一九九四年三月
・『英国人写真家の見た明治日本――この世の楽園・日本』ハーバート・G・ポンティング／長岡祥三・訳　講談社学術文庫　二〇〇五年五月
・小澤清『写真界の先覚　小川一眞の生涯』日本図書刊行会・近代文藝社　一九九四年三月
・『F・ベアト写真集2　外国カメラマンが撮った幕末日本』横浜開港資料館・編　明石書店　二〇〇六年四月
・『幕末　写真の時代』監修・渡辺義雄・小西四郎　編・小沢健志　筑摩書房　一九九四年三月(初版)

・『続　幕末・明治のおもしろ写真』石黒敬章　平凡社　一九九八年五月
・『高杉瀧蔵追憶録』（内題「おもひ出」。出版社・刊行年等不記。序文より昭和一九年（一九四四）の刊行）
・『ロングフェロー日本滞在記　明治初年、アメリカ青年の見たニッポン』チャールズ・A・ロングフェロー著／山田久美子訳
平凡社　二〇〇四年一月
・樋口麗陽『小説日米戰争未來記』大明堂　大正九年（一九二〇）五月
・佐藤優『超訳　小説日米戦争』K&Kプレス　二〇一三年九月
・佐山和夫『日米野球裏面史――美少女投手から大ベーブ・ルースまで』NHK出版　二〇〇五年九月
・岡本米藏『薔薇香』岡本洋行出版部　培風館　大正九年（一九二〇）三月
・山本宣治『山我女史　家族制限法批判』（非売品　大正一一年（一九二二）四月一七日脱稿）
・江田靜藏『理想的避妊法の實際――サンガー夫人説――』堀江書房　昭和二一年（一九四六）一〇月

trusted Horace Coleman greatly. Horace came to Japan as a preacher and became the secretary of the Japan World Sunday School Association in 1914 and led the international conference "The 8th World Sunday School Convention" held in Tokyo in 1920 to success. Eiichi and Shigenobu Okuma, Former Prime minister of Japan and president of Waseda University, organized and supported the conference, deeply respecting Christianity.

The strong network of connections that Iso made in the economic and political areas of Waseda University, led by Okuma, and his philosophy of sports and social education matched the interests of Edna and the other IU members, making this trip much more than baseball games. In addition, Japanese IU alums Fusanobu Isobe, Junichi Ishii, Saburo Sato, and Takekuma Okada welcomed the IU team warmly. They contributed to developing the Japanese industry after returning to Japan. All persons involved in this 1922 trip wanted only to build peace between Japan and the United States beyond baseball games. When the baseball games ended, they shook hands and deepened their friendship. This book illuminates the theme that sports are an excellent alternative to war. Sports have the power to reach beyond borders and inspire young generations toward a peaceful future.

Before the pandemic, I had the privilege of visiting the IU archives twice to view materials related to this book. I was impressed by how well they preserved their materials. I especially want to thank Dina Kellams, Director of University Archives, for answering my questions sincerely. Edna kept her collection of photographs all her life. After she passed away, they moved to California, Florida, and then Indiana again, but ultimately, the careful preservation of Edna's collection by Nick Hatfield, Edna's great nephew, was the driving force behind this book. I regard it as a miracle that these came to me.

My daughter and her husband supported my research in many ways, including collecting materials, giving advice, and liaising with University Archives even during the pandemic. I note their names as Research Collaborators for this book.

Yurika Nishiki Kono, Ph.D.
Lecturer, School of Liberal Arts, Indiana University Indianapolis

Tatsuyoshi Moses Kono, Ph.D.
Associate Professor, Indiana University School of Medicine; Visiting Professor at Tohoku University

July 12th, 2023
Hitoshi Nishiki, Ph.D.
Fellow AC, Professor Emeritus for Japanese literature, Niigata University

rumors circulated of an outbreak of war between Japan and the United States. The IU team had clear reasons for their trip to Japan outside of baseball. This book reveals their reasons for going to Japan by carefully examining the records left behind used by the vast amount of college baseball data in Japan and the United States and the memoirs of two individuals involved in this trip. Leonard Conrad Ruckelshaus, the third baseman's travel diary" Off to Japan," and Edna's articles are preserved in Indiana University archives. Edna's family had held 870 photographs from their trip to Japan for over 100 years. There were two types of photographs in this collection. One was taken from the camera provided by IU, especially among those photographed, was a young Ernie Pyle, a Pulitzer Prize-winning journalist who planned to go to Japan with the IU team. The other was from Yokohama Photography, sold in Japan at the time. These photographs depicted Japan before 1922 were valuable and helped identify the time, place, and persons, revealing the journey's details. In these photographs, many children and people from various occupations in Japan express physical toughness and confident smiles.

Leonard's "Off to Japan" detailed the IU team's trip. They enjoyed talking with other passengers, eating, partying, and playing card games. There is not the slightest indication that they spent much time on baseball. Unlike custom, games often began in the late afternoon. They had time to go sightseeing in Tokyo and Kyoto until just before the game started. One of their guides was Yonezo Okamoto, who was on the same ship. He was well-known as a fraudulent and corrupt merchant and had made a considerable fortune selling swampland in the suburbs of New York to the Japanese.

Edna was a 'correspondent' appointed on this trip by Indiana University. After returning to Japan, she wrote a series of articles on the 'Baseball Trip to Japan' for the magazine The Arrow of Pi Beta Phi. Many of her letters from Japan have been bequeathed to Indiana University. Edna reported day-to-day events and the results of every game. These are comprehensive records of their trip and Japanese society at that time. During this trip, Edna spoke to many people, including newspaper reporters, university professors and students, religious activists, businessmen, teahouse maids, civil servants, social welfare officers, and baseball and sports leaders. Many of these were due to Iso's connections.

Iso and Edna were incredibly enthusiastic about a global issue of the time: birth control. Its advocate, Margaret Sanger, had come to Japan a month earlier to give a lecture and caused a sensation. Birth control was essential for relieving low-income families, maternal health, women's social advancement, and controlling population growth. Guided by Horace Coleman's wife, Edna visited the Yurin-en orphanage of Aniko Omori (Annie Shepley Omori) and Hyozo Omori, a physical education professor at the YMCA, to see how Japan protected and educated unfortunate children. Eiichi Shibusawa, a Japanese businessman known as the "father of Japanese capitalism,"

Baseball games in 1922 Japan, Indiana University and Waseda University

Preface

On March 28, 1922, cheered by a grand crowd of 30,000, 17 people boarded the train from Bloomington, Indiana, for a long journey overseas. After a long trip, four days on the train to Seattle and two weeks on a boat over the Pacific, they finally set foot in Yokohama. These 17 people were the Indiana University (IU) baseball team players and their chaperones.

One year before, On May 16th, IU hosted a baseball game against Waseda University, which Waseda University won 5-4 in a heated game. Waseda University played with several other schools traveling from the West to the East in the United States that year, such as the University of Washington, the University of Chicago, the University of Illinois, Purdue University, Butler University, Harvard University, and Yale University. Professor Iso Abe of Waseda University invited IU to Japan officially for the following year. He arranged many games for IU during their two-month stay in Japan.

In April 1922, the IU team played seven games against Waseda University, three against Keio University, and one against the Osaka All-Stars. The games resulted in two wins, eight losses, and one draw for IU. It was a tragic defeat. Never had an invited foreign team suffered such defeats. Japanese people who went to the stadium expecting to see real American baseball were disappointed because the IU team failed to get a hit, made many errors, and lacked cooperative play. Despite many losses, the IU team played with sportsmanship, which touched the hearts of the Japanese people.

The IU team had two women: head coach George Levis's wife, Helen Levis, and Professor Clarence E. Edmonson's wife, Edna Hatfield Edmondson. Helen was among the original 14 members invited by Iso. At the same time, Clarence and Edna, an assistant professor of child welfare at IU, were added independently by Indiana University. Another person, Roscoe Minton, a graduate student and catcher in last year's IU team, was added as an assistant coach.

Why did the IU team rush to Japan within less than a year of receiving the invitation and with less practice? How did IU select 12 students by March during the ongoing semester? How did IU give the students credits for that semester?

It was 1922, a time of temporary peace after the end of World War I, but great

【著者紹介】

錦　仁（にしき・ひとし）

昭和 22 年（1947）、山形県生まれ。
東北大学文学部文学研究科博士課程中途退学。
聖和学園短期大学助教授、秋田大学教育学部教授を経て、1996 年、新潟大学人文学部教授、同現代社会文化研究科教授。2013 年、名誉教授。博士（文学）。フェロー。

主要著書
『中世和歌の研究』（桜楓社）、『秋田県の民俗芸能』（秋田県教育委員会。井上隆明・齋藤壽胤・錦仁ほか編著）、『東北の地獄絵　死と再生』（三弥井書店）、『浮遊する小野小町　人はなぜモノガタリを生みだすのか』（笠間書院）、『小町伝説の誕生』（角川書店）、『金葉集／詞花集』（明治書院）、『なぜ和歌を詠むのか　菅江真澄の旅と地誌』（笠間書院）、『都市歴史博覧　都市文化のなりたち・しくみ・たのしみ』（笠間書院。白幡洋三郎、原田信男、錦仁編著）、『宣教使堀秀成　だれも書かなかった明治』（三弥井書店）、『歌合を読む　試みの和歌論』（花鳥社）など。

百年前の野球交流　インディアナ大学 VS 早稲田大学

2023（令和 5）年 11 月 30 日　第 1 版第 1 刷発行

ISBN978-4-86766-024-9　C0020

発行所　株式会社 文学通信
〒 114-0001　東京都北区東十条 1-18-1 東十条ビル 1-101
電話 03-5939-9027　Fax 03-5939-9094
メール info@bungaku-report.com ウェブ https://bungaku-report.com

発行人　岡田圭介
印刷・製本　モリモト印刷

ご意見・ご感想はこちらからも送れます。上記のQRコードを読み取ってください。